《中国智能经济发展丛书》

本书得到中国工程院战略研究与咨询项目（项目批准号：2023－HY－11）和国家自然科学基金重大项目“大型企业创新驱动的创业研究”（项目批准号：72091311）项目经费的资助

深科技创新驱动的中国人工智能产业发展

刘　刚等　著

中国财经出版传媒集团
中国财政经济出版社

图书在版编目（CIP）数据

深科技创新驱动的中国人工智能产业发展 / 刘刚等著. -- 北京：中国财政经济出版社，2023.8
（中国智能经济发展丛书）
ISBN 978 -7 -5223 -2348 -0

Ⅰ.①深… Ⅱ.①刘… Ⅲ.①人工智能－产业发展－研究－中国 Ⅳ.①F492.3

中国国家版本馆 CIP 数据核字（2023）第 120223 号

责任编辑：周桂元　　责任印制：张　健
封面设计：卜建辰　　责任校对：胡永立

深科技创新驱动的中国人工智能产业发展
SHENKEJI CHUANGXIN QUDONG DE ZHONGGUO
RENGONG ZHINENG CHANYE FAZHAN
中国财政经济出版社 出版
URL：http：//www. cfeph. cn
E - mail：cfeph@ cfeph. cn

社址：北京市海淀区阜成路甲 28 号　邮政编码：100142
营销中心电话：010 - 88191522
天猫网店：中国财政经济出版社旗舰店
网址：https：//zgczjjcbs. tmall. com
北京中兴印刷有限公司印刷　各地新华书店经销
成品尺寸：170mm × 240mm　16 开　16.25 印张　266 000 字
2023 年 8 月第 1 版　2023 年 8 月北京第 1 次印刷
定价：65.00 元
ISBN 978 -7 -5223 -2348 -0
（图书出现印装问题，本社负责调换，电话：010 - 88190548）
本社质量投诉电话：010 - 88190744
打击盗版举报热线：010 - 88191661　QQ：2242791300

丛书总序

我们生活其中的是一个技术经济社会复杂系统。认识技术、经济和社会之间的复杂关系，是理解技术经济社会复杂系统演进的关键。在某种意义上说，技术尤其是通用目的技术创新为经济社会发展构筑了能力基础，同时也创造出机会空间，而经济和社会制度结构则决定了技术创新的方向、路径和速度。

迄今为止，人类社会已经经历了三次工业革命，现在正在经历第四次工业革命。第一次工业革命以蒸汽机为代表，是人类体力的延伸；第二次工业革命以电力为代表，实现了对人类神经系统的延伸（麦克卢汉，2000）；[①] 第三次工业革命是以信息技术为代表，部分实现了人类智力的替代。我们正在经历的第四次工业革命的核心技术是人工智能，它所替代的是人类的脑力。

引发每一次工业革命的技术被称为通用目的技术（GPTs）。与局部技术创新不同，通用目的技术具有应用领域广泛、持续改进和互补性特征，通过与经济社会的深度融合能够引领经济的长期发展（Bresnahan，T. F.，and M. Trajtenberg，1992）。[②] 通用目的技术属于社会生产力，适应社会生产力发展的生产关系调整带来社会生产方式变革。每一次生产方式变革都成为人类经济社会发展的分水岭。例如，以电力为代表的第二次工业

---

① 马歇尔·麦克卢汉．理解媒介——论人的延伸［M］．北京：商务印书馆，2000：170.

② Bresnahan，T. F.，and M. Trajtenberg. 1992. General Purpose Technologies："Engines of Growth"? NBER Working Paper 4148.

革命创造出大规模流水线生产方式，进而通过工资集体谈断、混合经济和福利国家政策形成福特制资本主义体制，使率先实现生产方式变革的美国成为第二次世界大战之后的全球头号经济、政治和军事强国。

信息与通信技术的发展及其相适应的制度变革推动了福特制向后福特制转型。在第三次工业革命驱动的经济转型中，美国仍然是主导者。信息与通信技术的发展带动了创新的模块化和生产的集群化，使美国不仅克服了20世纪70年代中期的石油危机和经济滞胀，而且出现了前所未有的以高增长和低通胀为特征的新经济现象。

在前三次工业革命中，中国只是跟随者。随着人工智能科技产业快速发展，中国正在成为第四次工业革命的引领者。截至目前，中国的人工智能企业超过3000家，仅次于美国，全球排名第二。近年来，在学术论文发表和专利申请数量上，中国均超过美国，全球排名第一。更加值得关注的是，中国人工智能科技产业的发展不仅表现为增长速度快，而且表现为应用领域的快速拓展。到目前为止，中国的人工智能技术已经被广泛应用在包括企业智能管理、智慧城市、智能硬件、智能制造、智能网联汽车和智能交通在内的19个应用领域。人工智能技术不仅促进了经济增长，而且为统筹和协调经济、社会和生态发展做出了积极贡献。

中国的人工智能科技创新和产业发展源于经济转型升级过程中创造的智能化需求及其引致的技术创新，是内生性的。强烈的需求牵引、国家战略引领、平台主导的产业创新生态发展、高度开放的国家创新系统和地方政府的积极响应，共同构成了中国人工智能科技创新和产业发展的关键驱动因素。

中国经济转型升级过程中创造的智能化需求集中表现在三个方面：一是消费互联网的升级。中国的消费互联网诞生于21世纪初，经过20年的发展，在2016年前后开始步入升级阶段。

其中，人工智能技术创新和应用是驱动消费互联网升级的关键因素。人工智能技术的创新应用，一方面催生出包括抖音、快手、美团和拼多多在内的一批移动互联网平台；另一方面带动了消费互联网从大城市向中小城市和广大农村地区的快速“下移”。二是工业互联网的启动和发展。工业互联网领域人工智能技术的创新应用带动了产品智能化和产业智能化发展，是制造强国和质量强国建设的重要支撑。三是科技创新能力和水平提升的需要。随着人工智能的创新应用，AI for Science 正在成为科学研究和产品研发的新范式。在我国，从制造国家向创新国家的转型升级过程中，迫切需要人工智能加速科技创新和产品研发能力的提升。

中国人工智能科技产业的发展是以平台为主导的。与早期互联网时代的交易型平台不同，人工智能驱动下的平台属于产业赋能型平台，即新型平台。通过构建基础软硬件和垂直业务软硬件产业创新生态，新型平台加速为产业的智能化转型升级赋能。新型平台及其主导的产业创新生态发展，是中国人工智能科技产业发展的关键机制。

国家战略引领和地方政府的积极响应是中国人工智能科技产业发展的重要驱动因素。2017 年，国家出台了《新一代人工智能发展规划》，从知识群、技术群和产品群的交融和互动视角对我国人工智能基础研究、技术开发和产业发展进行了系统规划和布署。同时，各地方政府积极推出人工智能发展规划和行动计划，不仅响应国家战略，而且响应了区域人工智能科技创新和产业发展的迫切需求。中央政府和地方政府的政策协同是中国人工智能科技创新和产业发展的重要机制。

中国的人工智能科技创新和产业发展是全球创新网络的重要环节。高度开放的创新系统是中国人工智能科技创新和产业发展的重要驱动因素。到目前为止，无论从核心人力资本的来源还是从技术输入的视角看，以美国为代表的西方发达国家都是我国人工智能科技产业发展的重要技术来源。尤其是美国，在创新能力、人才和技术储备方面，都是我们学习和追赶的对象。随着人工智能科技创新和产业发展步伐的加快，中国同样成为世界人工智能科技创新和产业发展的主要贡献者，正在重塑全球创新网络。

本丛书的撰写和出版旨在刻画和分析我国和全球人工智能科技创新和产业发展的动态轨迹和关键机制。率先推出的三本专著着重研究中国人工智能科技创新和产业发展的创新路径、组织形态和创新模式。从创新路径上看，中国人工智能科技创新和产业发展是深科技创新驱动的。与工业化阶段的创新不同，在人工智能领域的科技创新强调应用需求牵引的基础研究、技术开发和规模应用的正反馈和创新循环的形成和发展。在组织形态上，中国人工智能科技创新和产业发展是基于网络空间发展的创新集群。网络空间产业创新生态在人工智能科技创新和产业发展上发挥着至关重要的作用。在创新模式上，场景创新解决了通用目的技术的专用化过程中需求和供给的匹配，加速了人工智能技术的应用、升级和迭代的步伐。

人工智能是世界各国争相发展的领域，是全球竞争的前沿。同时，作为新兴通用目的技术，人工智能具有技术和社会“双重”属性。与前三次工业革命相比，以人工智能为核心引擎的第四次工业革命将会给人类社会带来了更加深刻的变革。对人工智能科技和产业发展的研究将是一个长期而艰巨的任务。

刘 刚

2023 年 7 月 12 日

序　言

自2017年7月8日国家发布《新一代人工智能发展规划》以来，时间整整过去六年了。在总结我国人工智能科技产业发展的过程中，“深科技创新”概念突然出现在我的脑海中。经过反复的验证和深入思考，我越来越清楚地认识到“深科技创新”概念能够概括我国人工智能科技创新和产业发展的内在逻辑。

改革开放以来，我国的经济发展大致经历了三个阶段。第一个阶段从20世纪70年代末到90年代中期，是农村改革和乡村工业化阶段。以安徽省小岗村联产承包责任制为代表，中国的农村改革激发了农民的生产积极性，这大幅提高了农业生产的效率和产出水平。作为农村改革的继续，乡村工业化进一步带来了我国轻工业的快速发展。从技术供给的视角看，这个阶段的技术主要来自城市，是计划经济时期城市技术积累的扩散。

第二个阶段从20世纪90年代中期到2008年，是以城市工业化为代表的全面工业化阶段。其中，重化工业是第二个阶段发展的重心。第二阶段工业化的动力来自第一阶段工业化所创造的对动力、原材料和工业装备的需求，而技术供给则是外源性的。我国充分抓住经济全球化条件下跨国公司主导的全球分工体系发展的历史机遇，通过国外成熟产品和标准化生产技术的引进，快速成长为全球制造中心。

2008年开始，中国经济开始从制造经济向创新经济转型。从历史的经验看，当一个国家成长为全球制造中心之后，下一个目标就是通过创新国家建设，发展为全球创新中心。2012年国家发布创新驱动发展战略，目的是努力探索具有中国特色的创新经济发展道路。

中国人工智能科技产业的发展源于经济转型升级过程中创造的智能化需求和自主创新，是内生性的。中国的智能化转型是多源性的，不仅来自互联网产业、智慧城市和安防产业，而且来自制造业。例如，2012 年持续出现的“用工荒”引发了以东莞市为代表的“机器换人”行动计划。2015 年 5 月国务院发布《中国制造 2025》，全面推进实施制造强国战略，加快推动新一代信息技术与制造技术融合发展，把智能制造作为两化深度融合的主攻方向；着力发展智能装备和智能产品，推进生产过程智能化，培育新型生产方式，全面提升企业研发、生产、管理和服务的智能化水平。

在实施创新驱动发展战略的过程中，无论是政府还是学术界和产业界都充分认识到基础研究和关键核心技术对实施制造强国战略的制约。在 2017 年国家发布的《新一代人工智能发展规划》中明确提出建立新一代人工智能基础理论体系，同时也提出构筑知识群、技术群、产业群互动融合和人才、制度、文化相互支撑的生态系统。强调基础研究和根技术研究，是《新一代人工智能发展规划》的战略取向。

充分利用全球创新网络，在国外基础研究和底层技术研发的基础上进行应用开发，是互联网发展阶段商业模式创新的基本内容。而在人工智能发展过程中，我们选择了深科技创新道路，强调以应用为导向，实现基础研究、技术开发和规模应用的良性互动和创新循环。深科技创新的主体不仅包括研究型大学、科研院所和新型创新组织，而且包括平台企业、新创企业、中小企业和传统产业智能化转型企业、政府、投资机构和其他中介组织。围绕着人工智能产业化和产业智能化，多元异质创新主体的知识、技术重组和互补性创新中涌现的集群创新，是深科技创新的基本组织形态。

与深科技创新相对应的是深科技创业。人工智能领域的创业活动属于典型的科技驱动的创业活动。深科技创新的基本特征包括：一是科学家的广泛参与，在人工智能新创企业中，包括清华大学和北京大学在内的国内外高校的科学家深度参与创业过程；二是技术和产品研发涉及跨学科、跨领域、跨组织和跨产业知识、技术重组和互补性创新；三是科学研究和产业化同步开展；四是持续的高风险投资；五是创新的集群化和生态化。基础层和技术层企业的创新创业活动着眼于基础研究和根技术开发，通过集群创新实现自主可控技术体系和产业创新生态的形成和发展。人工智能领域的深科技创新为中国特色创新道路奠定了基础。

2018 年以来，美国日益加剧的对华技术封锁，充分证明了我国在人工智能领域实施深科技创新战略的科学性和战略价值。面对美国日益加剧的对华技术封锁，我国在基础研究和前沿技术领域创新的相对滞后，可能影响我国人工智能技术升级和产业发展的步伐。美国人工智能国家安全委员会（National Security Commission on Artificial Intelligence，NSCAI）在 2021 年 3 月 1 日发布的年度《最终报告》中明确提出，“中国不仅在人工智能全领域是美国的竞争对手，且在特定领域已经是领先者，这是美国自第二次世界大战以来首次在科技主导权方面遭遇到挑战，美国要对人工智能相关技术进行出口管制以达到精准卡脖子目的（targeting discrete chokepoints）。”2022 年 8 月 9 日，美国总统拜登在白宫正式签署《芯片和科学法案》。该法案在为美国半导体研究和生产提供 520 多亿美元政策补贴的同时，为芯片工厂提供投资税减免。另外，该法案授权政府拨款大约 2000 亿美元，用于促进美国未来 10 年在人工智能、量子计算等领域的科技创新。该法案中不少条款明确限制有关芯片企业在中国开展正常经贸和投资活动。

美国之所以把人工智能列为技术封锁的重点领域，关键原因是在深科技创新驱动下中国在人工智能领域的自主可控技术体系产业创新生态雏形开始显现。人工智能包括智能芯片、基础架构、操作系统、工具链、基础网络、智能终端、深度学习平台、大模型和产业应用在内的复杂技术体系。围绕人工智能技术体系的发展，在全球范围内已经形成中国和美国两大创新联盟。

人工智能企业及其创新活动构成了人工智能科技产业发展的微观基础。根据中华人民共和国工业和信息化部的统计数据显示，截至2022年6月，我国人工智能企业数量超过3000家，仅次于美国，排名第二，人工智能核心产业规模超过4000亿元。[①] 我国人工智能企业不仅能够覆盖产业链主要环节，而且在部分环节和领域具有国际竞争优势。

人工智能产业包括核心产业部门和融合产业部门。核心产业部门是指人工智能产业化部门；而融合产业部门则是指人工智能和经济社会融合发展过程中出现的新产品、新技术、新业态和新模式，即产业智能化部门。随着深科技创新的发展，我国人工智能步入和经济社会全面融合发展阶段。2200家人工智能骨干企业的关系数据量化分析表明，我国人工智能已经广泛应用于包括企业智能管理、智能营销与新零售、智能金融、智慧城市、智能医疗、新媒体和数字内容、智能制造、智能教育、智能交通、网络安全、智能物流、智慧文旅、智能政务、智能能源、智能硬件、智能网联汽车、智能家居、智能农业和智能安防在内的19个应用领域。

人工智能和经济社会的深度融合发展驱动人工智能技术的体系化和复杂化。到目前为止，人工智能已经进化为包括大数据和云计算、物联网、智能机器人、智能推荐、5G、区块链、语音识别、虚拟/增强现实、智能芯片、计算机视觉、自然语言处理、生物识别、空间技术、光电技术、自动驾驶、人机交互和知识图谱17种技术在内的复杂技术体系。同时，随着人工智能在19个应用领域的创新应用，技术体系日益表现出专用化趋势。

① 工信部：我国人工智能核心产业规模超四千亿元 企业数量超三千家，光明网，2022年7月26日。https：//m. gmw. cn/2022 -07/26/content_ 1303061733. htm.

包括华为、百度和阿里巴巴在内的头部平台，通过与研究型大学和科研机构合作，逐步构建包括智能芯片、基础设施服务、操作系统、大数据和云计算、机器学习平台、大模型、行业应用和人才培养在内的自主可控技术体系。同时，头部平台企业通过基础软硬件和垂直业务领域软硬件产业创新生态的构建，成为人工智能领域深科技创新的主导力量。

截至2022年3月，全国共有440所高校设置“人工智能”本科专业、248所高校设置“智能科学与技术”本科专业、387所普通高等学校高等职业教育（专科）设置“人工智能技术服务”专业。包括清华大学和北京大学在内的国内18所高校获得全国首批“集成电路科学与工程”一级学科博士学位授权点。高校在基础研究和人才培养上为深科技创新奠定了基础。

创建新型创新组织激活“政产学研用”协同创新活力，形成基础研究、技术研发、应用创新和产业孵化无缝对接的新体制和机制，是推动人工智能科技创新和产业发展的重要机制。截至目前，本书共发现人工智能领域新型创新组织347家，广泛分布在京津冀、长三角和珠三角等地区。其中，以鹏城实验室、之江实验室和上海人工智能实验室为代表的人工智能实验室，成为人工智能产业化领域最为活跃的新型创新组织。

从企业簇群和创新资源的空间、技术和应用领域分布看，集群创新是中国人工智能深科技创新和产业发展的基本组织形态。为了加速人工智能科技创新和产业的发展，党的二十大报告提出：“加快发展数字经济，促进数字经济和实体经济深度融合，打造具有国际竞争力的数字产业集群。”建设具有全球竞争力的人工智能产业集群，是我国人工智能科技产业发展的战略方向。

以ChatGPT为代表的生成式人工智能（AIGC）的发展使人们看到了通用人工智能诞生的火花。到目前为止，人工智能在工业领域的应用仍然是手工作坊式的。生成式人工智能的创新应用，将创造出智能经济时代的生产组织方式。

利用算法、算力和数据领域的综合优势，头部平台企业和研究型大学协同创新，通过封装大模型复杂生产过程，能够为传统产业智能化进行低成本赋能。深度学习平台是大模型开发、训练、推理部署和产业化落地的关键支撑。在预训练大模型和深度学习平台的建设上，涌现出包括华为“盘古”、百度“文心”和阿里“通义千问”在内的大模型和相应的深度学习平台。同时，包括鹏城实验室和上海人工智能实验室在内的人工智能实验室通过大模型研发和深度学习平台搭建，加速推动人工智能产业化落地。

新的“预训练大模型+深度学习平台”生产组织方式，能够通过构建基础软硬件协同创新生态，实现软硬件适配、模型训练和推理在产业链诸环节的部署和应用，加速人工智能和实体经济深度融合发展的进程，全面提升全要素生产率和经济发展质量。

通用人工智能的创新发展将进一步推动人工智能科技产业发展。作为第四次工业革命的核心引擎，人工智能不仅创造新的社会生产力，而且能够激活历次工业革命积累的社会生产力发展潜力。与历次工业革命构建的技术体系不同，基于网络空间发展的人工智能不仅能够提升全要素生产率，而且能够为统筹和协调经济、社会和生态发展提供全新的解决方案。

中美两国是人工智能科技创新和产业发展的全球引领者。能否持续引领全球发展的关键是谁能够在基础研究、技术开发和多领域规模应用之间形成创新循环和报酬递增。坚持深科技创新道路，加快形成基础研究、技术开发和规模应用之间的正反馈，实现技术体系的自主可控和产业发展安全，是中国人工智能科技创新和产业发展的战略目标和方向。

刘　刚

2023 年 4 月 22 日

于南开大学经济研究所

目 录

第一章

深科技创新和我国人工智能科技产业发展

在全球人工智能科技创新和产业发展上，中国和美国是共同的引领者。在科技创新和产业化路径上，中国和美国存在明显的差异。对人工智能领域科技创新和产业发展模式的探索，对我国实施建设创新型国家战略具有借鉴价值。

第一节 人工智能领域的深科技创新

一、深科技创新：概念和内涵

中国人工智能科技产业的发展是深科技创新驱动的。深科技创新强调应用需求牵引下基于基础研究和根技术创新而开展的创新和创业活动。在全球人工智能科技创新和产业发展上，中国和美国共同引领。在人工智能领域的科技创新路径选择上，中国和美国存在着明显差异。

人工智能（Artificial Intelligence，AI）属于计算机科学的一个分支领域，致力于使机器模拟人类思维，执行学习和推理等工作。1956 年 8 月，在美国汉诺斯小镇达特茅斯学院的会议上，人工智能的概念首次被提出。会议讨论的主题是“如何用机器来模仿人类学习以及其他方面的智能”。在经历了长期的曲折发展之后，直到2016年，谷歌人工智能系统AlphaGo战胜围棋世界冠军李世石之后，人工智能开始受到头部科技企业和风险投资的追捧，逐步走向商业化落地。

作为发达国家，在人工智能科技创新和产业发展上，美国遵循着从基础研究到技术开发再到规模应用的路径选择。作为后发国家，在早期人工智能科技创新上，中国明显落后于美国和其他发达国家。但是在人工智能产业化方面，中国却走在了世界前列。与美国相比较，中国走了一条以应用需求为牵引的人工智能科技创新和产业化发展道路。

中国的人工智能科技创新和产业发展源于经济转型升级过程中创造的强烈的智能化需求。尤其是2012年之后面对要素成本的上涨和环境保护压力的增强，运用人工智能技术解决经济、社会和环境保护中的“痛点”问题，成为人工智能科技创新和产业发展的第一驱动力。因而，我国的人工智能科技创新和产业发展首先是应用需求牵引的。同时，与工业化阶段相比，国外没有成熟的技术满足我国经济转型升级过程中创造的智能化需求。在这种条件下，充分利用国内外的创新资源，以应用为导向，同时开展基础研究、技术开发和应用创新，成为我国人工智能科技创新和产业发展的路径选择。2016年以来，随着美国的技术封锁，通过“政产学研用”在基础研究和根技术创新领域协同创新，推动人工智能领域深科技创新不断深化，成为中国特色自主创新道路的基本内容。

我国人工智能科技创新和产业发展首先得益于互联网产业的发展。在早期阶段，中国的互联网产业是商业模式创新驱动的，关键核心技术严重依赖于发达国家的基础研究和底层技术创新。与商业模式创新相比较，深科技创新以应用为导向，聚焦关键核心技术，是基于基础研究和根技术创新展开的创新和创业活动。围绕自主可控技术体系和产业创新生态的形成和发展，中国在人工智能领域的深科技创新涉及包括企业、大学、科研院所、新型创新组织、政府和投资机构在内的多元异质创新主体的跨学科、跨组织、跨产业和跨区域知识、技术重组和互补性创新，不仅推动了人工智能科技产业的发展，而且促进了国家创新系统和产业创新生态的完善和发展。

与深科技创新相伴随的是深科技创业活动的涌现。2012 年以来，深科技创业是人工智能科技创新和产业发展的重要推动力量。与商业模式主导的创业活动不同，人工智能领域的深科技创业不仅表现为科学家的深度参与，而且表现为基础研究、应用开发和商业化的同步开展和正反馈。具体而言，中国人工智能领域的深科技创业活动的基本特征包括：一是科学家的广泛参与，许多人工智能领域的科学家成为新创企业的联合创始人和首席科学家；二是跨学科、跨组织、跨产业和跨领域知识、技术重组和互补性创新；三是聚焦包括智能芯片和操作系统在内的人工智能根技术和关键核心技术的突破和"卡脖子"问题的解决；四是"政产学研用"协同；五是风险资本的持续高投入；六是高度重视开放、开源创新和软硬件协同生态的构建。

尤其值得关注的是，中国人工智能领域的深科技创新目标不仅局限于实现科技成果的商业价值，而且重视社会价值的创造。例如，面对美国的技术封锁，如何构建自主可控技术体系实现国家产业安全和国际竞争力提升？如何发挥人工智能在解决社会痛点问题中的积极作用？如何通过产业智能化实现绿色低碳和经济社会可持续发展？如何解决这些问题成为人工智能领域深科技创新的目标和方向。

二、研究设计和方法

本书运用价值网络分析方法，考察多元创新主体如何通过深科技创新推动中国人工智能科技产业发展的动力机制和内在逻辑。表 1－1 列出了本书的数据库样本类型构成。人工智能骨干企业 2200 家，其中基础层企业 53 家，占比为 2.41%，它们是中国人工智能科技产业发展的基础软硬件和基础设施服务商；技术层企业 273 家，占比为 12.41%，它们是包括核心算法在内的关键技术研发和生产企业；应用层企业 1873 家，占比为 85.18%，它们属于人工智能技术集成和应用企业。除了 2200 家人工智能骨干企业，样本库还包括 5272 家投资者（投资机构和非投资机构）、303 家 AI 大学（"AI 大学"指设置人工智能二级学院和研究机构的高等学校）、123 家非大学人工智能科研机构、781 家人工智能产业联盟、国家和各省份累计出台人工智能的相关政策 657 项、人工智能产业园区 1823 个。

表 1－1　　　　数据库样本类型

样本类别		数量（家）
人工智能骨干企业	基础层	53
	技术层	273
	应用层	1873
	总计	2200
投资者（投资机构和非投资机构）		5272
大学和科研机构	AI 大学	303
	非大学科研机构	123
人工智能产业联盟		781
人工智能政府政策		657
人工智能产业园区		1823

本书把 2200 家人工智能企业作为样本节点，通过实际调查和网络资料搜索与样本节点存在技术、人力资本和投融资关系的关系节点，在采集和分析属性数据的同时，重点采集和分析样本节点和关系节点之间三个维度的关系数据。通过价值网络结构和关系数据量化分析，考察深科技创新驱动的中国人工智能科技产业发展的动力机制、内在逻辑和发展路径。

第二节 中国人工智能科技产业发展

一、五年发展回顾

自 2017 年《新一代人工智能发展规划》发布以来，面对国外技术封锁和新冠疫情冲击，中国人工智能科技和产业发展仍然取得了重大进展。人工智能科技产业发展不仅表现为核心产业部门规模的扩张,[①] 而且表现

① 到目前为止，对中国人工智能科技产业发展规模和增长速度的统计仍然缺乏一致的指标体系。作为参考，德勤 2021 年《中国成长型 AI 企业研究报告》的统计数据显示，2017—2020 年我国人工智能产业规模从 709 亿元增加到 1608 亿元，年均增速 30% 左右。

为人工智能和经济社会的加速融合。

作为第四次工业革命的核心引擎，人工智能为发达国家保持国际竞争优势和后发国家实现赶超创造了条件。对于后发国家而言，基于新科技革命实现赶超不仅源于技术领域的突破性创新，更重要的是技术经济范式变迁的结果。[①] 构建与人工智能技术体系变革和技术经济范式变迁相适应的国家创新系统，是加速人工智能科技产业成长和实现经济高质量发展的关键。

与工业时代不同，培育富有活力的产业创新生态是发展和完善与人工智能技术体系变革相适应的国家创新系统的焦点。以推进人工智能和经济社会深度融合为逻辑主线，产业创新生态的发展涉及多元异质创新主体的跨学科、跨组织、跨产业和跨区域知识、技术重组和互补性创新。国家的顶层设计和战略引领、地方政府的积极响应、新型平台主导的产业创新生态发展、“政产学研用”协同创新和产业智能化加速转型，是中国人工智能科技产业发展的关键动力和机制。

中国人工智能科技产业的发展是深科技创新驱动的。与商业模式创新相比较，深科技创新是指基于基础研究和底层技术研发的科学和技术创新活动，目的是构建培育未来产业和保障产业国际竞争力持续提升的自主可控技术体系。对人工智能科技产业而言，深科技创新强调加强基础软硬件和关键核心技术领域的研发活动。同时，与深科技创新相对应的是深科技创业。人工智能领域的深科技创新和创业活动的主体不仅包括政府主导的研究型大学和科研院所，而且包括新型平台、新型创新组织[②]、人工智能新创企业和智能化转型企业。

基础研究和高端人才培养是人工智能深科技创新和创业的基础。《新一代人工智能发展规划》明确提出，完善人工智能领域学科布局，设立人工智能专业，推动人工智能领域一级学科建设。为了落实规划，2018年4月教育部印发了《高等学校人工智能创新行动计划》，2020年1月，教育部、国家发展和改革委员会、财政部联合发布《关于“双一流”建设高校促进学科融合加快人工智能领域研究生培养的若干意见》。两个文

① ［英］克里斯托夫·弗里曼．技术政策与经济绩效：日本国家创新系统的经验［M］．张宇轩译，东南大学出版社，2008．

② 新型创新组织包括人工智能领域相关的新型研发机构和人工智能实验室。例如，之江实验室、鹏城实验室和浦江实验室。

件提出了包括人工智能专业设置、学科发展、人才培养和科技创新在内的系统方案。截至2022年3月，全国共有440所高校设置“人工智能”本科专业、248所高校设置“智能科学与技术本”科专业、387所普通高等学校高等职业教育（专科）设置“人工智能技术服务”专业。

为了推动人工智能学科建设，国务院学位委员会批准设立“交叉学科”门类（门类代码为“14”），下设“集成电路科学与工程”一级学科（学科代码为“1401”）和“国家安全学”一级学科（学科代码为“1402”）。2021年4月22日，清华大学成立集成电路学院。7月14日，华中科技大学未来技术学院和集成电路学院正式揭牌成立。7月15日，北京大学宣布成立集成电路学院。其中，清华大学集成电路学院在国内首次提出“1+N”联合机制，打破学科壁垒，强化交叉融合，聚焦集成电路全产业链，布局微电子科学、集成电路设计方法学与EDA、集成电路设计与应用、集成电路器件与制造工艺、MEMS与微系统、封装与系统集成、集成电路专用装备和集成电路专用材料等研究方向。包括清华大学和北京大学在内的国内18所高校成为全国首批集成电路科学与工程一级学科博士学位授权点，广泛分布在北京市、上海市、江苏省、浙江省、福建省、湖北省、广东省、四川省和陕西省等省份。

全国高校积极响应国家重大战略需求，在人工智能基础研究和底层技术开发领域的布局取得一系列成果。近两年来，我国14所高校在芯片领域取得了包括小尺寸晶体管、量子芯片、光刻技术和设备、新材料在内的17项关键技术突破。无论是在人工智能基础研究和应用开发还是在人才培养方面，高校和企业之间的产学研合作成为推动人工智能科技创新和产业发展的重要机制。例如，在人工智能和集成电路学院的建设和发展上，国内高校纷纷通过与包括华为、中芯国际、腾讯和比亚迪在内的前沿企业合作，加速科学研究和人才培养。

人工智能属于通用目的技术（General Purpose Technologies，GPTs）。人工智能和经济社会的融合发展涉及多元异质创新主体的跨学科、跨组织、跨产业和跨区域知识、技术重组和互补性创新。包括工业实验室、研究型大学和科研院所在内的传统创新组织难以适应人工智能技术体系变革的需要，但是具有平台属性的新型创新组织成为创新组织发展的前沿。

为了适应智能经济条件下创新组织发展的需要，在总结前期建设经验的基础上，2019 年科技部印发了《关于促进新型研发机构发展的指导意见》，为人工智能新型创新组织的发展创造了条件。[①] 本书以是否主要为人工智能科技产业发展提供研发和服务为依据，共发现 347 家人工智能新型创新组织。人工智能新型创新组织包括两种类型：一类是 2017 年之后创建的专门从事人工智能基础研究和关键共性技术研发的新型创新组织。例如，之江实验室、鹏城实验室和浦江实验室。另一类则是 2017 年之前创建的新型研发机构，即通过设立人工智能研发部门发展而来的人工智能新型创新组织。例如，中科院深圳先进技术研究院。

新型创新组织不仅具有基础研究和应用开发功能，而且具有市场推广、成果转化、创业孵化和人才培养功能。通过创新生态建设，新型创新组织打通了基础研究、应用开发和规模生产之间的创新循环，加速了人工智能基础研究成果的商业化进程。同时，新型创新组织充分发挥政府和市场两种资源配置机制，实现了创新资源的有效配置，降低了基础研究和关键共性技术开发的技术和市场双重不确定性，加速了知识和技术扩散，促进了新创企业和科技型中小企业的成长。

在深科技创新过程中，包括 15 家国家级人工智能开放创新平台在内的新型平台是关键推动者。新型平台属于产业赋能型平台，部分来自传统交易平台的转型升级。中国的互联网产业起步于国外互联网基础研究和关键技术的应用，属于典型的商业模式创新。随着业务发展和应用领域扩张，互联网平台企业开始步入深科技创新领域，转型升级为具有产业赋能功能的新型平台。依托数据生态和应用场景优势，平台企业把深科技创新的重点放在基础和关键核心技术领域。例如，华为、阿里巴巴、百度和腾讯先后在操作系统、智能芯片、底层架构和网络基础科技领域进行研发。在关键核心技术自主可控的条件下，通过培育和构建开源创新生态，新型平台帮助开发者快速实现 AI 概念和创意，赋能产业

---

① 科技部火炬中心的统计数据显示，截至 2020 年底，全国新型研发机构数量达到 2140 家，它们主要为包括新一代信息技术、新材料、高端装备制造和生物医药在内的新兴科技产业提供服务。其中，为新一代信息技术产业提供研发服务的机构数量占比为 33.69%，排名第一；排名第二的是新材料，占比为 31.21%；排名第三的是高端装备制造产业，占比为 31.12%；排名第四至第六的分别是生物医药、节能环保和新能源产业，占比分别为 25.65%、17.76% 和 6.31%。

智能化升级。

新创企业在中国人工智能关键核心技术的攻坚克难，同样构成了深科技创新浪潮的重要力量。在深科技创新和创业活动活跃的 GPU 领域，近年来涌现出包括壁仞科技、沐曦集成电路、摩尔线程、天数智芯和登临科技在内的一批新创企业。创建于 2019 年 9 月的上海壁仞科技的融资规模达到 47 亿元，估值超过 100 亿元。2022 年 3 月 31 日，壁仞科技宣布首款基于自主原创芯片架构开发的 GPU 芯片 BR100 系列一次点亮成功。

传统制造企业的智能化转型同样是人工智能领域深科技创新的重要推动者。传统制造企业，尤其是龙头企业的智能化转型更多地聚焦在智能装备领域。产品的智能化和生产的智能化带动了智能机器人的技术创新和应用。同时，传统制造企业的智能化转型为中小企业和新创企业的深科技创业创造了条件。

尽管取得了显著的成绩，中国人工智能科技产业的发展同样面临前所未有的困难。其中，美国技术封锁是中国人工智能科技创新和产业发展面临的挑战之一。围绕着关键核心技术研发，如何加强基础研究、实现关键核心技术的突破，是研究型大学、科研院所、企业和政府共同面对的问题。同时，如何形成适应深科技创新和创业浪潮的基础研究、人才培养、组织、政策和治理体系，构建自主可控技术体系和更加开放的创新生态，同样是中国人工智能科技创新和产业发展亟待解决的难题。

二、人工智能企业

人工智能企业①及其创新活动构成了智能科技产业发展的基础。本部分通过对 2200 家②人工智能骨干企业的属性数据分析，刻画和概括中国人工智能科技产业发展的微观基础和内在结构。

---

① 本章是在《中国新一代人工智能科技产业发展报告（2022）》的基础上修改而成，为了保持数据和基本结构的连贯性，这一部分是在前期《中国新一代人工智能科技产业发展报告》（2018—2021 年）相对应内容的数据更新基础上撰写而成的。

② 2022 年的报告在中国新一代人工智能发展战略研究院智能经济数据库 10000 家基础样本数据库的基础上，通过动态数据采集和追踪，筛选出 2200 家企业为《中国新一代人工智能科技产业发展报告（2022）》样本企业。

（一）创建时间

2200 家人工智能企业创建的时间主要集中在 2012 年至 2018 年之间，占比为 63.36%。企业创建的峰值出现在 2015 年，占比为 14.14%。2016 年以来，深科技创新和创业活动不断增加，成为人工智能科技产业发展的关键支撑（见图 1－1）。

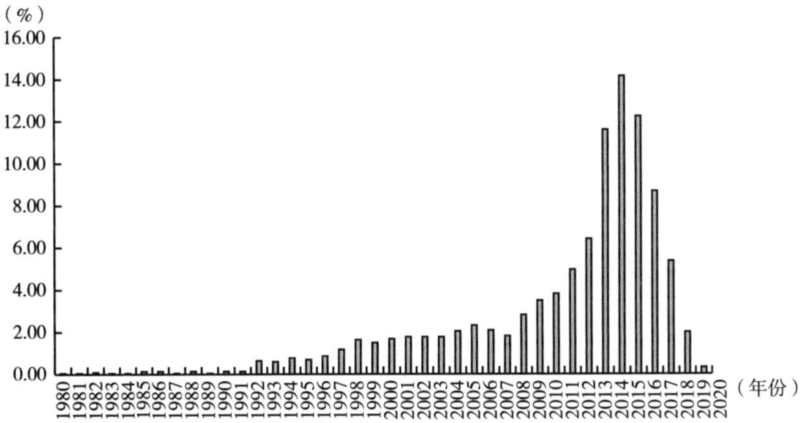

图 1－1　2200 家人工智能样本企业的创建时间分布

其中，创建于 2010 年之前的大部分企业在成立之初属于非初始人工智能企业。尤其是创建时间较早的上市公司，大都在 2010 年之后通过自主研发和技术引进转型升级为人工智能企业。非初始人工智能企业大致可以划分为两类：一类是信息技术企业；另一类是传统产业企业，主要包括传统制造业、商业和金融业企业。一般而言，信息技术企业进入人工智能领域的时间早于传统产业企业。通过数字化转型，传统产业的龙头企业成为融合产业部门的主导者。

（二）地域分布

2200 家人工智能骨干企业主要分布在京津冀地区、长江三角洲地区和珠江三角洲地区三大都市圈，占比分别为 29.64%、29.64%和 26.45%（见图 1－2）。依托科技创新和互联网产业发展优势，京津冀地区、长江三角洲地区和珠江三角洲地区在人工智能科技产业的发展上走在了全国的前列。与 2017 年相比，长江三角洲地区、珠江三角洲地区人工智能科技

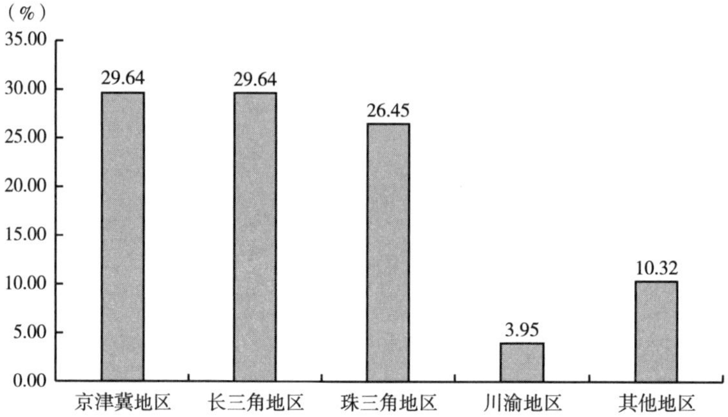

图 1－2　2200 家人工智能企业在全国都市圈的分布

产业骨干企业所占份额增长速度明显高于京津冀地区。

在各省份自治区中，人工智能企业主要分布在北京市、广东省、上海市、浙江省、江苏省、四川省、山东省、湖北省、福建省和湖南省（见图 1－3）。其中，北京市占比最高，为 28.32%；其次是广东省，占比为 26.45%，主要分布在深圳市和广州市；排名第三的是上海市，占比为 13.09%；排名第四的是浙江省，占比为 9.00%，主要分布在杭州市。

在国内主要城市中，人工智能企业分布密集的城市是北京市、深圳市、上海市和广州市，占比分别为 28.32%、13.41%、13.09% 和 8.55%。西部地区的成都市和中部地区的武汉市同样是人工智能企业数排名靠前的城市。

（三）员工规模

图 1－4 列出了 197 家人工智能上市公司员工规模分布情况。49.24% 的人工智能上市公司员工数量在 2000 人以内，员工数在 2000—4000 人的企业占比为 21.83%，员工数在 4000—6000 人的企业占比为 8.63%，员工数量在 6000 人以上的企业占比为 20.30%，大多企业属于应用层企业。

（四）营业总收入和市值

图 1－5 列出了 197 家人工智能上市公司营业总收入分布情况。其中 71.57% 的企业营业总收入小于 40 亿元，10.66% 的企业营业总收入在 40

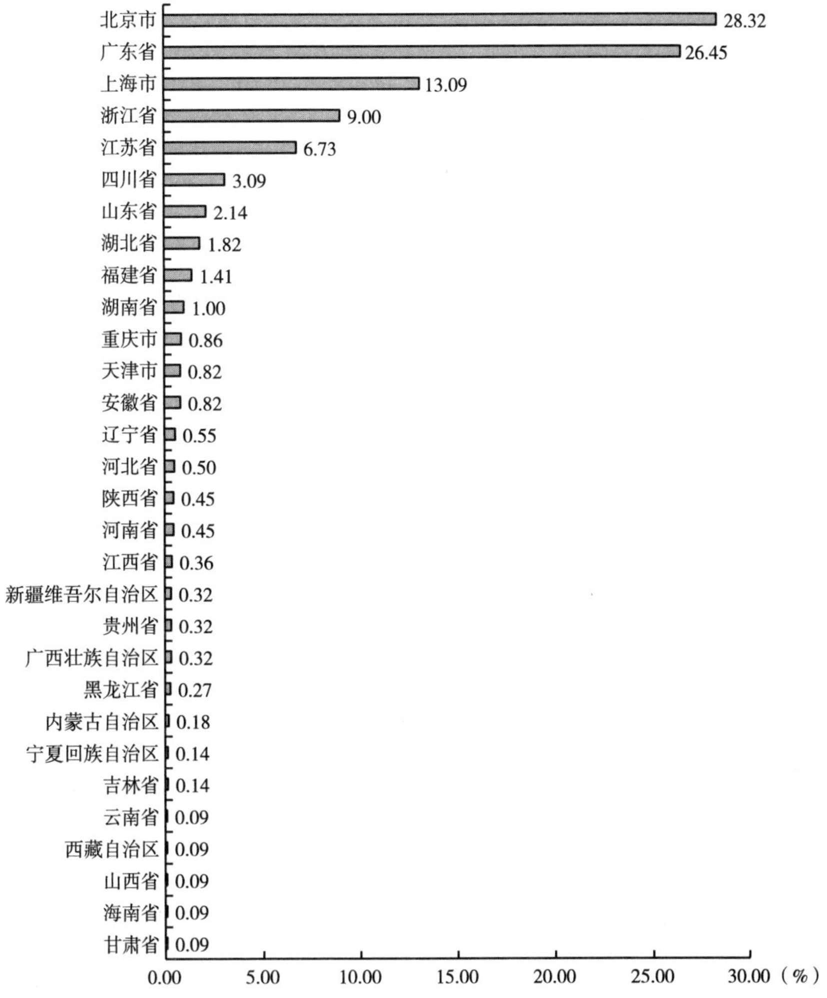

图 1－3　2200 家人工智能企业在省市自治区的分布

亿—80 亿元，17.77% 的企业营业总收入超过 80 亿元。

图 1－6 列出了 197 家人工智能上市公司市值分布情况。市值小于 100 亿元的企业数量占比最高，达到 59.39%；其次是市值超过 400 亿元的企业数量，占比为 16.75%；市值在 100 亿—200 亿元、200 亿—300 亿元、300 亿—400 亿元的企业数量占比分别为 12.18%、9.64%、2.03%。

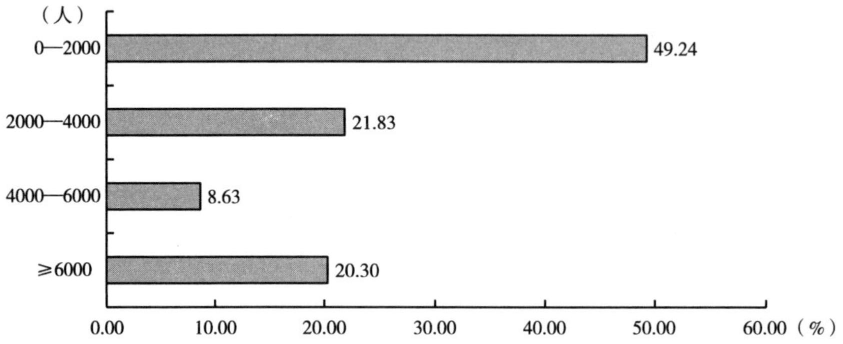

图 1－4　197 家人工智能上市公司员工规模分布①

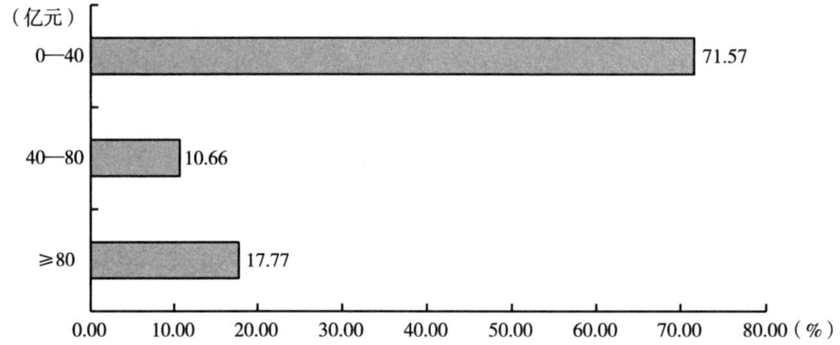

图 1－5　197 家人工智能上市公司营业总收入分布情况②

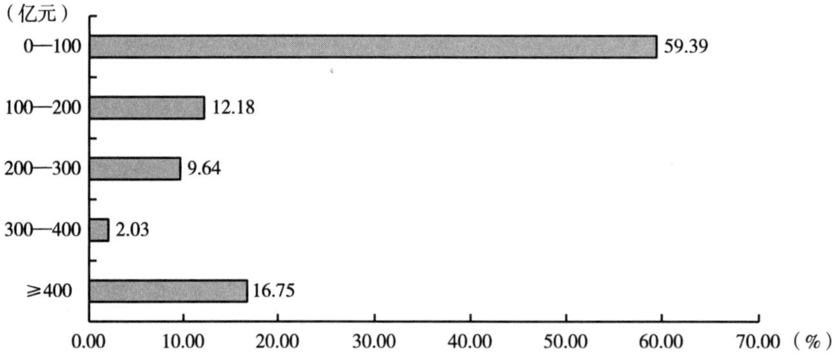

图 1－6　197 家人工智能上市公司市值分布情况③

---

①　在本书的样本库中，只有部分人工智能上市公司的员工数、营业总收入和市值数据同时可得，因此统计分析以数据可得的 197 家企业作为分析样本。

②　由于上市公司的财务报表披露相对较晚，上市公司员工数和营业总收入的统计截止时间为 2020 年 12 月 31 日。

③　由于上市公司的日总市值披露更新较为及时，对上市公司总市值的统计截止时间为 2021 年 12 月 31 日。

（五）投融资情况

1. 企业融资规模分布

截至2021年12月，在2200家人工智能企业中，能够检索到发生融资事件的企业数为1485家，在全样本中占比为67.50%（见图1-7）累计融资总额为25925.44亿元。[①] 从1485家企业融资情况看，40.88%的企业融资额小于1亿元，41.89%的企业融资额在1亿—10亿元，融资额超过10亿元的企业数量占17.24%。

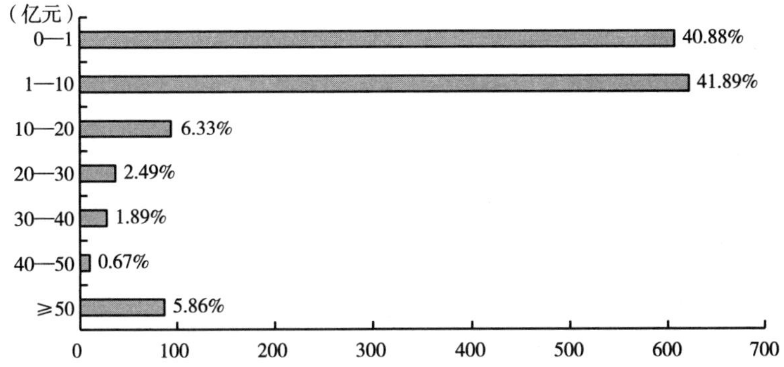

图1-7 1485家人工智能样本企业融资规模分布

2. 地区融资总额分布

本书可采集到的发生融资活动的样本企业共计1485家，分布在我国34个省市自治区中的29个省份自治区。从地区融资规模看，排名前五的省份自治区分别是北京市、广东省、上海市、江苏省和天津市，融资总额分别为13972.53亿元、3339.13亿元、2966.88亿元、1392.14亿元和1199.11亿元（见图1-8）。

3. 地区平均融资规模分布[②]

从1485家企业平均融资规模地域分布看，企业平均融资额排名前五的省份分别是甘肃省、吉林省、天津市、北京市和海南省，企业平均融资额分别为134.20亿元、95.18亿元、66.62亿元、22.43亿元和18.27亿

① 融资规模是指人工智能企业的所有融资额，包括非人工智能领域的融资额。

② 平均融资规模受企业数量和融资规模的影响。企业数量少但是单个企业融资规模大的省份，地区平均融资规模较高。

元（见图1－9）。

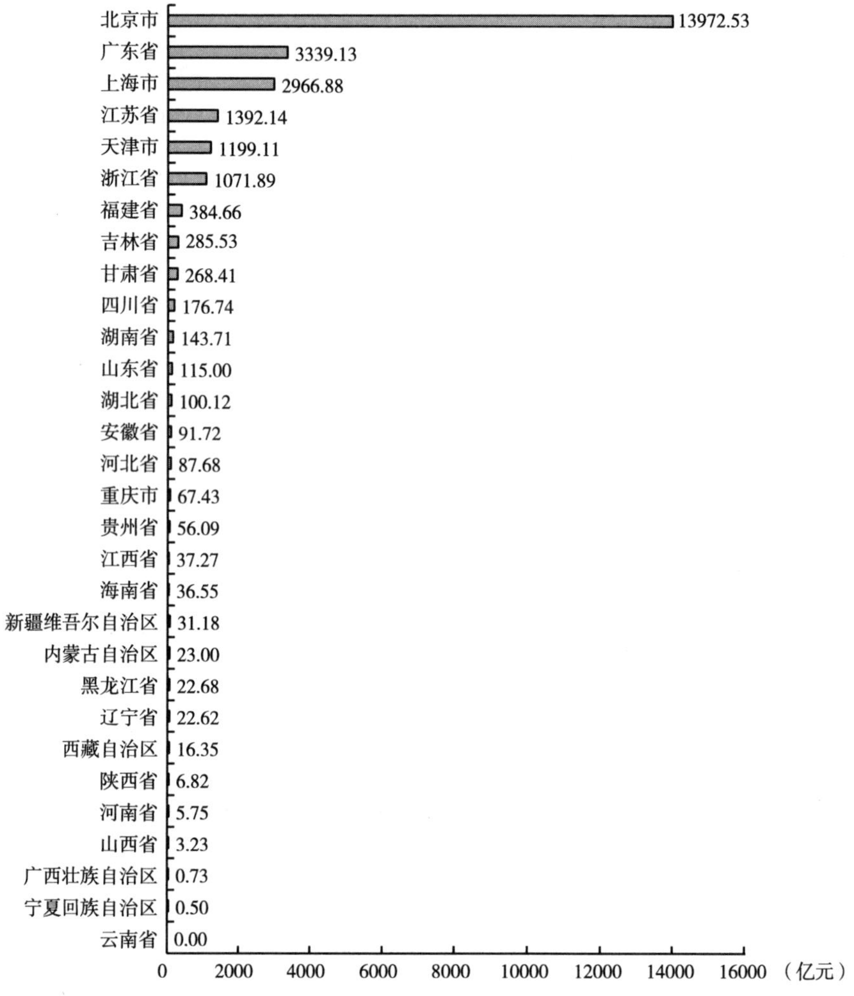

图1－8 1485家人工智能企业所在省市自治区融资规模

（六）技术层次分布

从人工智能企业技术层次分布看，应用层企业占比最高，达到85.18%；其次是技术层，占比为12.41%；基础层占比最低，为2.41%（见图1－10）。基础和技术层企业是深科技创新的主体，应用层企业则为深科技创新的商业化提供技术集成和应用。

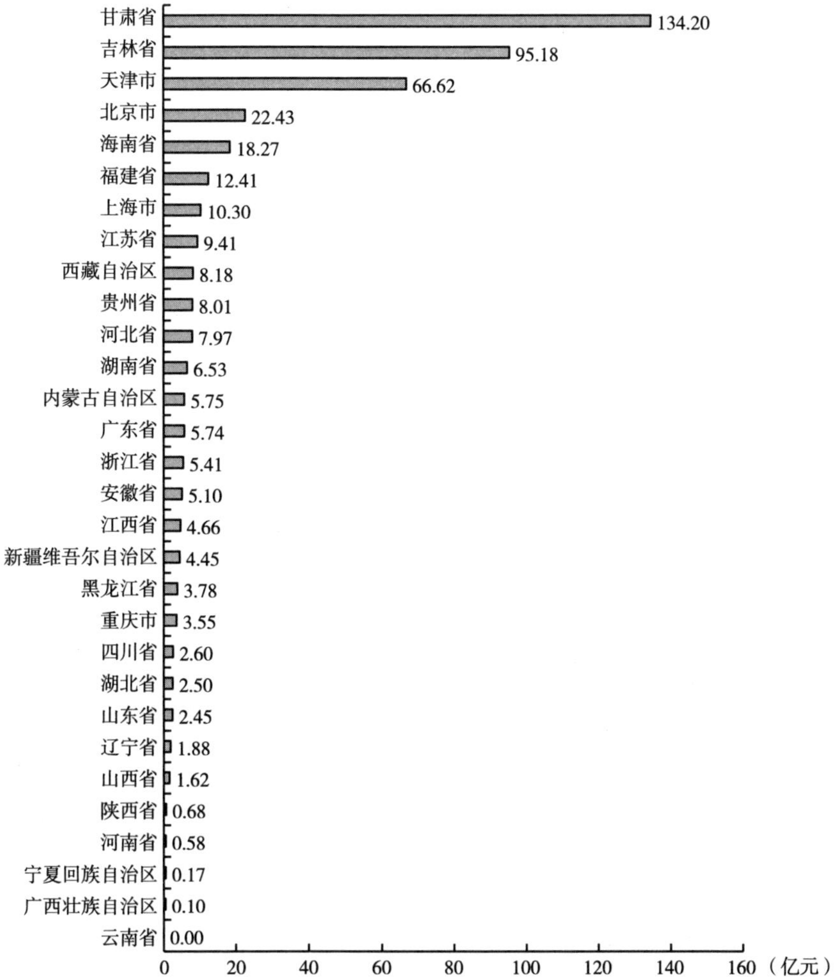

图 1－9　1485 家人工智能企业平均融资规模地域分布

（七）核心技术分布

从人工智能企业核心技术分布看，大数据和云计算占比最高，达到 42.55%；其次是硬件、机器学习和推荐、物联网，占比分别为 7.59%、6.18% 和 6.00%；服务机器人、工业机器人、图形图像识别技术、语音识别和自然语言处理紧随其后，占比依次为 5.64%、5.50%、4.82% 和 4.32%（见图 1－11）。

图 1－12 展示了 326 家基础层和技术层人工智能企业的核心技术分布

情况。其中，大数据、云计算和人脸、步态、表情识别两个技术领域的企业占比最高，分别为 30.06% 和 13.19%；智能芯片、语音识别和自然语言处理、图形图像识别、机器学习和推荐、工业机器人、服务机器人的企业占比相对较高，依次为 9.51%、9.20%、8.28%、4.91%、4.29% 和 3.68%。

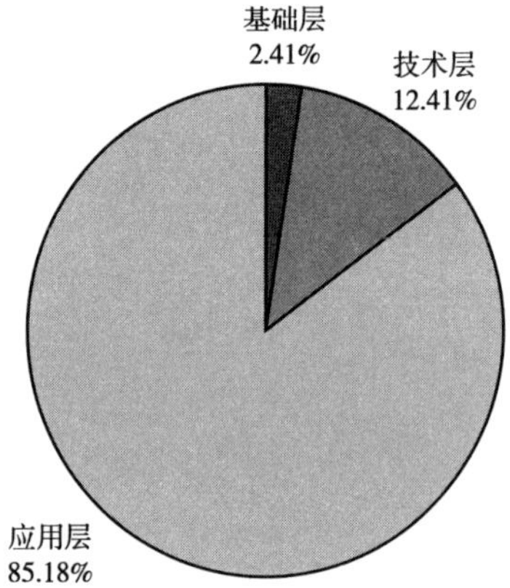

图 1-10 2200 家人工智能企业技术层次分布

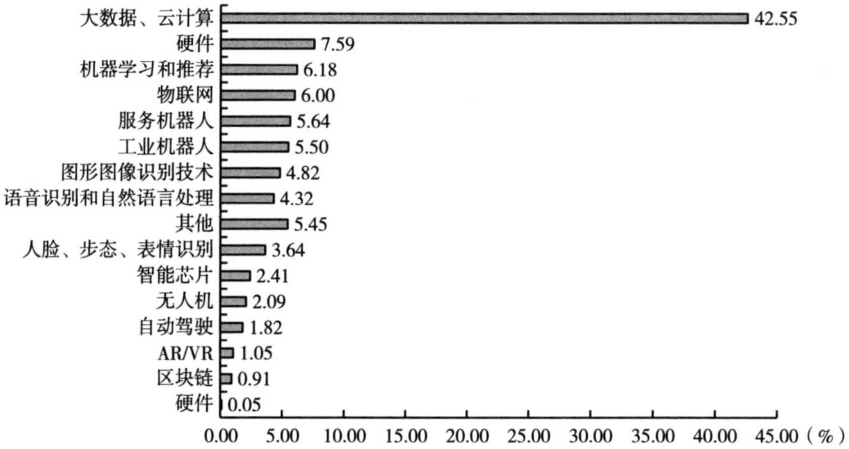

图 1-11 2200 家人工智能企业的核心技术分布

（八）研发活动

1. 研发强度

如图 1-13 所示本书可获得研发数据的中国人工智能科技上市公司共

计 197 家，其中研发强度小于 5% 的企业数占比为 29.95%，研发强度在 5%—15% 的企业占比为 50.76%，研发强度大于 15% 的企业占比为 19.29%。197 家人工智能企业的平均研发强度达到 9.98%，远高于国内企业的平均水平。

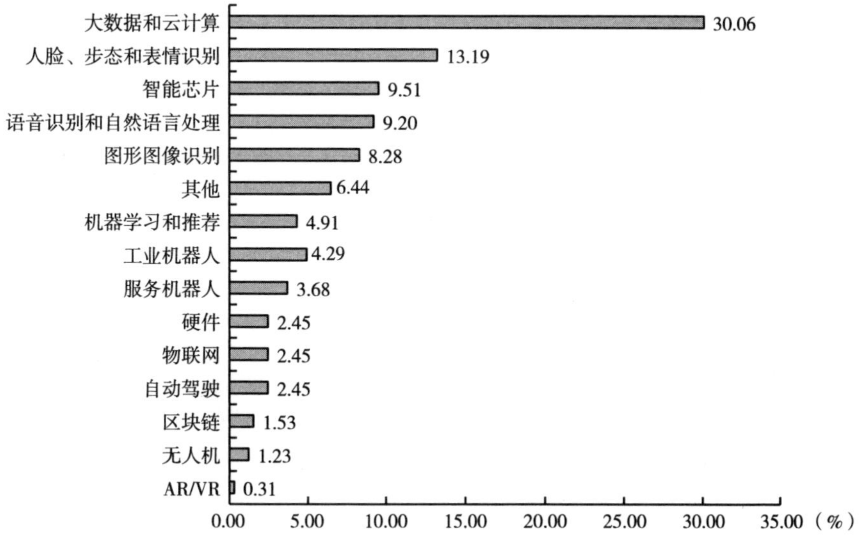

图 1－12　326 家基础层和技术层人工智能企业的核心技术分布

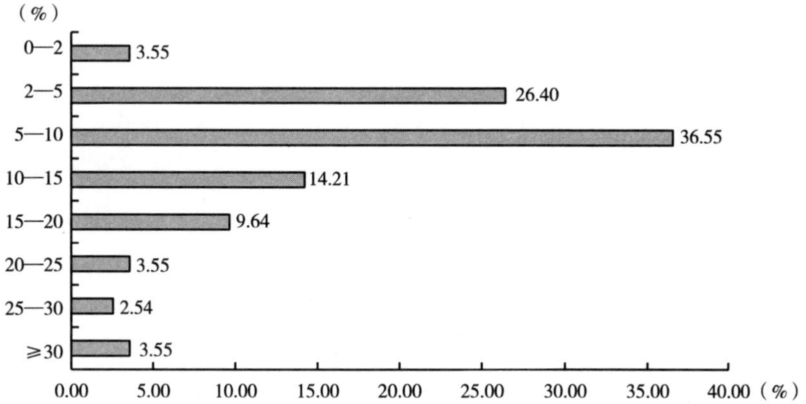

图 1－13　197 家上市公司研发强度分布①

① 由于上市公司的财务报表披露相对较晚，上市公司研发强度的数据统计截止时间为 2020 年 12 月 31 日。

如表 1－2 所示，在 197 家人工智能企业中，研发强度最高的是 ST 网力（东方网力科技股份有限公司），研发强度高达 74.56%，排名第二的是天智航－U（北京天智航医疗科技股份有限公司），研发强度为 54.53%，排名第三的是虹软科技（虹软科技股份有限公司），研发强度为 37.98%。在研发强度排名前二十的上市公司中，排名最低的卓易信息（江苏卓易信息科技股份有限公司），研发强度同样达到 19.64%。

表 1－2 研发强度排名前二十的上市公司名单

序号	公司名称	研发强度	序号	公司名称	研发强度
1	ST 网力	74.56%	11	汇顶科技	26.23%
2	天智航－U	54.53%	12	每日互动	25.98%
3	虹软科技	37.98%	13	三六零	24.72%
4	恒生电子	35.85%	14	大唐电信	24.32%
5	国民技术	34.90%	15	安博通	24.08%
6	中望软件	33.11%	16	蓝盾股份	21.60%
7	金山办公	31.44%	17	品茗股份	21.09%
8	奇安信－U	29.51%	18	远光软件	20.94%
9	深信服	27.65%	19	同花顺	20.58%
10	景嘉微	27.14%	20	卓易信息	19.64%

2. 研发人员占比

如图 1－14 所示，在可获得研发数据的中国 197 家人工智能科技上市公司中，7.61% 的企业研发人员占比低于 10%，研发人员占比在 10%—20% 的企业最为集中，占比为 25.89%，有 15.23% 的企业研发人员占比高于 50%。科研人员占比最高的是深圳市汇顶科技股份有限公司，高达 92.36%，排名第二的是中科创达软件股份有限公司，占比为 92.20%，排名第三的是江苏卓易信息科技股份有限公司，占比为 84.20%。197 家人工智能企业的平均研发人员占比达到 31.56%。

3. 专利数

如图 1－15 显示，在可获得专利数据的 1847 家样本企业中，专利数小于 50 件的企业占比高达 58.53%，专利数在 50—100 件的企业占比为 14.29%，专利数在 100—200 件的企业占比为 10.99%，专利数在

200—1000 件的企业占比为 12.02%，专利数超过 1000 件的企业占比为 4.17%。

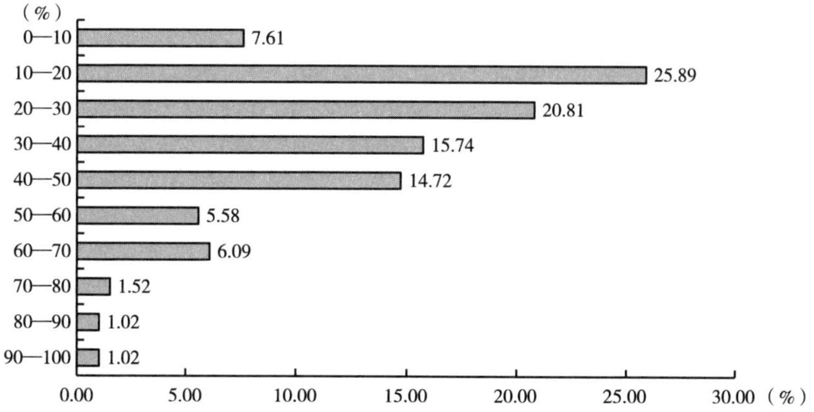

图 1－14　197 家上市公司研发人员占比分布①

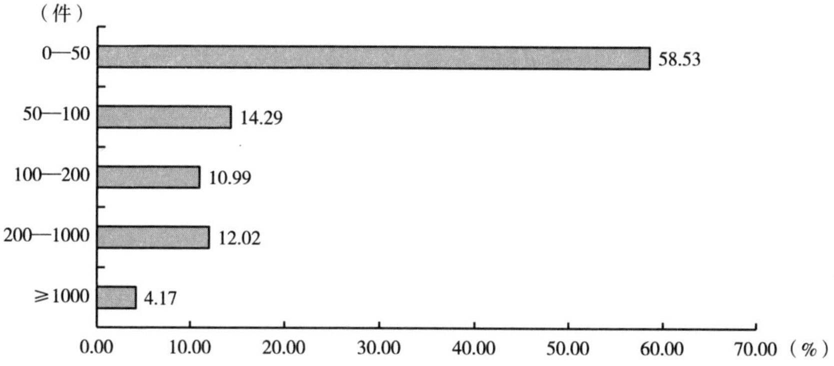

图 1－15　1847 家企业的专利数分布

人工智能企业专利数大于 100 件的企业共有 502 家。从企业的地域分布看，专利数大于 100 件的人工智能企业主要集中在广东省、北京市、上海市、浙江省和江苏省，共计占比高达 79.29%。其中，广东省占比最高，为 35.06%，排名第二的是北京市，占比为 20.52%，排名第三的是上海市，占比为 9.56%，浙江省和江苏省分列第四和第五，占比分别为 8.17% 和 5.98%（见图 1－16）。

① 由于上市公司的财务报表披露相对较晚，上市公司研发人员占比的数据统计截止时间为 2020 年 12 月 31 日。

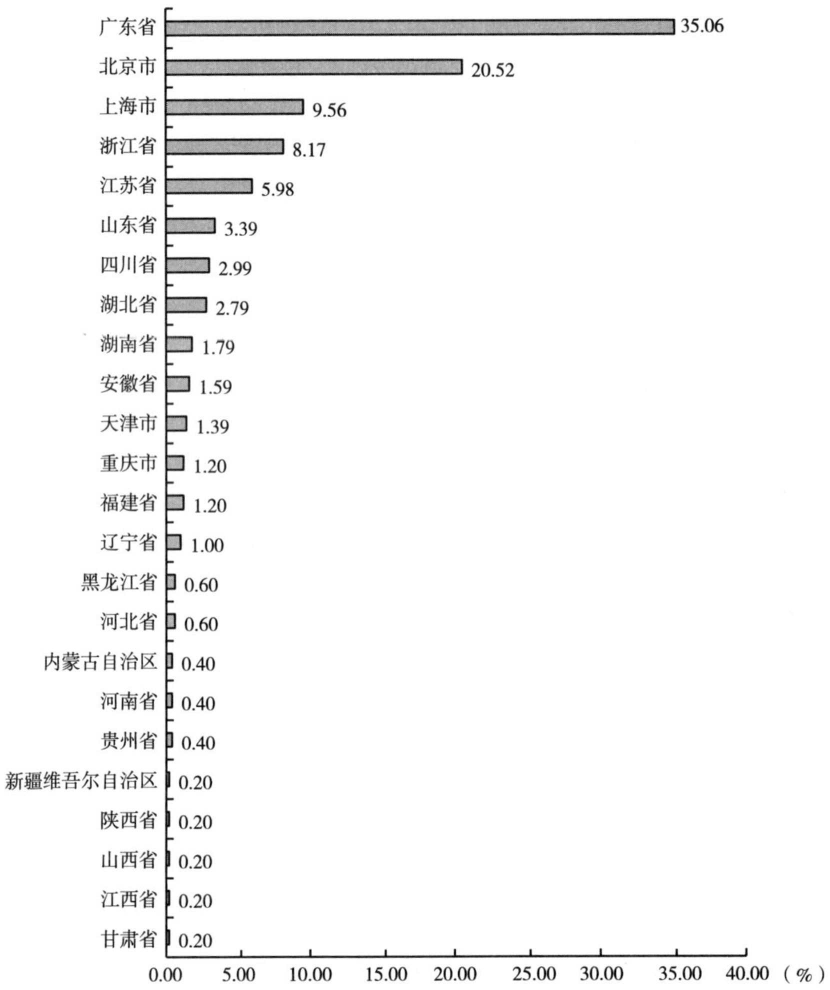

图 1－16　专利数大于 100 件的样本企业地域分布

从人工智能企业专利数分布的技术层次看，专利数占比最高的是应用层企业，达到 59.32%，基础层和技术层企业的专利数占比分别为 20.54% 和 20.15%。平均专利数最高的是基础层企业，处于基础层的人工智能企业平均专利数高达 2429.43 件，技术层和应用层企业平均专利数分别为 462.66 件和 198.43 件（见图 1－17）。

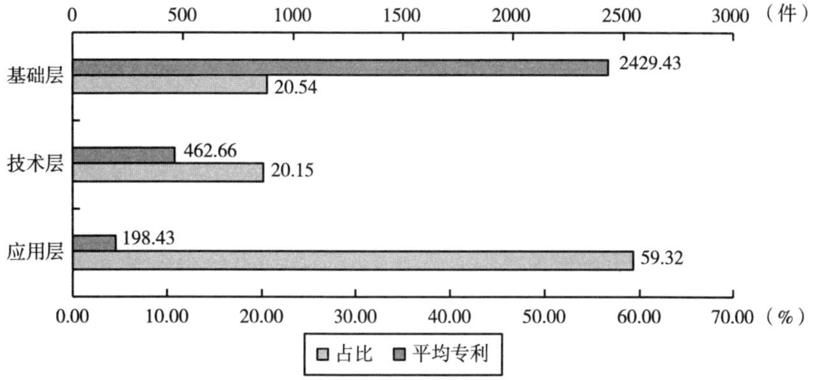

图 1-17　各技术层次企业专利数占比及平均专利数

第三节 中国人工智能科技产业创新生态

一、价值网络

将采集的 2200 家人工智能企业的三个维度的关系数据输入 Gephi 0.9.2 社会网络分析软件，得到 2021 年中国人工智能科技产业价值网络图（见图 1-21）。价值网络结构性统计指标（见表 1-3）的统计分析显示，2021 年基于 2200 家人工智能企业所构建的价值网络节点总数为 58800 个，关系数为 119044 条，能够全面概括中国智能经济的基本结构和形态。价值网络平均度为 2.025，平均聚类系数为 0.017，平均路径长度为 4.607。表 1-3 表明，中国人工智能科技产业价值网络具有较短的平均路径长度和较小的平均聚类系数，属于典型的复杂网络。

为了刻画中国人工智能科技产业创新生态的动态演进，本书绘制了 2014 年、2017 年、2019 年和 2021 年四个年度的价值网络图。通过纵向比较，可以清晰地观察到中国人工智能科技产业创新生态的网络结构和形态变化（分别见图 1-18、图 1-19、图 1-20 和图 1-21）。

表 1－3　2014—2021 年价值网络结构性统计指标的动态变化

年份	样本节点总数	关系节点总数	节点总数（个）	总边数（条）	平均度	平均加权度	网络直径	模块化	平均聚类系数	平均路径长度
2014	2194	30974	33168	40513	1.221	1.221	17	0.877	0.003	6.688
2015	2197	32668	34865	44222	1.268	1.268	15	0.86	0.003	6.404
2016	2199	34939	37138	49672	1.337	1.337	20	0.837	0.004	6.269
2017	2201	37468	39669	56588	1.427	1.427	17	0.811	0.004	5.804
2018	2201	41254	43455	67607	1.556	1.556	15	0.775	0.005	5.449
2019	2203	45328	47531	79857	1.68	1.68	14	0.742	0.008	5.202
2020	2205	52638	54843	103468	1.887	1.887	15	0.701	0.015	4.767
2021	2200	56595	58800	119044	2.025	2.025	14	0.672	0.017	4.607

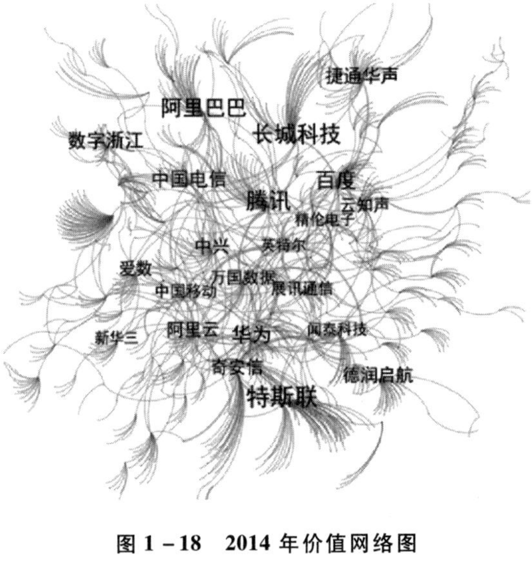

图 1－18　2014 年价值网络图

在 2014 年，中国人工智能科技产业价值网络的结构和形态相对松散。随着《新一代人工智能发展规划》的出台，在 2017 年之后，中国人工智能科技产业价值网络的密集度开始快速增加。

表 1－3 列出了 2014—2021 年中国人工智能科技产业价值网络结构性统计指标的变化情况。其中，在样本节点数相对不变的条件下，节点总数

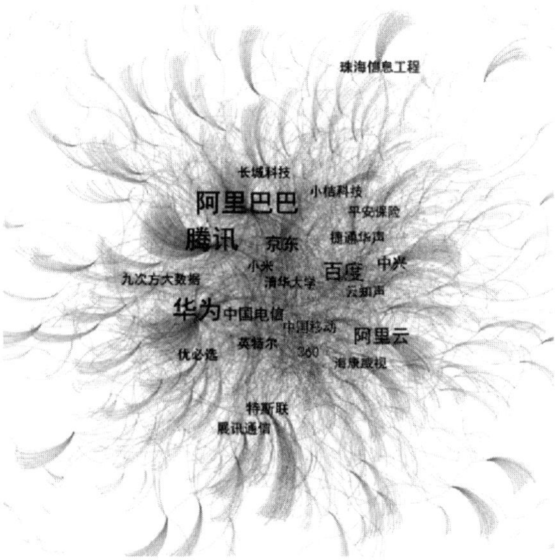

图 1－19　2017 年价值网络图

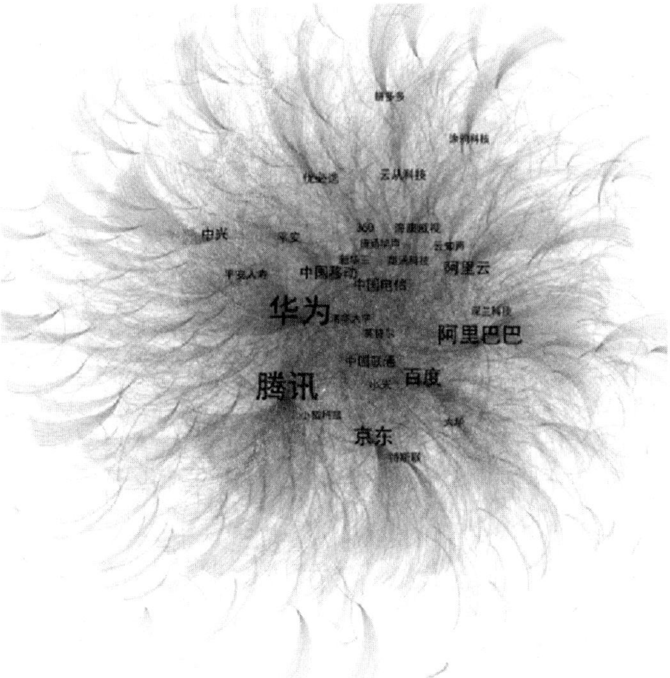

图 1－20　2019 年价值网络图

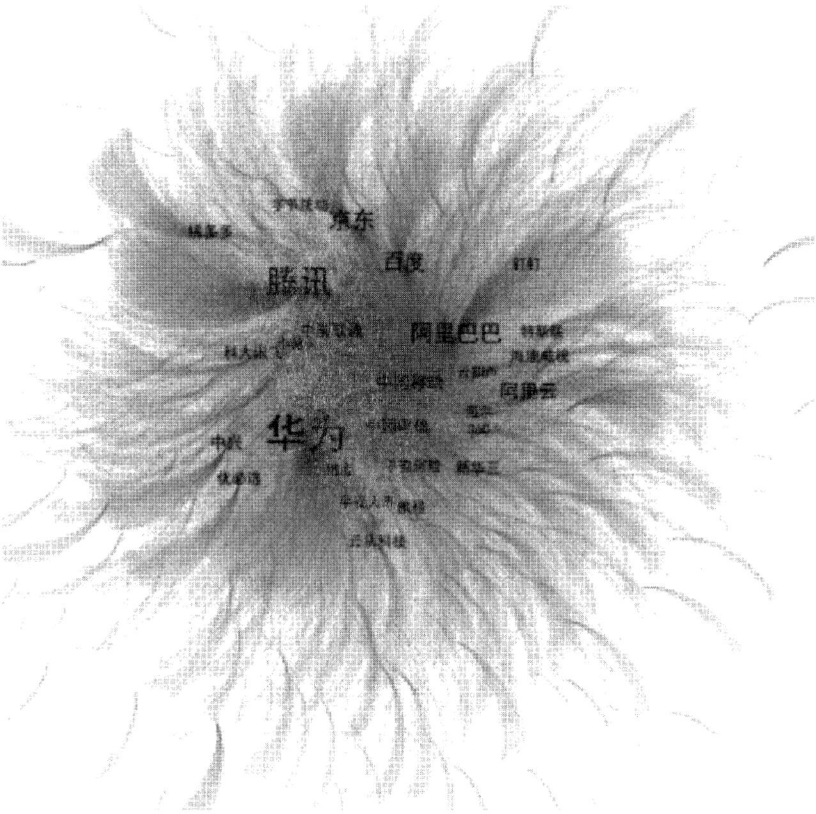

图 1－21　2021 年价值网络图

增加了 1.77 倍，关系数增加了 2.94 倍。[①] 从平均聚类系数和平均路径长度指标看，2017 年以来，快速增加的网络连通性表明中国人工智能科技产业呈现明显的报酬递增特征。

图 1－22 刻画了中国人工智能科技产业价值网络度数中心度幂律分布特征。在中国人工智能科技产业价值网络中，度数中心度最高的 10% 节点拥有网络中约 70% 的链接。这表明，价值网络呈现明显的“极核”状结构，即占比很小的核心节点深刻地影响着中国人工智能科技产业发展的结构和方向。

---

① 从节点总数和边（关系）数的比较和动态变化可以清晰地看出，2200 家人工智能骨干企业具有越来越强的技术赋能力和越来越广的技术赋能范围。

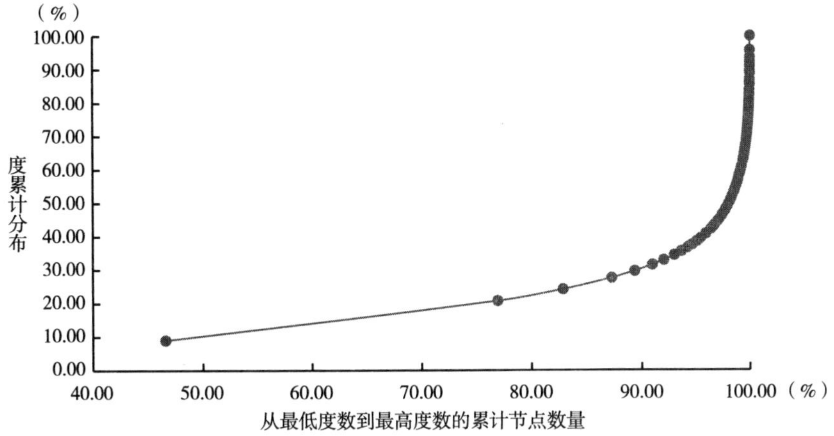

图 1－22 度数中心度幂律分布特征

二、技术关系统计分析

(一) 技术输入和赋能关系比较

图 1－23 刻画了 2014—2021 年价值网络技术输入和赋能关系数的变化情况。2017 年以来，2200 家人工智能骨干企业的技术赋能关系数快速增长，与技术输入关系数的差距越拉越大。随着在核心关键领域技术创新能力和水平的提高，中国人工智能骨干企业通过广泛赋能，成为人工智能和实体经济融合发展的主要推动者。

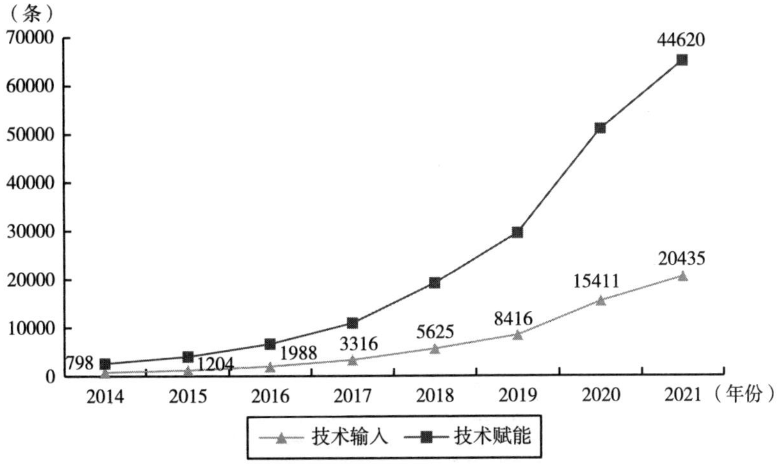

图 1－23 2014—2021 年价值网络技术输入和赋能关系数变化

图 1-24 列出了 2014—2021 年技术输入关系数的变化情况。2017 年以来，2200 家中国人工智能骨干企业的技术输入关系数呈现出快速增长的势头。同时，国内技术输入关系数与总技术输入关系数的变动趋势保持一致，国外技术输入关系数的增长则相对平缓。

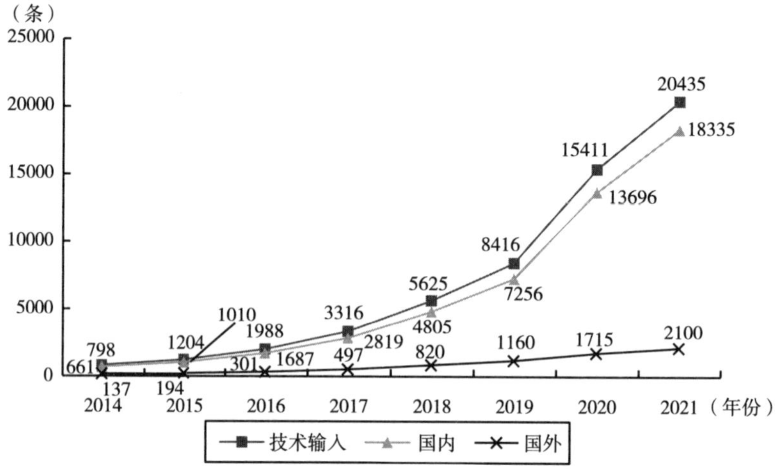

图 1-24　2014—2021 年价值网络技术输入关系数变化情况

图 1-25 展示了 2014—2021 年技术赋能关系数的变化情况。与技术输入关系数的变动趋势类似，2017 年以来，技术赋能总数和国内技术赋能关系数都呈现出快速增长的态势。与国内技术赋能关系数的变化趋势相比，国外技术赋能关系数呈现平缓增长趋势。

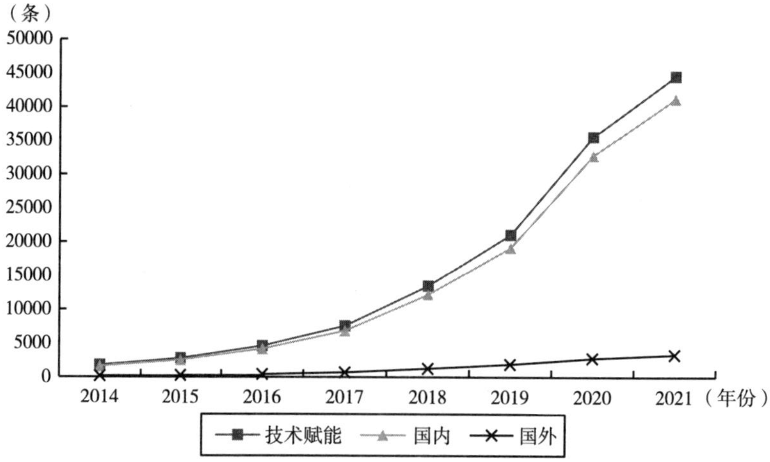

图 1-25　2014—2021 年技术赋能关系数变化情况

（二）技术合作关系节点度数中心度

表1－4列出了2015年、2017年、2019年和2021年共4年的中国人工智能科技产业价值网络度数中心度排名前二十的样本节点。2015年度数中心度排名前五的节点分别是阿里云、华为、阿里巴巴、百度和腾讯。2017年度数中心度排名前五的节点分别是华为、腾讯、阿里云、阿里巴巴和百度。2019年度数中心度排名前五的节点分别是华为、腾讯、腾讯云、阿里云和百度。2021年度数中心度排名前五的节点分别是华为、腾讯、京东、百度和阿里云。度数中心度排名前列的节点都是国家级人工智能开放创新平台、基础设施服务商和人工智能关键技术开发者，是深科技创新的主导者。

表1－4　中国人工智能科技产业价值网络排名前二十的样本节点

排名	2015年	2017年	2019年	2021年
1	阿里云	华为	华为	华为
2	华为	腾讯	腾讯	腾讯
3	阿里巴巴	阿里云	腾讯云	京东
4	百度	阿里巴巴	阿里云	百度
5	腾讯	百度	百度	阿里云
6	中国长城	华为云	京东	中国移动
7	京东	腾讯云	阿里巴巴	华为云
8	特斯联	京东	华为云	腾讯云
9	捷通华声	中兴通讯	中国移动	中国电信
10	中兴通讯	特斯联	中国联通	中国联通
11	中国电信	中国电信	中国电信	中兴通讯
12	信息工程	蚂蚁金服	中兴通讯	阿里巴巴
13	万国数据	今日头条	云从科技	钉钉
14	新华三	捷通华声	特斯联	新华三
15	蚂蚁金服	云知声	优必选	云从科技
16	奇安信	中国移动	中国平安	特斯联
17	德润科技	中国联通	蚂蚁金服	科大讯飞
18	展讯通信	展讯通信	云知声	用友
19	云知声	新华三	小米	拼多多
20	数字政通	滴滴出行	今日头条	小米

表1-5列出了2015年、2018年、2019年和2021年共4年的中国人工智能科技产业价值网络度数中心度排名前二十的关系节点。包括清华大学、北京大学、哈尔滨工业大学、上海交通大学、北京航空航天大学、中国信息通信研究院和中国科学院在内的高校和科研院所是中国人工智能价值网络中最具影响力的关系节点。它们是中国人工智能科技产业发展的人力资本供应方和技术提供方。作为关系节点，以微软、英特尔、国际商业机器公司（IBM）、高通和英伟达为代表的国际人工智能企业构成了中国人工智能科技产业创新生态系统的重要参与者。它们是中国人工智能企业核心人力资本的重要来源方和基础软硬件提供方。同时，包括长安汽车和上海市政府在内的关系节点是人工智能企业的赋能对象，为人工智能技术的广泛应用提供应用场景。

表1-5 中国人工智能科技产业价值网络排名前二十的关系节点

排名	2015年	2017年	2019年	2021年
1	微软	英特尔	英特尔	清华大学
2	英特尔	清华大学	清华大学	英特尔
3	IBM	微软	微软	高通
4	清华大学	英伟达	高通	微软
5	北京大学	IBM	英伟达	中国信息通信研究院
6	高通	高通	IBM	浙江大学
7	哈尔滨工业大学	浙江大学	上海交通大学	北京大学
8	上海交通大学	北京大学	浙江大学	上海交通大学
9	上海市政府	上海交通大学	北京大学	英伟达
10	英伟达	哈尔滨工业大学	长安汽车	中国科学院
11	亚马逊	中国信息通信研究院	中国信息通信研究院	上汽集团
12	北京航空航天大学	中国银联	亚马逊	浪潮
13	中国信息通信研究院	戴尔	中国科学院	IBM
14	中山大学	上海市政府	哈尔滨工业大学	长安汽车
15	中国科学院	中国科学院	中国银联	亚马逊
16	浙江大学	长安汽车	四维图新	复旦大学
17	西门子	贵阳市政府	重庆市政府	北京航空航天大学
18	天津大学	长安汽车	西门子	上海市政府
19	复旦大学	中国科学院	贵阳市政府	OPPO
20	杭州市政府	复旦大学	上海市政府	中国银联

三、核心人力资本

在2200家人工智能骨干企业的核心人力资本中，15.04%的人力资本毕业于国外高校或科研院所，84.96%的人力资本毕业于国内高校或科研院所。同时，6.49%的人力资本拥有国外企业和机构工作经验，93.51%的人力资本拥有国内企业和机构工作的经验（见图1－26）。

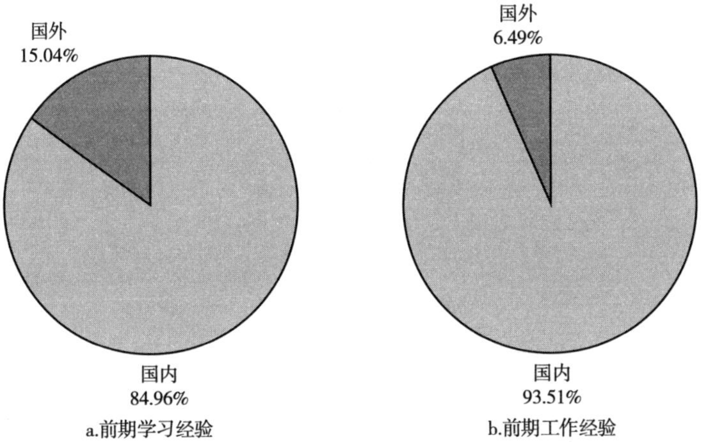

图1－26 2200家人工智能企业核心人力资本关系数据统计

拥有国外前期学习经验的核心人力资本比重高于拥有国外前期工作经验的比重。无论是从前期学习经验还是前期工作经验来看，中国人工智能科技产业发展所需要的核心人力资本主要来自国内大学、科研机构和企业。同时，在核心人力资本培养上，国外高校、研究机构和企业同样为中国人工智能科技产业的发展作出了重要贡献。

如表1－6所示，在国内教育机构中，清华大学、北京大学、上海交通大学、浙江大学、复旦大学、武汉大学、中国人民大学、哈尔滨工业大学、华中科技大学、中欧国际工商学院、北京航空航天大学、中国科学技术大学、中山大学、华南理工大学、厦门大学是排名前十五的高校。在国外的教育机构中，斯坦福大学、加州大学伯克利分校、哈佛大学、麻省理工学院、新加坡国立大学、哥伦比亚大学、加州大学、牛津大学、南加州大学、西北大学、东京大学、华盛顿大学、剑桥大学、宾夕法尼亚大学、耶鲁大学是排名前十五的高校。这些研究型大学是为中国人工智能科技产业发展提供核心人力资本前期学习经验的重要来源机构。

表 1－6 中国人工智能科技产业核心人力资本前期学习和工作经验来源排名前二十的机构

前期学习经验					前期工作经验			
排名	国内	度数中心度	国外	度数中心度	国内	度数中心度	国外	度数中心度
1	清华大学	345	斯坦福大学	35	华为	104	微软	136
2	北京大学	219	加州大学伯克利分校	31	百度	96	IBM	43
3	上海交通大学	127	哈佛大学	24	中兴通讯	94	谷歌	41
4	浙江大学	121	麻省理工学院	21	阿里巴巴	90	英特尔	30
5	复旦大学	101	新加坡国立大学	18	腾讯	88	麦肯锡	23
6	武汉大学	92	哥伦比亚大学	18	联想集团	66	宝洁	22
7	中国人民大学	90	加州大学	13	微软亚洲研究院	49	普华永道	17
8	哈尔滨工业大学	88	牛津大学	12	中国电科	49	IEEE	16
9	华中科技大学	80	南加州大学	12	清华大学	47	西门子	14
10	中欧国际工商学院	72	西北大学	10	神州数码	38	摩根大通	14
11	北京航空航天大学	66	东京大学	10	东软集团	35	摩根士丹利	13
12	中国科学技术大学	66	华盛顿大学	9	富士康	32	惠普	12
13	中山大学	62	剑桥大学	9	中国科学院	29	摩托罗拉	11
14	华南理工大学	56	宾夕法尼亚大学	8	中兴通讯	28	诺基亚	11
15	厦门大学	54	耶鲁大学	8	北京大学	27	德勤	11
16	电子科技大学	54	卡内基梅隆大学	7	科大讯飞	23	甲骨文	11
17	西安交通大学	53	奥克兰大学	6	深圳证券交易所	17	高盛	11
18	北京邮电大学	49	伦敦大学	6	浙江大学	17	三星	8
19	北京理工大学	48	伦敦政治经济学院	6	华大基因	17	IDG 资本	7
20	南开大学	47	曼彻斯特大学	6	中欧国际	14	爱立信	7

在前期工作经验获取方面，华为、百度、中兴通讯、阿里巴巴、腾讯、联想集团、微软亚洲研究院、中国电子科技集团有限公司、清华大学、神州数码是国内排名前十的企业和机构。微软、IBM、谷歌、英特尔、麦肯锡、宝洁、普华永道会计师事务所、电气与电子工程师协会（IEEE）、西门子、摩根大通集团是排名前十的国外企业和机构。无论从国内企业和机构还是国外企业和机构看，中国人工智能科技产业核心人力资本获取前期工作经验的来源不仅包括互联网企业，还包括传统 IT 企业、大学和科研院所。尤其值得关注的是，跨国公司在中国设立的公司和研究院，例如微软亚洲研究院，是中国人工智能科技产业核心人力资本的重要来源方。

四、投融资关系

如表 1－7 所示，在中国人工智能科技产业发展中，排名前十的投资机构分别为红杉资本中国基金、IDG 资本、经纬中国、深创投、达晨财智、真格基金、高瓴资本、君联资本、顺为资本、五源资本。排名前十的非投资机构为分别为腾讯、联想、百度、阿里巴巴、京东、小米、奇虎 360、海尔、蚂蚁金服、科大讯飞。

表 1－7　排名前二十的投资和非投资机构

排名	投资机构	投资样本企业数	非投资机构	投资样本企业数
1	红杉资本中国基金	201	腾讯	156
2	IDG 资本	191	联想	88
3	经纬中国	114	百度	88
4	深创投	90	阿里巴巴	67
5	达晨财智	81	京东	60
6	真格基金	72	小米	37
7	高瓴资本	67	奇虎 360	33
8	君联资本	67	海尔	31
9	顺为资本	67	蚂蚁金服	29
10	五源资本	67	科大讯飞	22
11	启明创投	64	红星美凯龙	20

续表

排名	投资机构	投资样本企业数	非投资机构	投资样本企业数
12	在册股东	64	字节跳动	17
13	东方富海	60	TCL	15
14	金沙江创投	58	北汽集团	15
15	云锋基金	50	复星集团	15
16	北极光创投	49	富士康	14
17	创新工场	48	恒生电子	14
18	线性资本	47	美团	14
19	红杉中国	45	好未来	13
20	松禾资本	43	新浪微博	13

第四节 技术体系演化

一、技术类别占比的总体变化情况

图1－27描述了2014—2021年中国人工智能科技产业技术合作关系所属技术类别分布变化情况。中国人工智能科技产业技术体系包涵大数据和云计算、物联网、5G、智能机器人、计算机视觉、自动驾驶、智能芯片、智能推荐、虚拟/增强现实、语音识别、区块链、生物识别、光电技术、自然语言处理、空间技术、人机交互和知识图谱17个技术类别。

2021年，中国人工智能科技产业技术合作关系分布中，排名第一的是大数据和云计算，占比为47.53%；排名第二的是物联网，占比为11.37%；排名第三的是5G，占比为7.26%；排名第四和第五的分别是智能机器人和计算机视觉，占比分别为6.66%和4.40%。

二、各技术类别的技术合作密度变化情况

大数据和云计算、物联网和5G共同构成了人工智能科技产业发展的支撑技术体系。2014—2021年，大数据和云计算、物联网始终位列中国人工

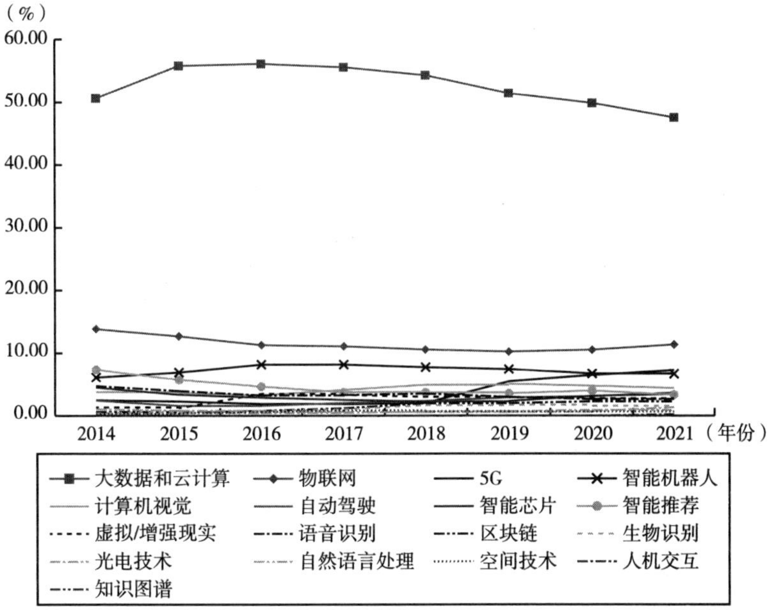

图 1-27　2014—2021 年技术合作关系所属技术类别占比动态变化

智能科技产业技术合作关系所属技术类别占比的前两位（见图 1-28）。

2014—2019 年物联网技术合作关系占比从 13.84% 下降到 10.24%。随着人工智能在工业互联网领域的创新应用，2019 年之后，物联网技术合作关系占比开始呈现上涨的态势（见图 1-29）。

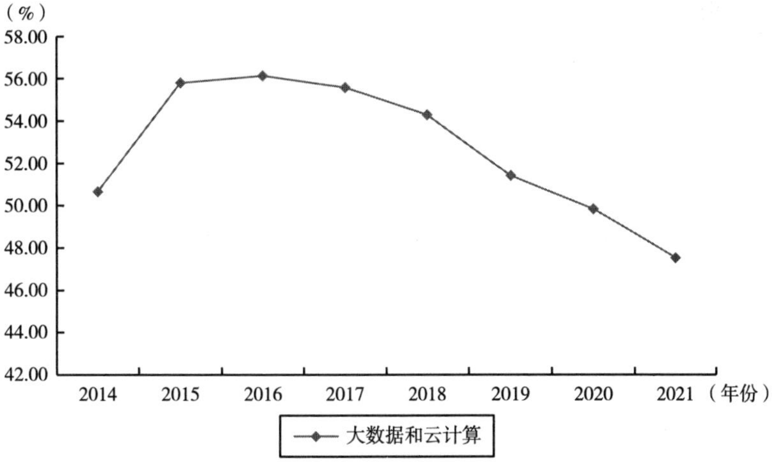

图 1-28　2014—2021 年大数据和云计算技术合作关系占比变化情况

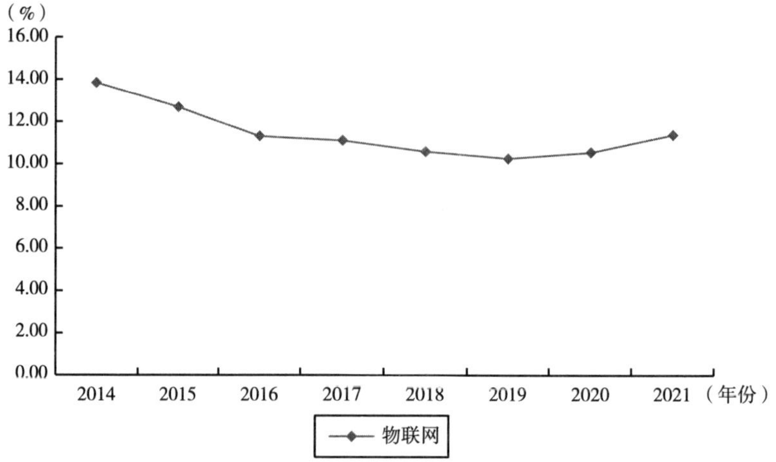

图 1-29 2014—2021 年物联网技术合作关系占比变动情况

2014—2018 年，中国人工智能科技产业 5G 技术合作关系发展相对平稳。2018 年之后，随着华为和中兴通讯 5G 技术的成熟和商业化落地，技术合作关系占比持续快速增长，为人工智能技术体系的创新发展和广泛应用创造了条件（见图 1-30）。

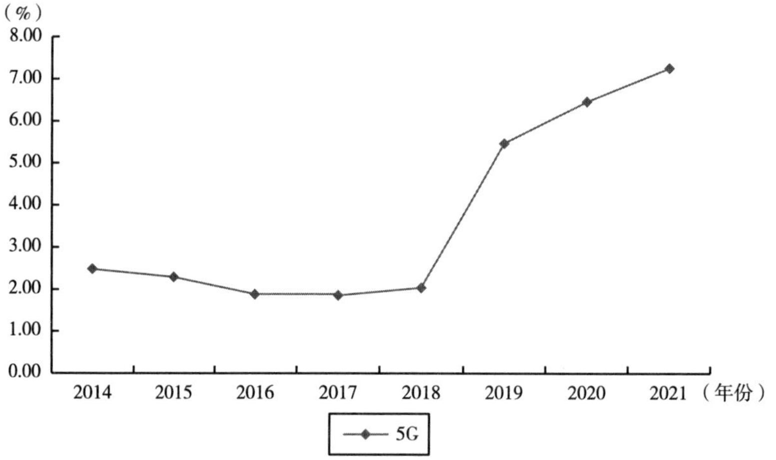

图 1-30 2014—2021 年 5G 技术合作关系占比变化情况

2014—2018 年智能芯片技术合作关系占比从 4.49% 下滑到 2.27%。2018 年之后，智能芯片技术合作关系占比开始快速提高，从 2018 年的 2.27% 提高到 2021 年的 3.42%（见图 1-31）。

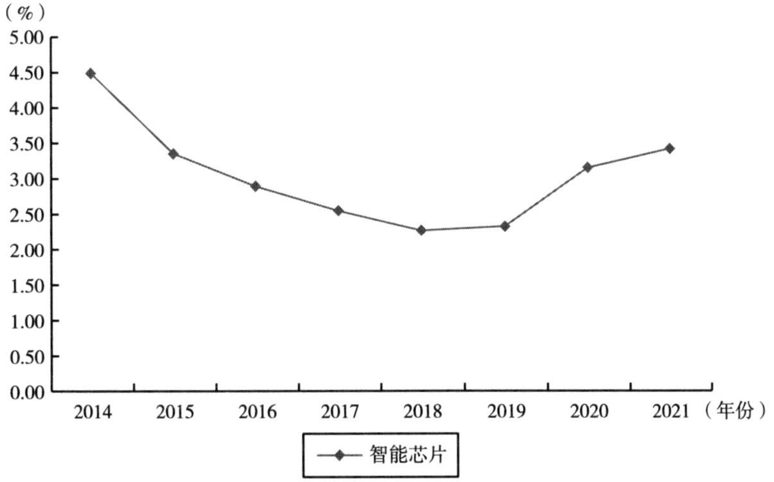

图 1－31　2014—2021 年智能芯片技术合作关系占比变化情况

2014—2015 年自动驾驶技术合作关系占比出现了一定幅度的下降。2015 年之后，自动驾驶技术合作关系占比始终保持持续增长态势，从 1.59% 提高到 3.67%（见图 1－32）。

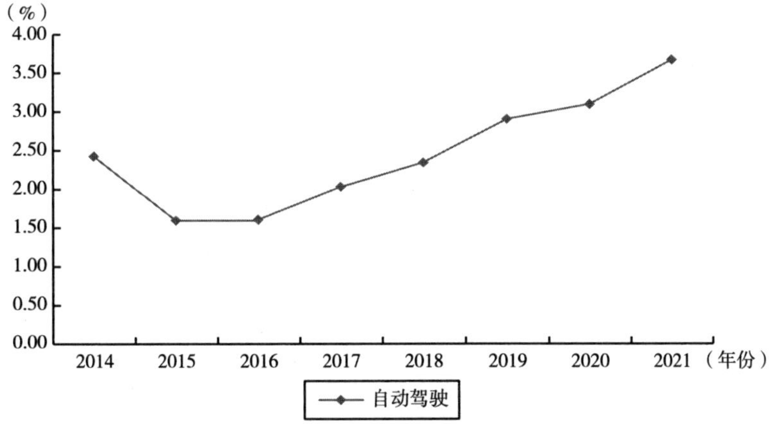

图 1－32　2014—2021 年自动驾驶技术合作关系占比变化情况

2014—2016 年，计算机视觉技术合作关系占比出现下降趋势，从 3.77% 降到 3.27%。2016—2019 年计算机视觉技术合作关系占比则出现快速增长趋势，占比从 3.27% 提高到 5.07%。2019—2021 年则再次出现下降趋势，从 5.07% 下降到 4.40%（见图 1－33）。

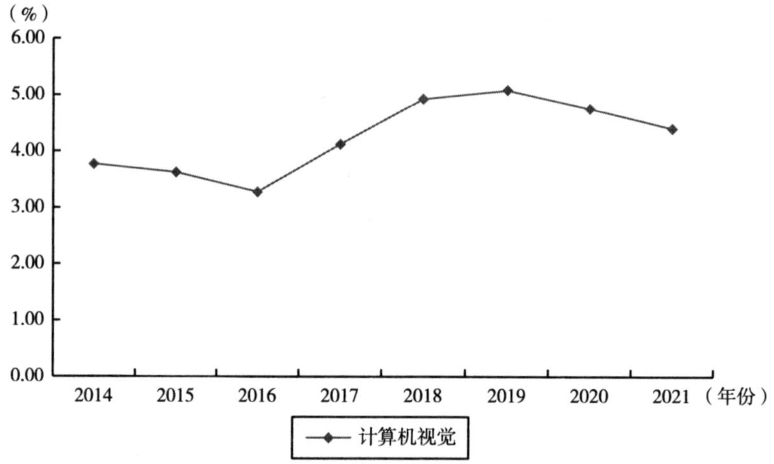

图 1-33 2014—2021 年计算机视觉技术合作关系占比变化情况

2014—2015 年虚拟/增强现实技术合作关系占比由 1.34% 下降到 1.23%。2016 年，虚拟/增强现实技术合作关系占比快速增长到 3.49%，之后则出现了平缓下滑的态势，从 2017 年的 3.33% 下降为 2021 年的 2.89%（见图 1-34）。

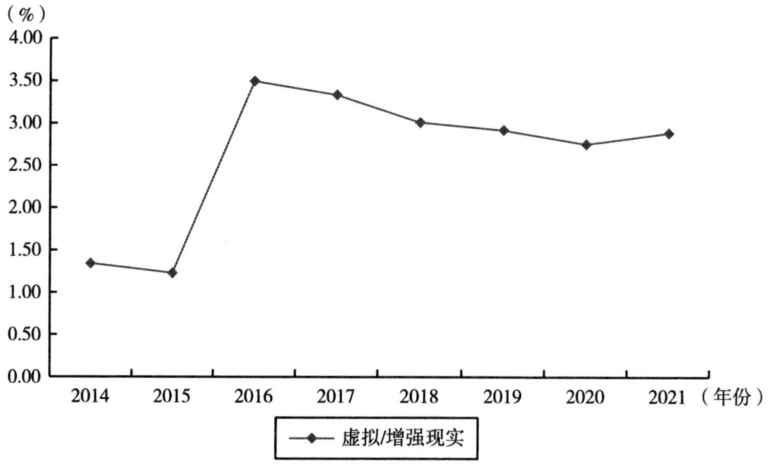

图 1-34 2014—2021 年虚拟/增强现实技术合作关系占比变化趋势

2014—2019 年生物识别技术合作关系占比从 0.41% 持续提高到 1.72%。2019 年之后开始呈平缓下降趋势，2021 年下降到 1.45%（见图 1-35）。

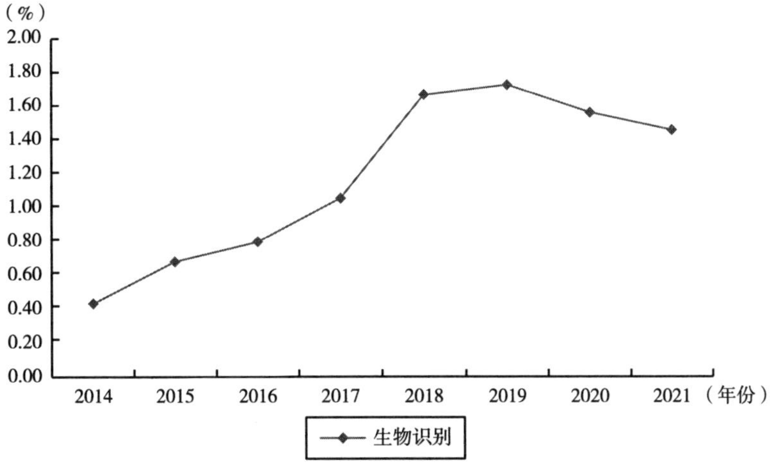

图 1-35 2014—2021 年生物识别技术合作关系占比变化趋势

2014—2017 年智能机器人技术合作关系占比保持增长态势，从 6.14% 增长到 8.19%。2017 年之后，智能机器人技术合作关系占比出现下降趋势，从 8.19% 下降到 6.66%（见图 1-36）。

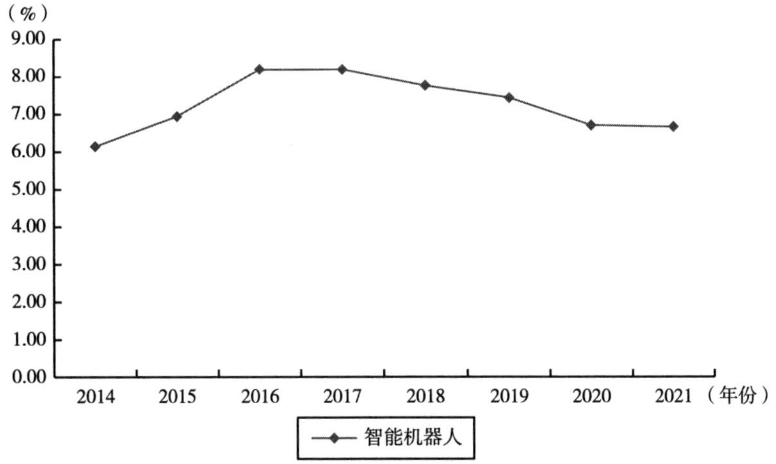

图 1-36 2014—2021 年智能机器人技术合作关系占比变化趋势

2014—2016 年语音识别技术合作关系占比出现下降趋势，从 4.75% 下降到 3.25%。2016—2018 年语音识别技术合作关系占比出现了上升，从 3.25% 提高到 3.52%。2018 年之后再次出现下降，占比从 3.52% 下降到 2.62%（见图 1-37）。

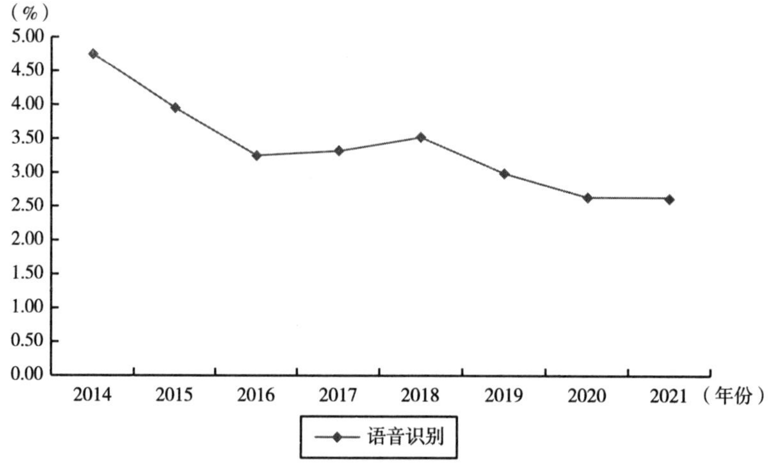

图 1-37 2014—2021 年语音识别技术合作关系占比变化趋势

2014—2020 年自然语言处理技术合作关系占比从 0.31% 增加到 0.91%。2021 年自然语言处理技术合作关系开始出现下降，占比为 0.83%（见图 1-38）。

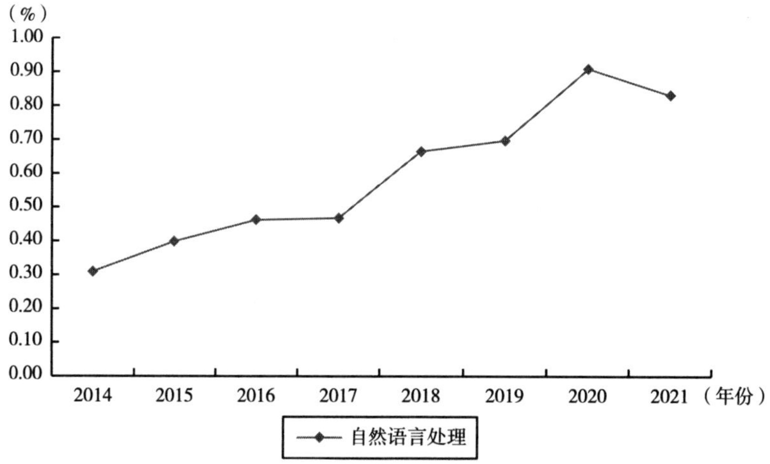

图 1-38 2014—2021 年自然语言处理技术合作关系占比变化趋势

2015—2020 年区块链技术合作关系占比始终处于增长状态，从 0.50% 提高到 2.26%。2021 年区块链技术合作关系占比下降到 2.19%（见图 1-39）。

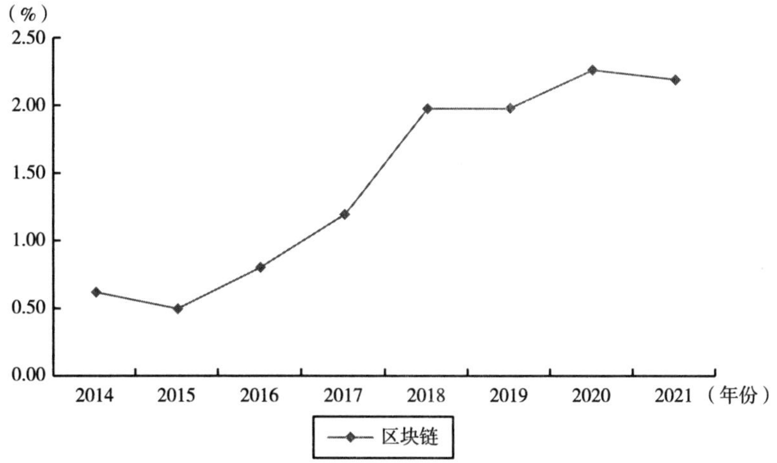

图 1－39　2014—2021 年区块链技术合作关系占比变化趋势

第五节 应用领域

一、应用领域技术合作的总体情况

图 1－40 描述了 2014—2021 年人工智能科技产业技术合作关系在 19 个应用领域的分布。其中，排名前六的应用领域分别是企业智能管理、智慧城市、智能营销与新零售、智能制造、智能网联汽车和智能金融，占比总和超过 50%。

二、应用领域技术合作密度变化趋势

企业管理的智能化是人工智能被较早应用的领域之一。2015—2021 年，企业智能管理应用领域的技术合作关系占比出现逐步下降的趋势，从 15.75% 降至 12.49%（见图 1－41）。

智慧城市是人工智能应用的重要领域之一，是诸多技术的集成。因为受技术和市场影响，2014—2021 年智慧城市应用领域的技术合作关系占

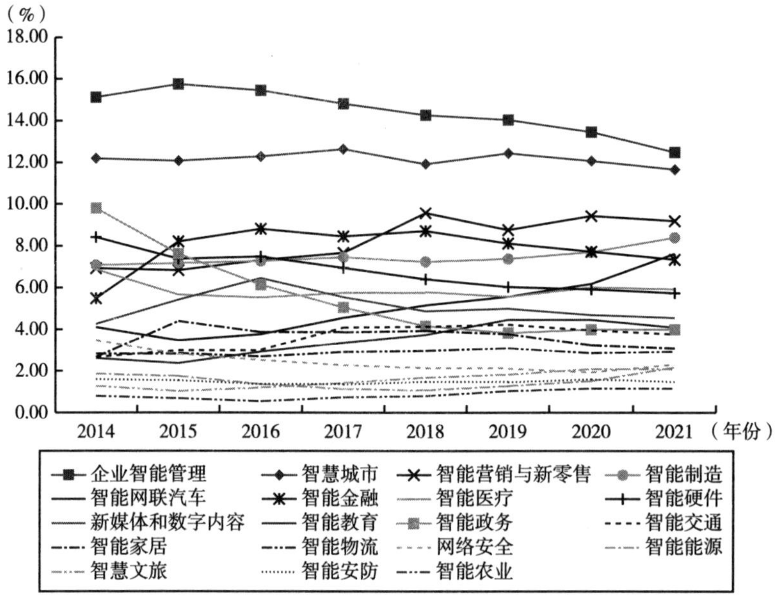

图 1－40　2014—2021 年人工智能技术合作关系应用领域占比变化情况

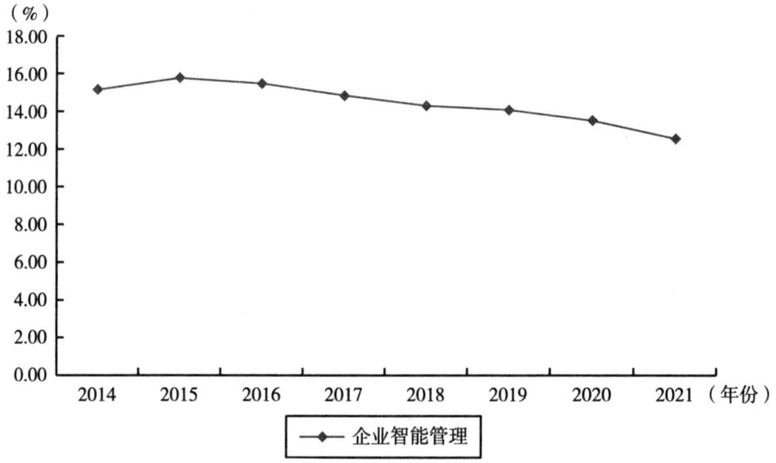

图 1－41　2014—2021 年企业智能管理应用领域技术合作关系占比变化趋势

比在 11.60%—12.80% 波动。2017 年达到最高点，占比为 12.64%，2021 年则下降为 11.67%（见图 1－42）。

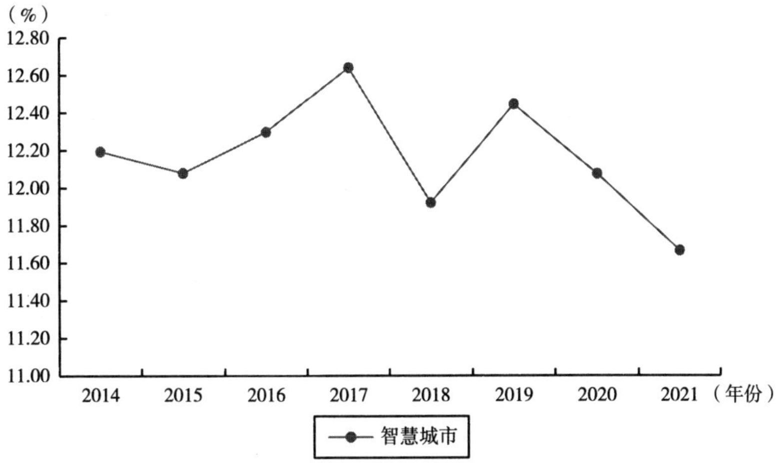

图 1-42 2014—2021 年智慧城市应用领域技术合作关系占比变化趋势

智能营销与新零售应用领域涉及包括大数据与云计算、智能推荐和计算机视觉在内的人工智能关键技术。2014—2021 年，智能营销与新零售领域人工智能技术合作关系占比总体呈现上升趋势，2018 年达到顶点，占比为 9.57%，2021 年为 9.19%（见图 1-43）。

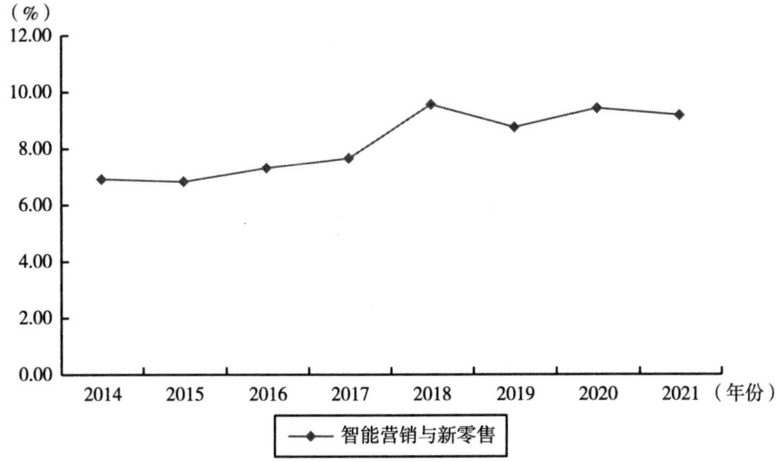

图 1-43 2014—2021 年智能营销与新零售应用领域技术合作关系占比变化趋势

智能制造是人工智能创新应用的关键领域，代表了人工智能科技创新和产业发展的方向。2014—2021 年，智能制造领域人工智能技术合作关系占比呈现快速增长趋势，从 7.08% 稳步增长到 8.40%。人工智能和制造业的深度融合发展将引发一系列互补性创新，引领人工智能技术体系的复杂化和专用化（见图 1－44）。

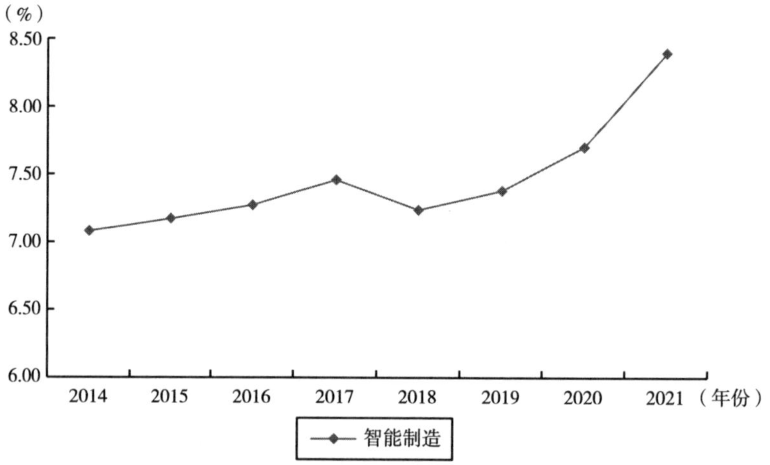

图 1－44　2014—2021 年智能制造应用领域人工智能技术合作关系占比变化趋势

智能网联汽车应用领域是自动驾驶、复杂环境感知、智能决策、协同控制和车路协同等技术集成，是最具前景和值得期待的人工智能应用领域。2015—2021 年智能网联汽车应用领域人工智能技术合作关系占比呈现快速上升趋势，从 3.47% 提升到 7.62%。随着人工智能和汽车产业的深度融合，智能网联汽车将出现快速发展的局面（见图 1－45）。

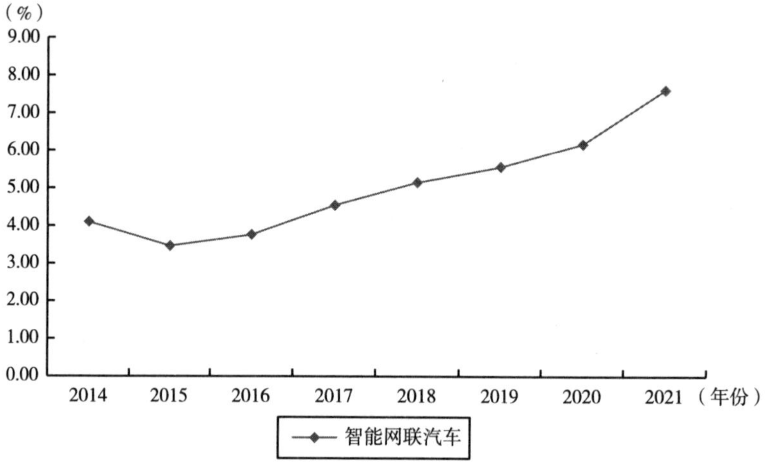

图 1－45　2014—2021 年智能网联汽车应用领域人工智能技术合作关系占比变化趋势

智能金融应用领域涉及大数据和云计算、计算机视觉、人脸识别和生物识别、区块链等人工智能关键核心技术。2014—2021 年智能金融领域的人工智能技术合作关系占比呈现先升后降的趋势（见图 1 - 46）。

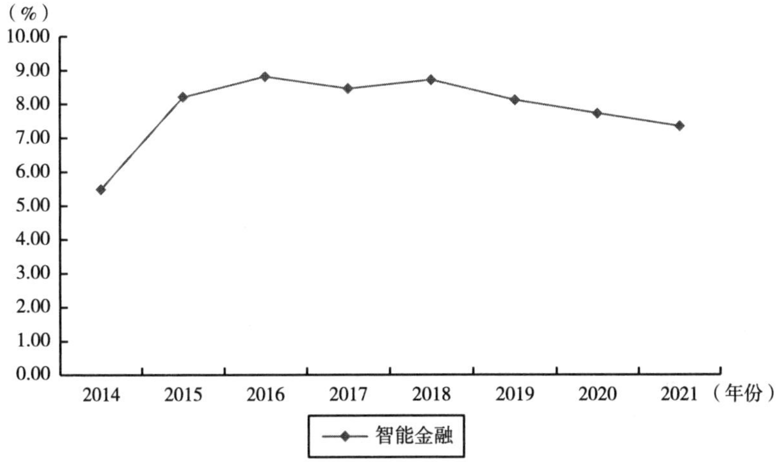

图 1 - 46　2014—2021 年智能金融应用领域人工智能技术合作关系占比变化趋势

2014—2021 年智能医疗应用领域人工智能技术合作关系占比呈平稳波动趋势。2019 年以来，尽管在抗击新冠疫情的过程中人工智能技术合作关系占比有所提升，但是始终没有超过 2014 年的 6. 87%（见图 1 - 47）。

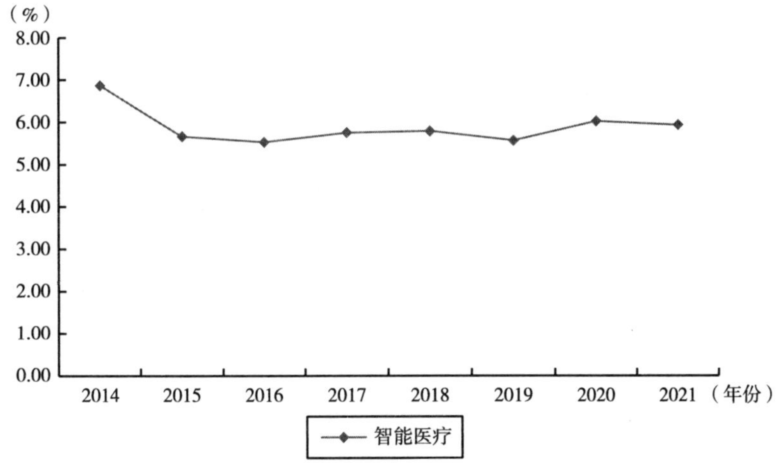

图 1 - 47　2014—2021 年智能医疗应用领域人工智能技术合作关系占比变化趋势

智能硬件是人工智能较早的应用领域之一。2014—2021 年智能硬件应用领域人工智能技术合作关系占比呈下降趋势，从 8.41% 下降到 5.74%（见图 1－48）。

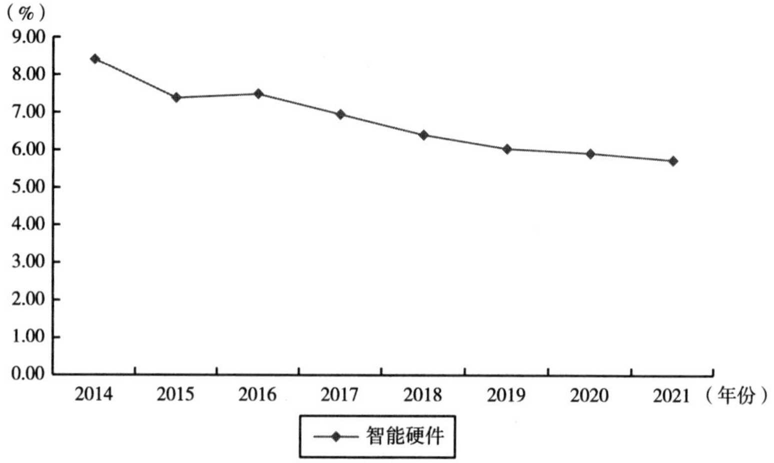

图 1－48　2014—2021 年智能硬件应用领域人工智能技术合作关系占比变化趋势

新媒体和数字内容应用领域涉及机器推荐和内容分发等人工智能技术创新应用。2014—2021 年，新媒体和数字内容占比呈现先上升后下降的倒“U”形曲线，2016 年达到峰值，占比为 6.45%（见图 1－49）。

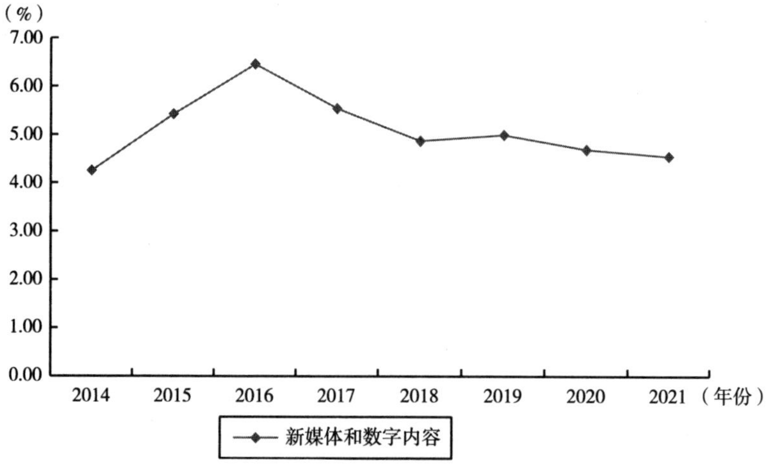

图 1－49　2014—2021 年新媒体和数字内容应用领域
人工智能技术合作关系占比变化趋势

智能教育涉及计算机视觉、语音识别、自然语言处理和表情识别等人工智能关键技术应用。2014—2021 年智能教育领域人工智能技术合作关系呈现出持续上升的态势，占比由 2.61% 提高到 4.09%。尤其是在 2019 年新冠疫情暴发时，人工智能为线上教学工作的开展提供了技术支撑（见图 1－50）。

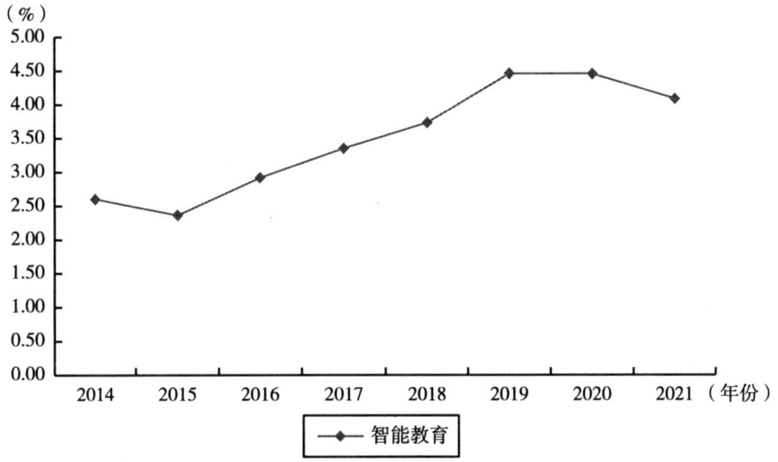

图 1－50　2014—2021 年智能教育应用领域人工智能技术合作关系占比变化趋势

智能政务是以政府为服务对象的应用场景。2014—2021 年智能政务应用领域人工智能技术合作关系占比逐年递减，从 9.80% 降低到 3.99%。在初始阶段，智能政务对人工智能科技产业的发展起到了关键推动作用（见图 1－51）。

智能交通应用领域涉及 5G、物联网、大数据和云计算、空间技术等人工智能关键核心技术。其中，2016 年之前智能交通尚处于探索和成长期，以地区试点为主。随着《推进“互联网＋”便捷交通促进智能交通发展的实施方案》的发布，在政府政策的推动下，2017—2019 年智能交通合作关系占比呈现明显上升趋势，占比保持在 4% 以上，2020—2021 年稍有回落（见图 1－52）。

智能家居应用以家居生活为服务对象。2014—2015 年智能家居领域人工智能技术合作关系占比增长较快，在达到 4.39% 的顶峰之后开始不断下降，2021 年占比仅为 3.09%（见图 1－53）。

物流产业是实现国内经济循环的重要领域之一。2016—2019 年智能

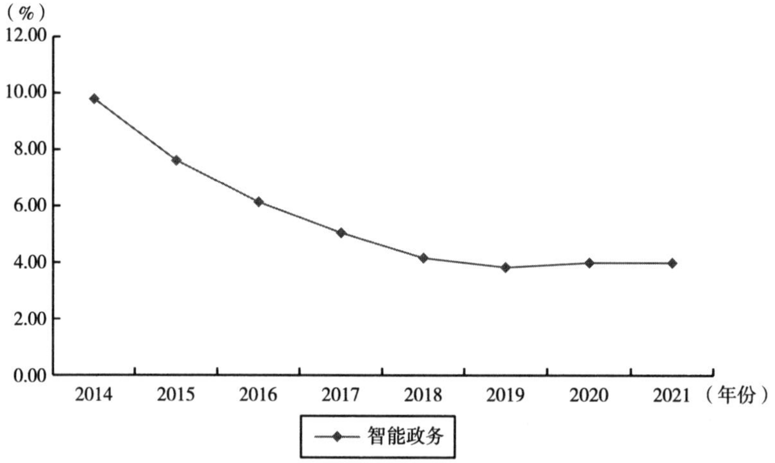

图 1-51 2014—2021 年智能政务应用领域人工智能技术合作关系占比变化趋势

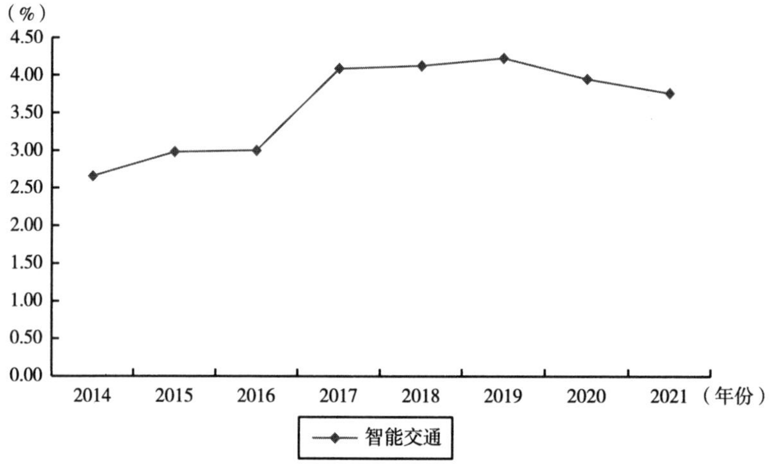

图 1-52 2014—2021 年智能交通应用领域人工智能技术合作关系占比变化趋势

物流应用领域人工智能技术合作关系占比呈现上升趋势，2019 年达到顶峰 3.09%。2019 年之后，受新冠疫情影响，智能物流应用领域的人工智能技术合作关系占比开始下降（见图 1-54）。

2014—2020 年网络安全应用领域人工智能技术合作关系占比出现了持续下降趋势，从 3.46% 下降到 1.39%。2021 年网络安全应用领域的人工智能技术合作关系占比开始出现反弹，提升到 2.32%（见图 1-55）。

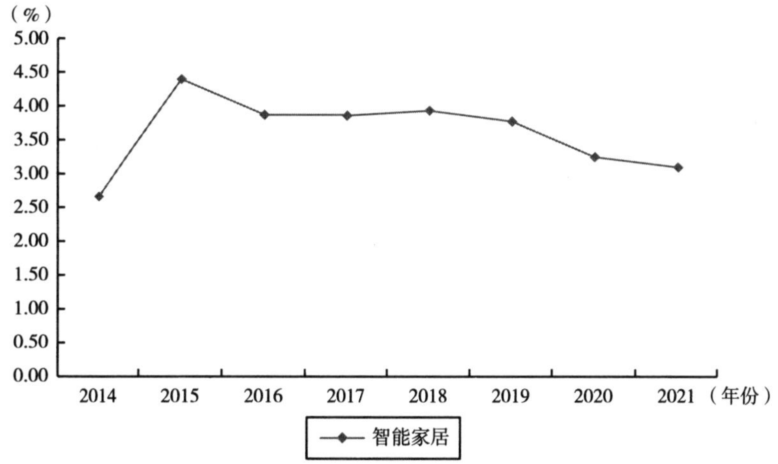

图 1－53　2014—2021 年智能家居应用领域人工智能技术合作关系占比变化趋势

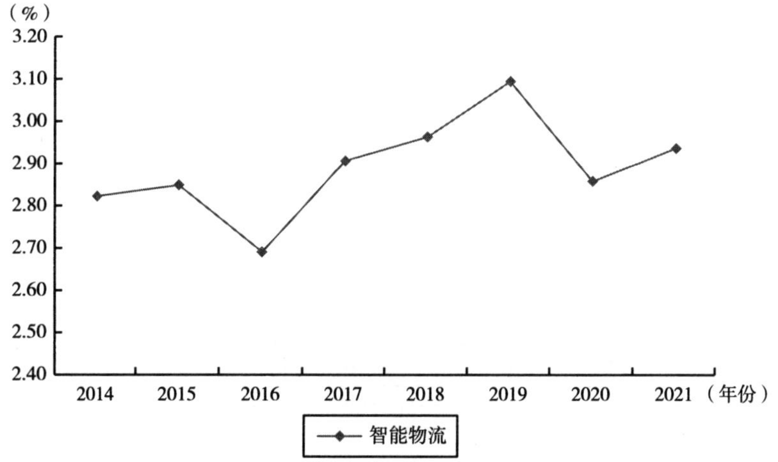

图 1－54　2014—2021 年智能物流应用领域人工智能技术合作关系占比变化趋势

2014—2021 年智能能源应用领域人工智能技术合作关系占比呈现“U”形变化趋势。2018 年是增长的拐点，占比为 1.07%。随着“双碳”目标的提出，通过产业智能化实现低碳绿色发展成为能源和工业企业技术创新的重要方向，从而带动人工智能技术在智能能源领域的应用。2021 年智能能源领域人工智能技术合作关系占比增长到 2.17%（见图 1－56）。

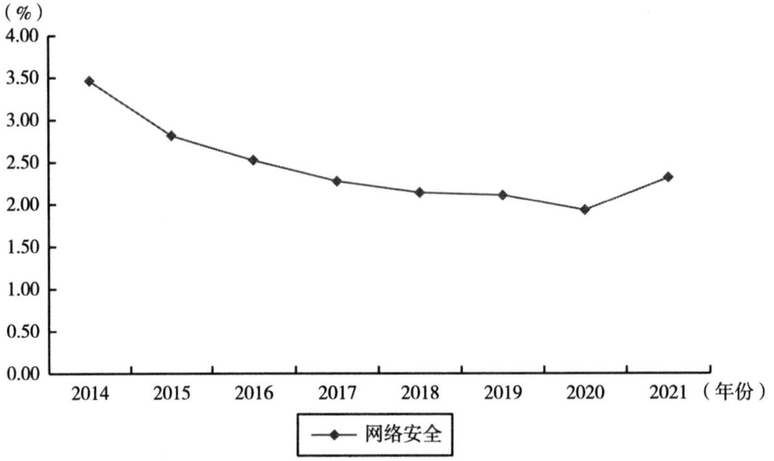

图 1-55　2014—2021 年网络安全应用领域人工智能技术合作关系占比变化趋势

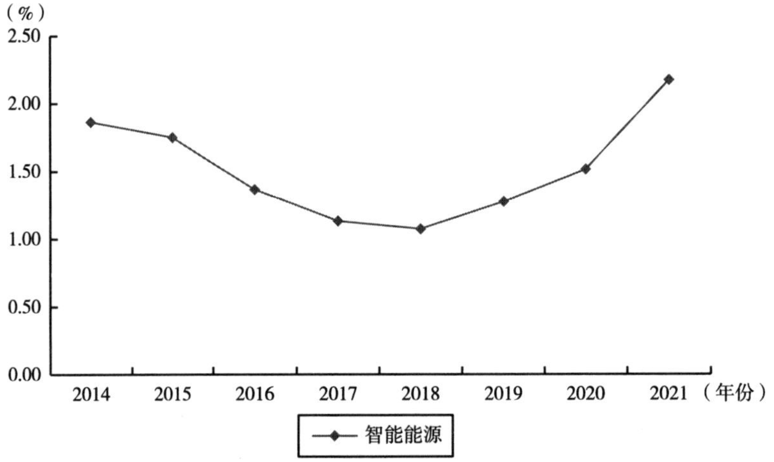

图 1-56　2014—2021 年智能能源领域人工智能技术合作关系占比变化趋势

随着文化旅游产业的发展，智慧文旅成为人工智能重要的应用领域之一。尤其是在携程、飞猪、抖音等平台推动下，人工智能加速与文化旅游产业融合发展。2015—2021 年智慧文旅领域的人工智能技术合作关系占比持续增长，从 1.03% 增加到 2.10%（见图 1-57）。

智能安防是较早进行智能化转型的产业领域。受政策和政府采购需求影响，2014—2021 年智能安防领域人工智能技术合作关系占比呈现出波动态势（见图 1-58）。

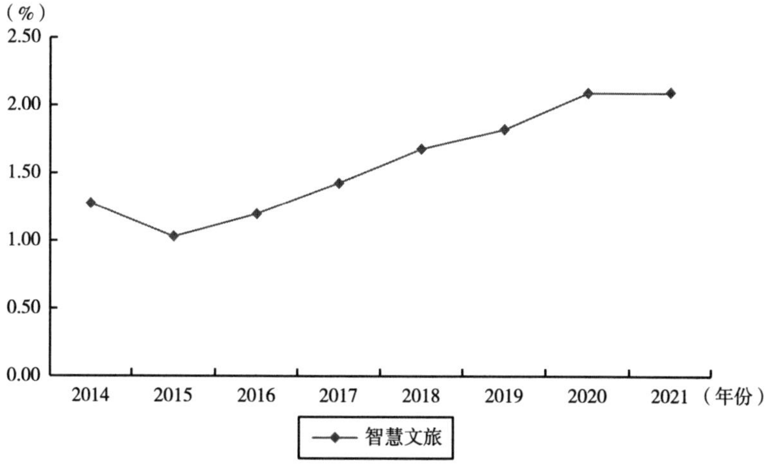

图 1-57　2014—2021 年智慧文旅领域人工智能技术合作关系占比变化趋势

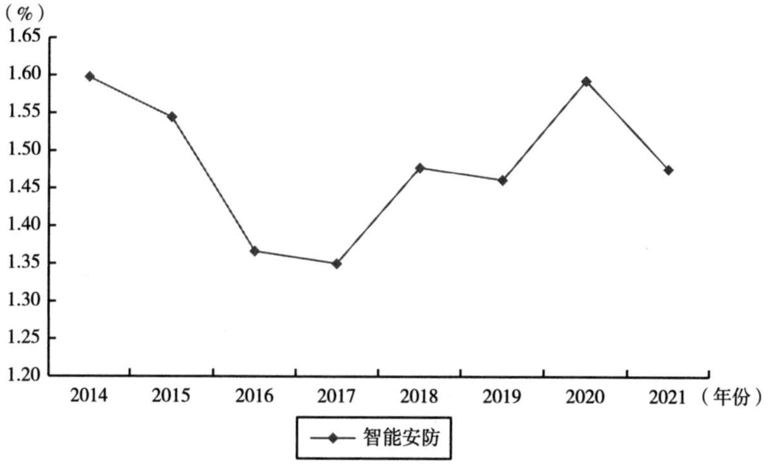

图 1-58　2014—2021 年智能安防应用领域人工智能技术合作关系占比变化趋势

尽管智能农业是国家高度关注的人工智能应用领域，但是其人工智能技术合作关系占比最低。在《网络扶贫行动计划》和乡村振兴战略的推动下，2016—2021 年智慧农业领域人工智能技术合作关系占比开始呈现快速增长的态势，从 0.55% 增长到 1.13%。随着乡村振兴战略的进一步实施，智能农业的发展将为人工智能技术创新应用提供广阔前景（见图 1-59）。

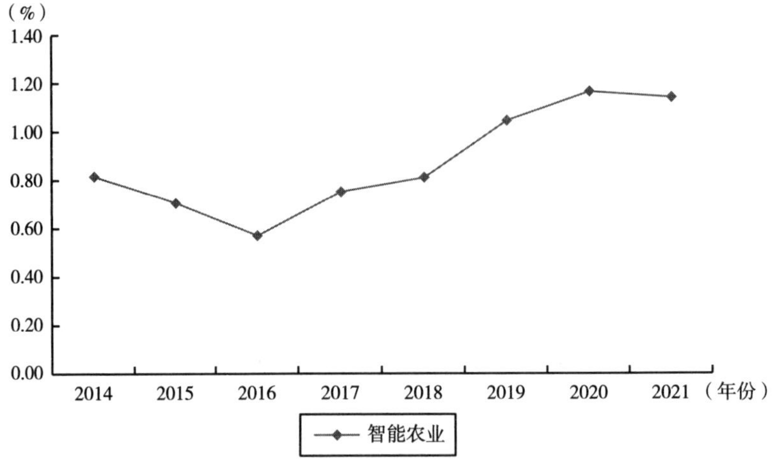

图 1-59 2014—2021 年智能农业应用领域人工智能技术合作关系占比变化趋势

第六节 人工智能和实体经济融合发展

人工智能属于通用目的技术（General Purpose of Technologies），具有广泛的应用场景。人工智能通过与实体经济的深度融合发展，不仅创造新的社会生产力，而且激活历次工业革命积累的社会生产力发展潜力。人工智能科技产业包括两个基本部门：核心产业部门和融合产业部门。其中，核心产业部门是人工智能核心技术、产品和服务部门；融合产业部门指人工智能与经济社会深度融合过程中创造的新技术、新产品、新业态和新模式。根据关系节点所在行业，可以进一步把融合产业部门划分为三次产业及其细分的行业部门。

本书把 2200 家人工智能骨干企业看作核心产业部门。与 2200 家人工智能骨干企业存在技术合作关系的关系节点包括核心产业部门和融合产业部门的企业和机构。关系节点中属于人工智能企业的技术合作归为核心产业部门内部合作，关系节点不属于人工智能企业的技术合作则归为核心产业部门和融合产业部门之间的技术合作。通过对 2200 家人工智能样本节点技术合作关系所在行业的关系数据量化分析，本书着重考察人工智能如何通过赋能实体经济在推动产业智能化的同时，带动智能科技的产业化。

一、核心产业部门和融合产业部门

在核心产业部门技术合作关系中，29.10% 的合作对象是核心产业部门的内部企业，70.90% 的合作对象是融合产业部门的企业和机构。从 2014—2021 年两个产业部门技术合作关系占比情况看，核心产业部门和融合产业部门的技术合作在中国人工智能科技产业发展过程中居主导地位，占比从 68.24% 提高到 70.09%（见图 1－60）。

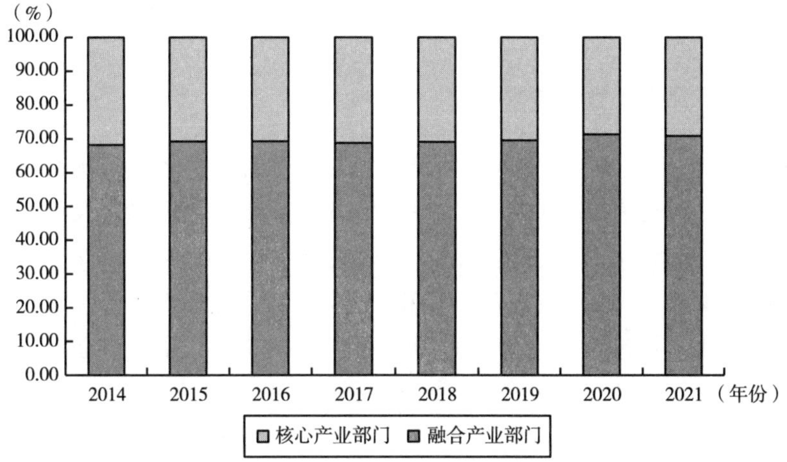

图 1－60　2014—2021 年核心产业部门技术合作关系在两个产业部门分布变化情况

融合产业部门包括三次产业。2021 年核心产业部门与三次产业技术合作关系占比中，排名第一的是第三产业，占比为 76.85%；排名第二的是第二产业，占比为 22.74%；排名第三的是第一产业，占比为 0.41%（见图 1－61）。到目前为止，人工智能和实体经济的融合发展主要分布在第三产业。随着新一代信息技术的创新发展，人工智能和第二产业尤其是制造业的深度融合进程将加快。

从 2014—2021 年核心产业部门与三次产业技术合作关系的变化情况看，第二产业的占比在经历了下滑之后，在 2016 年出现了增长趋势。与第二产业相比，人工智能在第一产业的技术合作关系占比变化处于波动状态。

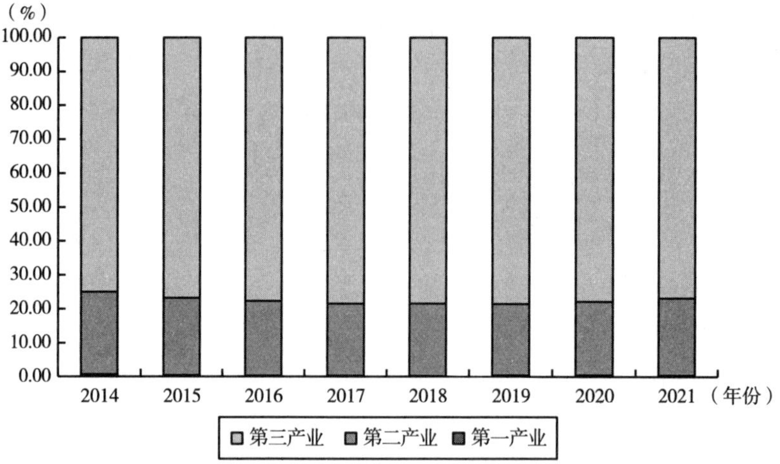

图 1－61　2014—2021 年核心产业部门与三次产业技术合作关系分布变化

二、第二产业人工智能技术合作

在 2021 年，核心产业部门与第二产业技术合作关系中，排名第一的是制造业，占比为 88.01%；排名第二的是电力、热力、燃气及水生产和供应业，占比为 5.67%；排名第三的是建筑业，占比为 5.05%；排名第四的是采矿业，占比为 1.27%。2014—2021 年，制造业人工智能技术合作关系占比逐年提升，从 85.82% 提高到 88.01%。在第二产业中，制造业是人工智能技术合作的重点领域（见图 1－62）。

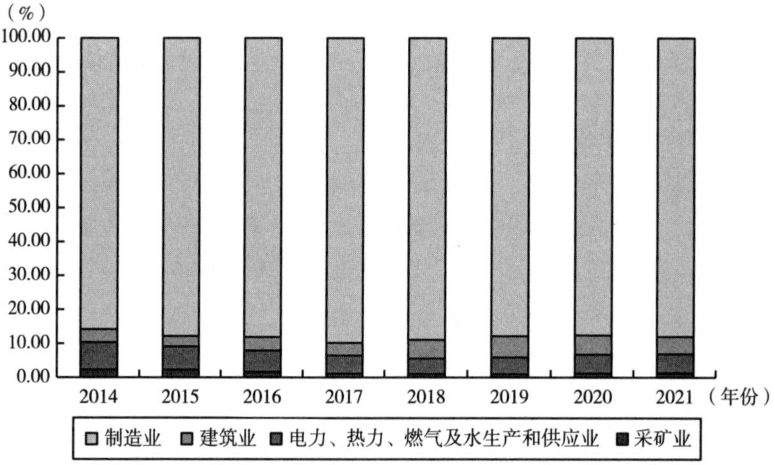

图 1－62　2014—2021 年人工智能技术合作关系在第二产业的分布

在2021年核心产业部门与制造业各部门共32个行业人工智能技术合作关系中，排名第一的是计算机、通信和其他电子设备制造业，占比为30.86%；排名第二的是汽车制造业，占比为24.84%；排名第三的是电气机械和器材制造业，占比为8.57%；排名第四和第五的分别是专用设备制造业和通用设备制造业，占比为6.57%和3.89%。排名前五的制造业行业都属于装备制造业。其中，汽车制造业是2014—2021年人工智能技术合作关系增长最快的制造业领域（见图1-63）。

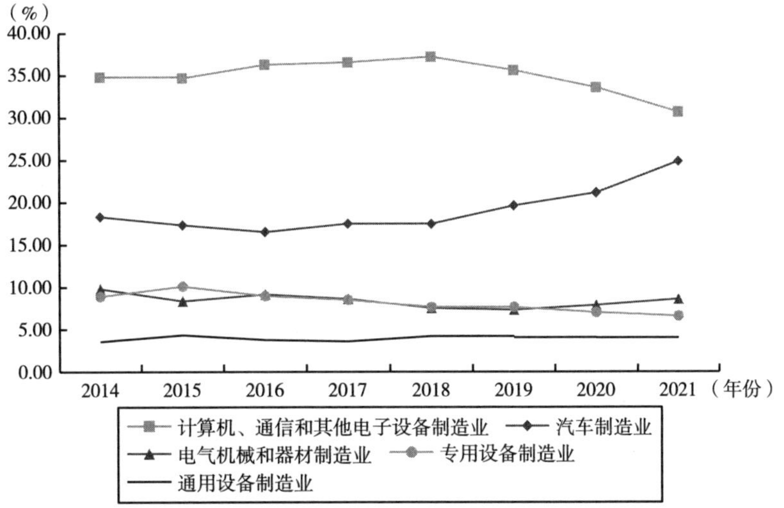

图1-63 2014—2021年人工智能技术合作关系占比在制造业排名前五的行业变化情况

三、第三产业的技术合作

在2021年的核心产业部门与第三产业各部门人工智能技术合作关系中，排名第一的是信息传输、软件和信息技术服务业，占比为28.46%；排名第二的是科学研究和技术服务业，占比为21.25%；排名第三的是金融业，占比为10.95%；排名第四和第五的分别是租赁和商务服务业、批发和零售业，占比为10.89%和9.06%。2014—2021年人工智能在科学研究和技术服务业中的技术合作关系增长明显（见图1-64）。

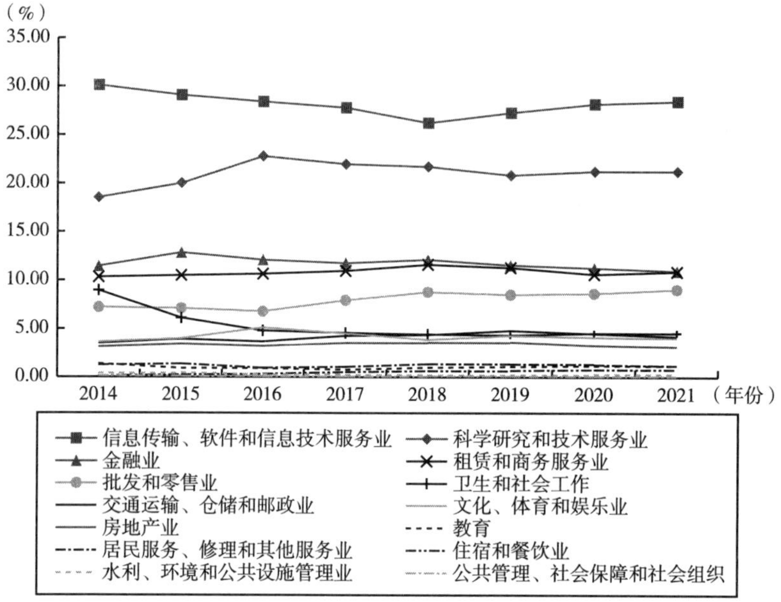

图1-64 2014—2021年人工智能技术合作关系占比在第三产业行业的变化趋势

第七节 社会价值观对中国人工智能科技产业发展的影响

一、人工智能产业发展的制度结构

作为第四次工业革命的核心引擎，人工智能具有通用目的技术和普惠技术双重属性。一方面，人工智能通过广泛赋能引领经济社会全面发展；另一方面，随着网络基础设施的完善和智能终端设备的普及，人工智能能够赋能社会的每个成员，创造出更加公平的教育机会和更多的创业、就业机会，把可能出现的“数字鸿沟”转化为“数字红利”。而人工智能技术的商业和社会价值能否充分发挥，不仅取决于技术本身，而且取决于社会制度。

邓小平提出：“社会主义的本质，是解放生产力，发展生产力，消灭剥削，消除两极分化，最终达到共同富裕。”[①] 社会主义制度为人工智能先进生产力的发展创造了条件。人工智能科技创新和产业发展在中国表现出更强的社会使命导向，通过广泛赋能，不仅能够创造商业价值，而且能够创新社会价值。

二、使命导向和社会价值影响

使命导向和社会价值对人工智能科技创新和产业发展的影响首先体现在人工智能在“脱贫攻坚”工作中的创新应用。改革开放以来，在工业化发展实现经济持续高增长的同时，城乡分离和部分地区农村贫困人口问题始终没有得到妥善解决。为了彻底消除贫困现象，2015 年 11 月 29 日国务院颁布了《中共中央 国务院关于打赢脱贫攻坚战的决定》。充分认识到包括人工智能在内的新一代信息技术在推动农村贫困地区经济和社会发展中的积极作用，2016 年 10 月，中央网信办、国家发展改革委、国务院扶贫办联合发布《网络扶贫行动计划》，要求充分发挥互联网在助推脱贫攻坚中的重要作用，实施网络扶贫五大工程，实现精准扶贫、精准脱贫。

首先，在国家战略引领下，人工智能技术的创新应用推动了网络空间产业生态向农村地区的“下移”。通过线上和线下融合发展，网络空间产业生态打通了资源配置过程中城市和农村的地理空间限制，服务要素的在线化带动了农村居民的创业、就业和收入水平的提高。尤其是人工智能技术促进了互联网“长尾效应”的发挥，激活了农村多品种小批量的生产方式，促进了劳动分工和生产专业化，不仅在脱贫攻坚过程中作出了贡献，而且为乡村振兴战略的实施奠定了基础。

其次，技术封锁激发了政府、企业、大学和科研院所在人工智能领域深科技创新中相互协作的决心和活力。2016 年以来，美国对中国人工智能企业和机构日益增强的技术封锁打破了原有全球创新循环和分工体系。技术封锁一方面带来了严峻挑战，另一方面为中国企业和机构通过自主创新重塑全球创新网络创造了机遇。尤其是产业发展中存在的关键技术“卡脖子”“痛点”和“堵点”问题，日益成为“政产学研用”协同创新和科研攻关的重点领域和方向。围绕着对关键核心技术领域的突破，中国正在加速形成包括智能芯片、智能网联汽车、智慧城市、5G、智能装备、

---

① 《邓小平文选》第三卷，人民出版社，1993 年出版，第 373 页。

智慧医疗和智能硬件在内的新兴产业集群。

抗击新冠疫情为人工智能未来发展创造了一个特殊的应用和试验场景。为了应对新冠疫情的冲击，人工智能的创新应用通过发展网络空间打造一个新的“零距离社会”。随着城市化和人口聚集，人类经济和社会的可持续发展日益受到物理空间和环境的限制。在人工智能的创新应用推动下，“零距离社会”的到来，不仅优化了人类经济社会活动的现有空间，而且创造了具有无限可能的新空间。

最后，实现“双碳”目标成为人工智能创新应用的新领域和新方向。2020 年 9 月，中国明确提出 2030 年实现“碳达峰”和 2060 年实现“碳中和”的“双碳”目标。2021 年 10 月 24 日印发的《中共中央 国务院关于完整准确全面贯彻新发展理念做好碳达峰碳中和工作的意见》指出：“实现碳达峰、碳中和，是以习近平同志为核心的党中央统筹国内国际两个大局作出的重大战略决策，是着力解决资源环境约束突出问题、实现中华民族永续发展的必然选择，是构建人类命运共同体的庄严承诺。”

《中华人民共和国国民经济和社会发展第十四个五年规划和 2035 年远景目标纲要》明确把新一代信息技术作为实现“双碳”目标的关键支柱。一是通过大数据分析、机器学习、区块链、分布式能源管理和云计算技术等新一代信息技术在能源产业领域的运用，优化能源供给结构和降低能源消耗；二是加速产业数字化和智能化推动生产方式变革，实现制造和流通环境的节能减排；三是运用新一代信息技术推动城市治理方式变革，实现城市生活场景的节能减排；四是通过数字和智能技术的应用，实现从生产到消费、全产业链和全生活场景的节能减排。人工智能技术的创新和应用在推动“双碳”目标实现的同时，将进一步带动人工智能技术本身的进步和发展。

社会价值在引导人工智能科技向善的同时，将创造出更高的商业价值，实现人工智能通用目的技术和普惠技术属性的相向发展。人工智能在中国的发展不仅能够引领经济社会全面发展，而且能够为人类命运共同体的建设和发展作出贡献。

第二章

人工智能科技创新和产业发展的国际竞争

充分认识到人工智能在第四次工业革命的引擎作用，世界主要国家纷纷出台人工智能发展战略，推动本国人工智能科技创新和产业发展。通过国际比较分析，能够使我们更清晰地认识到我国人工智能科技创新和产业发展战略选择。

第一节

人工智能科技创新和产业发展的国际比较

发展人工智能成为世界主要国家的共识。美国、日本、英国、德国和韩国等发达国家通过制定和更新人工智能发展战略和行动计划，持续推动人工智能科技创新和产业发展。本章将从人才、研究、企业发展、应用、硬件、数据、国家战略、竞争焦点、创新组织发展和技术领域诸方面进行国际比较分析。分析的资料和数据来源于两个方面：一是国外权威机构发布的研究报告;[①] 二是2200家我国人工智能骨干企业数据库。

一、中国、欧盟和美国：谁将在人工智能竞赛中获胜?

2021年1月25日，美国科技创新智库信息技术和创新基金会（ITIF）发布题为《谁将赢得这场人工智能竞赛？中国、欧盟还是美国?》（*Who Is Winning the AI Race：China，the EU，or the United States?*）的2021年版报告。ITIF对近年来中国、欧盟和美国在人工智能人才、研究、企业发展、应用、数据和硬件6个领域取得的进展进行比较。报告认为，在人工智能研究和应用领域占据领先地位的国家在塑造人工智能技术未来的同时，能够显著提高国家的国际竞争力，而落后的国家则可能失去关键行业的国际竞争力。

2019年的报告认为，美国在人才、研究、开发和硬件四个方面处于领先地位，而中国则在应用和数据两个方面处于领先地位。以100分为满分，美国以44.2分处于领先，中国以32.3分排名第二，欧盟则以23.5分排名第三。2021年数据更新之后的报告发现，美国在整体上仍然遥遥领先，得分为44.6分；中国分值为32.0，与美国的差距持续缩小；欧盟分值为23.3，仍然处于落后地位（见表2－1）。

表2－1 中国、欧盟和美国在人工智能竞争力方面的总体排名变化

国家或组织	中国		欧盟		美国	
年份	2019	2021	2019	2021	2019	2021
人才	3	3	2	2	1	1
研究	3	2↑	2	3↓	1	1
发展	3	3	2	2	1	1
应用	1	1	2	2	3	3
数据	1	1	3	3	2	2
硬件	2	2	3	3	1	1
总排名	2	2	3	3	1	1

资料来源：ITIF. Who Is Winning the AI Race：China，the EU，or the United States? 2021.

① 国外权威机构的报告主要包括：美国国家人工智能安全委员会2021年3月发布的《人工智能最终报告》、美国信息技术与创新基金会2021年更新版的《谁将在人工智能角逐中胜出：中国、欧盟或美国?》、联合国世界知识产权组织2019年发布的《2019年技术趋势：人工智能》和斯坦福人工智能学院（HAI）2021年发布的《2021年人工智能指数报告》。

在系统比较分析的基础上，报告认为，尽管出现来自中国的挑战，但是美国仍然是全球人工智能领域的领跑者。如果欧盟和美国不对政策作出重大调整（尤其是欧盟不改变现有的监管体系以推动创新、美国不制定与资助更加积极主动的人工智能国家战略），那么欧盟很可能仍旧落后于美国和中国，而中国则将进一步缩小与美国的差距。

相对于欧盟和美国，中国人工智能竞争力在以下方面有所提高。第一，中国在人工智能出版物方面已经超过美国，成为世界领导者；第二，中国人工智能的研究质量总体呈逐年上升趋势；第三，中国软件和计算机服务企业研发支出持续增加；第四，中国在性能方面排名前500位的超级计算机数量几乎是美国的两倍；第五，中国可能在产生的数据量方面继续保持领先。在全面比较分析的基础上，报告认为，尽管中国没有明显缩小与美国在人工智能领域的差距，但是如果保持持续进步的步伐，则最终可能使美国丧失领先优势。

二、我国人工智能科技产业的优势领域

本章在2200家中国人工智能骨干企业中筛选出与国外企业和机构存在技术合作关系的286家企业[①]，通过实际调查和公开数据获得584条国际技术合作关系数据。其中，国外企业和机构对中国企业的技术输入关系311条，占比为53.25%；中国企业对国外企业和机构的技术赋能关系273条，占比为46.75%。

本章进一步把国际技术合作关系的技术类别划分为算力、算法、硬件、软件、区块链技术和其他细分领域[②]。如图2-1所示，通过对技术输入和赋能技术领域的对比分析，可以清晰地观察到中国企业的竞争优势主要在算法和应用软件领域，而在算力、硬件、区域链技术和其他细分领域则存在劣势。算力尤其是在高端芯片领域是全球竞争的前沿。目前，中国企业在算力领域的技术输入主要来自英特尔、英伟达和高通等美国企业。

2018年以来，在算力和基础软硬件领域，中国企业加快了追赶的步

① 286家人工智能样本企业筛选自中国新一代人工智能发展战略研究院中国智能经济数据库。

② “其他细分领域”主要包括无法明确归类的技术类别，例如，5G、车联网和智慧城市等。

伐。我国目前的算力指数位居全球第二。为了缩短与美国的差距，阿里巴巴、华为、腾讯、百度、金山云和中科寒武纪在芯片、云计算和基础软件领域技术创新活动日益增强。同样，在硬件和区块链技术领域，通过加强创新和创业活动的投入，中国企业正在不断缩小与国外的差距。

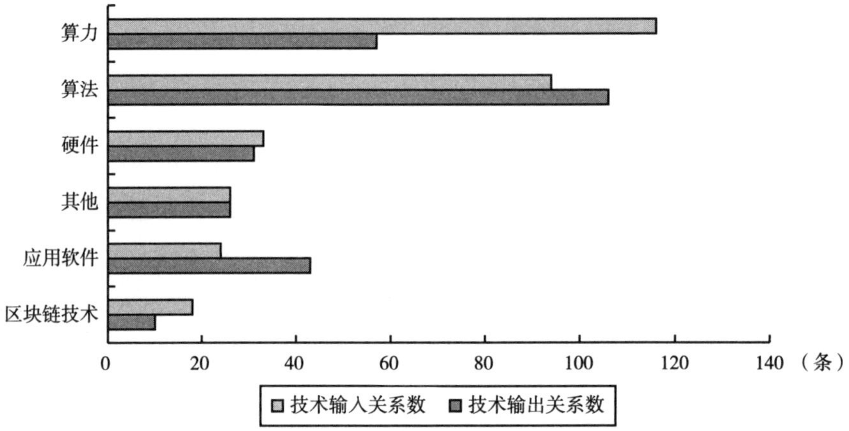

图 2-1 中国人工智能产业的竞争优势和劣势领域

三、国家战略

人工智能的科技创新和产业发展涉及基础研究、技术研发和应用创新等诸多创新环节和多元创新主体跨学科、跨产业和跨组织交叉互动。国家战略和政府支持是推动人工智能科技创新和产业发展的重要条件，是决定国际竞争力的关键因素。

美国把人工智能列为国家重要发展事项，战略目标是在全球范围内保持领导地位。2016 年以来，美国密集出台和更新人工智能发展战略和政策，不仅强调通过政策支持和政府资金投入持续提升人工智能创新能力和产业国际竞争力，而且特别重视人工智能在国防和军事领域的应用。

2016 年 10 月至 12 月，美国连续发布了三份具有全球影响力的报告：第一份报告是美国国家科学技术委员会（NSTC）发布的《国家人工智能研发战略计划》，提出全面布局和投资人工智能科技和产业发展；第二份和第三份报告是由美国总统办公室发布的《为未来人工智能做好准备》和《人工智能、自动化与经济报告》两份报告，强调人工智能驱动的自动化对经济发展的影响和风险。

2019 年 2 月，美国总统特朗普签署《维护美国人工智能领域领导力的行政命令》，启动了“美国人工智能计划”（American AI Initiative），试图维持和巩固美国在人工智能领域的全球领导地位。

2019 年 6 月，美国更新了《国家人工智能研发战略计划》，进一步强调扩大公私合作伙伴关系在人工智能研发中的重要性，新增了第八个关注领域——公私合作伙伴关系。同时，美国进一步成立了包括人工智能专门委员会（NSTC AI）、国家人工智能计划办公室、国家人工智能安全委员会（NSC AI）在内的专业部门，强化联邦政府各部门之间在人工智能领域的协作，以推动国家人工智能战略的落地和实施。

2020 年 2 月，美国白宫科技政策办公室（OSTP）发布《美国人工智能行动：第一年度报告》，从投资人工智能研发、释放人工智能资源、消除人工智能创新障碍、培训人工智能人才、打造支持美国人工智能创新的国际环境方面，强调通过政府政策和服务促进值得信赖的人工智能发展。2021 年，美国参议院提出《2021 年战略竞争法案》和《无尽前沿法案》，计划 5 年之内在人工智能、半导体、生物技术、量子计算、先进通信及先进能源等领域陆续投资 1100 亿美元。其中，投资 1000 亿美元支持这些领域的基础性与先进性技术研究、商业化、教育培训等项目。此外，投资 100 亿美元用于建设至少 10 个区域技术中心，以及建立一个供应链危机应对计划，以解决诸如半导体芯片短缺而造成的生产稳定性问题。

2022 年 2 月，美国众议院通过了《2022 年美国竞争法案》（以下简称《法案》），计划投入 520 亿美元支持私营单位进行半导体生产。《法案》还提出，未来六年内投入 450 亿美元缓解供应链短缺加剧的问题。通过加强制造业的建设防止关键产品的短缺，确保更多产品在美国本土制造。《法案》还为 STEM（科学、技术、工程和数学类）专业的外国博士毕业生申请美国绿卡豁免国别配额限制，加速争夺中国人工智能和集成电路领域的顶尖人才。

在军事人工智能战略方面，2020 年，新美国安全中心发布的《国防技术战略》报告提出，应优先投资可军事化的云计算和人工智能等技术。美国国防部和太空部分别出台了各自的数据战略，强调利用数字技术在战场上取得优势的重要性。在军用人工智能技术研发方面，美国主要的着眼点是探索人工智能在海军作战、情报领域和复杂军事环境中的应用。在军事人工智能预算方面，2021 财年美国国防预算提案在人工智能研发领域的投资总额为 8.41 亿美元，较 2020 财年的 7.8 亿美元增长约 8%。在 8.41 亿美元投入中，联合人工智能中心（JAIC）的预算额从 2020 财年的 2.42 亿美元增长到了 2021 财年的 2.9 亿美元。美国国防部高级研究计划局（DARPA）的人工智能研发预算额为 4.59 亿美元。

2022 年 8 月 9 日，美国总统拜登在白宫正式签署总额高达 2800 亿美元的《芯片和科学法案》，对美国本土芯片产业提供巨额补贴，在提高美国科技领域竞争力的同时，阻止和延缓中国科技进步的步伐。《芯片和科学法案》将为美国半导体研发和生产提供 520 多亿美元的政府补贴，还将为芯片工厂提供投资税抵免。《芯片和科学法案》另外授权拨款约 2000 亿美元，用于促进美国未来 10 年在人工智能、量子计算等各领域的科研创新。2022 年 9 月 6 日，美国商务部部长雷蒙多在介绍《芯片和科学法案》细节时称，获得政府资助的美国公司至少 10 年内不能在中国建造“前沿或先进的技术设施”，否则美国政府将把资金收回。

2010 年以来，欧盟把实现智能增长作为战略目标。在 2018 年 4 月发布的《欧洲人工智能》中，系统地提出了欧盟人工智能发展规划。同月，发布的《人工智能合作宣言》标志着欧洲人工智能步入合作发展的阶段，同年 12 月发布的《人工智能协调计划》强调通过欧盟国家和区域之间的协作，确保欧洲作为一个整体参与全球竞争。

2019 年起，欧盟持续加强对人工智能应用和治理的关注。2019 年 4 月出台《可信赖的人工智能伦理准则》，为人工智能发展制定伦理框架。2020 年发布的《欧洲 AI 白皮书》强调强化监管和加强投资，调动和协调资源构建卓越的创新生态系统。2021 年，欧盟委员会进一步发布《欧洲适应数字时代：人工智能（AI）》与《2021 年人工智能协调计划》政策提案，目的是在规范人工智能技术风险的同时，加强欧洲对人工智能技术的利用、投资和创新。

除了美国和欧盟，英国、日本和韩国等国家都发布各自的人工智能发展战略和规划。例如，2016 年在第五期《科学技术基本计划》中日本提出了“社会 5.0”（Society 5.0）概念，计划最大限度地应用包括人工智能在内的信息化技术，通过网络空间与物理空间的融合，构建一个多元、富裕、充满活力的“超智能社会”。2020 年韩国科学和信息通信技术部（MSIT）发布“人工智能半导体产业发展战略”，计划到 2030 年实现“人工智能半导体强国”目标，把人工智能半导体正式培育为“第二个

DRAM”产业。

在国家战略制定方面，中国同样走在了全球前列。继 2017 年发布《新一代人工智能发展规划》把人工智能上升为国家战略之后，中国政府出台了一系列行动计划和政策，形成了完善的政策体系。在国家战略的引领下，国家部委和地方政府纷纷出台人工智能发展规划和行动计划，以探索和促进人工智能发展的模式和机制。与美国相比，地方政府对中央政府战略的积极响应，不仅提高了政府对人工智能科技创新和产业发展的支持力度，而且加快了人工智能技术扩散的速度。

第二节
中美在人工智能领域战略竞争的焦点

一、美国对华技术封锁原因

2017 年 3 月，美国商会发布《中国制造 2025：建立在本土保护上的全球野心》的报告，全面抨击我国《中国制造 2025》战略规划。2018 年以来，美国不仅通过对我国产品加征关税，而且通过投资限制、出口管制和政府采购限制等手段遏制我国企业在美国和全球的发展。中兴、福建晋华和华为系列事件表明，美国对中国贸易战和技术封锁的目的是延缓我国技术升级的步伐，遏制中国崛起，确保美国在全球经济、军事和科技领域的霸主地位。其中，人工智能是美国对华技术封锁领域的重中之重。

作为美国推动人工智能解决美国国家安全与国防需求问题的决策参谋机构，美国人工智能国家安全委员会（National Security Commission on Artificial Intelligence，NSCAI）于 2021 年 3 月 1 日发布了年度《最终报告》。报告明确指出：“中国不仅在人工智能全领域是美国的竞争对手，且在特定领域已经是领先者，这是美国自第二次世界大战以来首次在科技主导权方面遭遇到挑战，美国要对人工智能相关技术进行出口管制以达到精准卡脖子目的（targeting discrete chokepoints）。”

美国之所以把人工智能列为对华技术封锁的重点领域，原因包括两个方面：一是人工智能是第四次工业革命的核心引擎，决定国家未来全球竞争力和国际地位；二是在深科技创新驱动下，中国在人工智能领域的自主可控技术体系的雏形已然显现。中国一旦构建起自主可控技术体系，将成为美国未来科技和产业发展的全面竞争对手。

二、中美竞争的焦点领域

人工智能包括智能芯片、基础架构、操作系统、工具链、基础网络、智能终端、深度学习平台、大模型和产业应用等复杂技术体系。从现实看，在全球范围内初步围绕人工智能技术体系的发展形成了中国和美国两大创新联盟（见表 2 –2）。

表 2 –2　中美围绕人工智能技术体系竞争所形成的两大创新联盟①

关键技术	中国主导的创新联盟	美国主导的创新联盟
智能芯片	华为“昇腾”和“鲲鹏”，百度“昆仑芯”，阿里巴巴“平头哥”，SMIC，联发科技，壁仞科技	NVIDIA，QUALCOMM，INTEL，MICRN
操作系统和基础架构	鸿蒙，麒麟操作系统，	Windows，Android（安卓），iOS
5G 网络	华为，中兴	ERICSSON，NOKIA
智能终端	华为，小米，OPPO，vivo	APPLE，Android（安卓），SAMSUNG
应用	抖音，Tik Tok，爱奇艺，微信	Facebook，Netflix，Amazon，Microsoft

（一）智能芯片

2019 年知名半导体数据分析机构 IC Insights 发布的报告显示，全球 68% 的无晶圆厂芯片公司和 46% 的有晶圆厂芯片公司都在美国，共占有全球 52% 的芯片市场份额。作为全球领先的 IC 设计公司，2019 年，中国华为海思半导体的麒麟芯片在中国 5G 智能手机处理器市场占有率为 54.8%，排名第一，超过高通、联发科和三星的总和。华为基于 ARM 架构开发鲲鹏系列服务器（华为云）、昇腾人工智能芯片性能已经比肩英伟

① 在参考田丰和刘骏发表的文章《美国绞杀华为再升级，“科技反围剿”之战怎么打?》（瞭望东方周刊，2020 年 8 月 19 日）的基础上，结合网络资料整理而得。

达 GPU 和谷歌 TPU。[①] 近年来，包括阿里巴巴和百度在内的头部企业和一批新创企业都致力于智能芯片开发。

（二）操作系统和基础架构

从智能手机的操作系统看，美国安卓系统拥有 87% 的全球用户，iOS 系统拥有 10% 的全球用户，两者相加共拥有 97% 的全球用户。全球接近 40 亿智能终端使用安卓和 iOS 操作系统，吸引了数百万名开发者。Counterpoint Research 2022 年 3 月发布的报告显示，2022 年第四季度，全球智能手机销量同比下降 14%，其中 iOS 系统的表现优于整体市场，仅同比下降 12%，而安卓系统同比下降 16%。华为鸿蒙系统（HarmonyOS）在全球智能手机操作系统市场占据 2% 的份额，在中国占 8% 的份额，但这远不及美国禁令颁布前的地位。截至 2022 年 11 月，搭载 HarmonyOS 的华为设备已达 3.2 亿台，较 2021 年同期增长 113%；鸿蒙智联产品发货量超 2.5 亿台，较 2021 年同期增长 212%；携手开发者步入鸿蒙生态快车道，开发者超 200 万名，鸿蒙智联伙伴超 2200 位，HarmonyOS 原子化服务超 5 万名。华为移动核心服务（HMS Core）开放 API 达 25000，海外 Top3000 应用集成率达 80%。[②] 除了智能手机领域的鸿蒙操作系统，在其他领域的中国的操作系统同样取得显著的进展。

（三）5G 网络

在 3G 技术（CDMA）和 4G 技术（FDD - LTE）的研发和商业化过程中，美国是主导者。在 5G 技术研发上，中国成为引领者。但是 5G 芯片却掌握在美国的高通和中国台湾的台积电企业手中。

中国信通院发布的《全球 5G 专利活动报告（2022）》的数据显示，截至 2021 年 12 月 31 日，在 ETSI 进行 5G 专利声明的产业主体中，排名前 10 名的企业分别是华为（14%）、高通（9.8%）、三星（9.1%）、LG（8.3%）、中兴（8.3%）、诺基亚（7.3%）、爱立信（7.2%）、大唐（4.9%）、OPPO（4.5%）和夏普（3.4%）。在这 10 名企业中，中国厂

① 田丰，刘骏．美国绞杀华为再升级，“科技反围剿”之战备怎么打？［J］．瞭望东方周刊，2020 年 8 月 19 日。

② 华为开发者大会 2022 开幕 鸿蒙生态圈持续扩大，齐鲁壹点，2022.11.05.

商占 4 名，分别是华为、中兴、大唐和 OPPO，合计占比达到 32%，接近 1/3。

从发展的趋势看，中美竞争的焦点是阻止中国构建自主可控的技术体系和产业链。随着美国《芯片和科学法案》的实施，通过垄断和控制高端半导体技术和产品供给，延迟中国人工智能科技创新和产业发展的步伐，是美国技术封锁的战略目标。

（四）新型创新组织

人工智能属于通用目的技术，无论是人工智能产业化还是产业智能化都涉及多元创新主体的跨学科、跨组织和跨产业知识、技术重组和互补性创新。其中，充分利用市场和政府两种资源配置机制，创建能够推动基础研究、应用开发和规模生产之间的创新循环的新型创新组织，成为各国加速人工智能科技创新和产业发展的重要机制。

美国高度重视新型创新组织在培育和孵化包括人工智能在内的未来产业中的作用。2020 年 6 月，美国总统科技顾问委员会（PCAST）在《加强美国在未来产业领导地位的建议》报告中首次提出，建立世界级和包含多部门的未来产业研究所，以确保美国在未来产业发展中的持续领先地位。2021 年 1 月，PCAST 进一步发布《未来产业研究所：美国科学与技术领导的新模式》[①] 报告，提出未来产业研究所建设的设计思路和实施方案。

2020 年以来，美国国家科学基金会（NSF）一共建设了 18 个新的国家人工智能研究所，在五年内为每个研究所提供 2000 万美元资助，总额共计 3.6 亿美元。人工智能研究所的分布范围涉及 40 个州和哥伦比亚特区。NSF 主任塞图拉曼·潘查纳坦（Sethuraman Panchanathan）表示，国家人工智能研究所是学术界、工业界和政府加速人工智能发现和创新的中心（hubs）。

为了促进人工智能科技创新和产业发展，2019 年科技部印发《关于促进新型研发机构发展的指导意见》，加快推动人工智能新型创新组织发展。依据新型研发机构是否包括人工智能研究领域，本书共发现 347 家人

---

① PCAST. Industries of the Future Institutes：a new model for American science and technology leadership［R］. 2021.

工智能新型研发机构。人工智能新型研发机构包括两类：一类是 2017 年之前创建的新型研发机构，通过在内部设立人工智能专业研究机构，从事人工智能科技创新；另一类是 2017 年之后创建的以人工智能为研究方向的新型研发机构。例如，上海人工智能实验室、之江实验室和鹏城实验室等。人工智能新型创新组织，尤其是人工智能实验室的发展正在成为我国人工智能科技创新和产业发展的创新平台。

第三章

人工智能平台企业和深科技创新

在中国人工智能领域深科技创新中，平台及其主导的创新生态发挥着至关重要的作用。一方面，平台通过与研究型大学和科研院所合作，共同展开人工智能领域的基础研究和根技术开发；另一方面，平台与人工智能中小企业、新创企业和产业智能化企业合作，在开展技术开发的同时，推动技术的创新和扩散。

第一节
人工智能头部平台企业发展概况

一、样本筛选

本章筛选出 30 家在关键技术领域和细分行业具有影响力和代表性的我国人工智能头部平台企业，用以研究它们在人工智能深科技创新中的作用。30 家头部平台企业包括两类：一类是包括华为、百度、腾讯、阿里云、科大讯飞、平安科技、奇虎 360、明略软件、好未来、京东和海康威视在内的 15 家国家级人工智能开放创新平台；另一类则是在人工智能关键技术和行业领域的代表性企业。例如，计算机视觉和图像识别技术的引军企业云从和云天励飞，智能机器人领域的大疆科技、新松和瑞松，智能芯片领域的中科寒武纪，新媒体和数字内容领域的抖音（见表3-1）。

表3-1 30家人工智能头部企业基本情况

企业名称	技术层次	核心技术
百度在线网络技术（北京）有限公司	基础层	大数据和云计算、自动驾驶
深圳市腾讯计算机系统有限公司	基础层	大数据和云计算、计算机视觉
阿里巴巴（中国）网络技术有限公司	基础层	大数据和云计算
北京市商汤科技开发有限公司	技术层	计算机视觉
科大讯飞股份有限公司	技术层	语音识别、自然语言处理
华为技术有限公司	基础层	智能芯片、5G
北京旷视科技有限公司	技术层	计算机视觉
上海依图网络科技有限公司	技术层	计算机视觉
杭州海康威视数字技术股份有限公司	技术层	计算机视觉
北京明略软件系统有限公司	应用层	大数据和云计算
平安科技（深圳）有限公司	应用层	大数据和云计算、区块链、计算机视觉
北京奇虎科技有限公司	技术层	大数据和云计算
北京世纪好未来教育科技有限公司	应用层	计算机视觉、语音识别
北京京东世纪贸易有限公司	技术层	大数据和云计算、物联网
小米科技有限责任公司	应用层	物联网和智能家居
思必驰科技股份有限公司	技术层	语音识别、自然语言处理
中科寒武纪科技股份有限公司	基础层	智能芯片
云从科技集团股份有限公司	技术层	计算机视觉、人机交互
深圳云天励飞技术股份有限公司	技术层	大数据和云计算、智能芯片、计算机视觉
北京第四范式智能技术股份有限公司	技术层	大数据和云计算
北京抖音信息服务有限公司（曾用名：北京字节跳动科技有限公司）	应用层	智能推荐
深圳市大疆创新科技有限公司	技术层	智能机器人
沈阳新松机器人自动化股份有限公司	技术层	智能机器人
深圳碳云智能科技有限公司	应用层	大数据和云计算

续表

企业名称	技术层次	核心技术
上海联影医疗科技股份有限公司	应用层	计算机视觉
北京格灵深瞳信息技术股份有限公司	技术层	计算机视觉
北京小马智行科技有限公司	技术层	自动驾驶、计算机视觉
杭州涂鸦科技有限公司	技术层	物联网
广州瑞松智能科技股份有限公司	技术层	智能机器人
北京地平线机器人技术研发有限公司	技术层	智能芯片

百度在线网络技术（北京）有限公司（以下简称“百度”）是提供AI芯片、软件架构和应用程序等全栈AI技术平台。公司创立之初，主要提供搜索引擎服务；基于搜索引擎，演化出语音、图像、知识图谱、自然语言处理等人工智能技术并在深度学习、对话式人工智能操作系统、自动驾驶、AI芯片等前沿领域深入研发。现建有百度AI开放平台、百度飞桨系列开发平台、Apollo开放平台、百度开发者中心、百度智能云、carlife+平台、DuerOS开放平台。借助开放平台提供语音识别、图像识别、自动驾驶等多项人工智能技术，开放对话式人工智能系统和智能驾驶系统两大行业生态，共享AI领域最新的应用场景和解决方案。2017年，百度公司获批建设“自动驾驶国家新一代人工智能开放创新平台”。

深圳市腾讯计算机系统有限公司（以下简称“腾讯”）是目前中国最大的互联网综合服务提供商之一，也是中国服务用户最多的互联网企业之一，业务覆盖社交网络、游戏、媒体、支付等。在人工智能领域，依托腾讯AI Lab、腾讯优图、WeChat AI等实验室，提供先进的语音、图像、NLP等多项人工智能技术，提供AI领域新的应用场景和解决方案。现建有腾讯AI开放平台、腾讯优图AI开放平台、腾讯人工智能服务平台、腾讯智能钛TI平台。2017年，腾讯获批建设“医疗影像国家新一代人工智能开放创新平台”。

阿里巴巴（中国）网络技术有限公司是一家综合互联网公司，业务涵盖电子商务、金融、支付、云计算等领域，旗下有天猫、淘宝、蚂蚁金服、阿里云等公司。其中，阿里云作为云计算及人工智能科技公司，致力于以在线公共服务的方式，提供计算和数据处理能力，可为企业、开发者和政府机构提供物联网、新金融、新能源、大游戏、大制造等领域的服务。建有阿里云开发者社区、阿里云 AI 平台（阿里灵杰）、天猫精灵开放平台。2017 年，获批建设“城市大脑国家新一代人工智能开放创新平台”。

北京市商汤科技开发有限公司（以下简称“商汤”）是全球领先的深度学习平台开发商，专注于打造人工智能视觉引擎。商汤基于自主研发的深度学习平台，输出全套人工智能视觉技术，包括成像处理、感知、识别，服务于金融、平安城市、机器人、无人驾驶等多个行业。2018 年 9 月，科技部宣布依托商汤科技开发有限公司建设“智能视觉国家新一代人工智能开放创新平台”。

科大讯飞股份有限公司是智能语音领域的上市企业。自成立以来，长期从事语音及语言、自然语言理解、机器学习推理及自主学习等核心技术研究并保持国际前沿技术水平。建有讯飞开放平台、AIUI 开放平台。2017 年，获批建设“智能语音国家新一代人工智能开放创新平台”。

华为技术有限公司（以下简称“华为”）是全球领先的 ICT（信息与通信）基础设施和智能终端提供商。华为的人工智能布局深入通信和信息技术的各个领域，成为广泛存在并且全架构打通的人工智能基础设施。形成了从云技术、边缘侧到端侧设备，从学习到推理部署，从企业和行业解决方案到个人终端的人工智能布局体系。建有鲲鹏生态、昇腾生态；设有华为云 AI 开发平台 ModelArts。2019 年，科技部宣布依托华为技术有限公司建设“基础软硬件平台”。

北京旷视科技有限公司（以下简称“旷视”）以自研视觉感知算法引擎为核心，打造各商业领域的 AIoT 操作系统，以及深度构建具备连接百亿物联网设备能力的生态系统。旷视通过底层统一的 AIoT 操作系统建设，已为 200 多个国家和地区的数十万名开发者，及上千家行业客户提供智能物联服务及解决方案。2019 年，旷视获批建设“图像感知国家新一代人工智能开放创新平台”。

上海依图网络科技有限公司是一家从事人工智能创新型研究的技术公司，技术覆盖计算机视觉、自然语言理解、语音识别、知识推理、机器人等。建有依图语音开放平台，已经服务于智能城市、智能医疗、智能商业等多个领域。2019 年，科技部宣布依托依图科技科技建设视觉计算平台。

杭州海康威视数字技术股份有限公司（以下简称“海康威视”）是以视频为核心的物联网解决方案和数据运营服务提供商，面向全球提供安防、可视化管理与大数据服务，拥有视音频编解码、视频图像处理、视音频数据存储等核心技术，及云计算、大数据、深度学习等前瞻技术，为公安、交通、司法、文教卫、金融、能源和智能楼宇等众多行业提供专业的细分产品、IVM智能可视化管理解决方案和大数据服务。2019年，海康威视获批建设“视频感知国家新一代人工智能开放创新平台”。

北京明略软件系统有限公司是一站式企业级人工智能产品与服务平台。打通感知与认知智能，通过多模态人工智能和大数据技术，连接人、机器、组织的智慧，最终实现具有分析决策能力的高阶人工智能应用，让组织内部高效运转，让更多的人和资源投入创新的工作中，帮助企业构建人机协同的行业大脑，加速企业数字化转型。2019年，明略科技获批建设“营销国家新一代人工智能开放创新平台”。

平安科技（深圳）有限公司是一家解决方案提供商，专注于为机构、企业、政府提供端对端智能科技服务，基于人工智能、云计算解决方案服务5亿+名用户，覆盖金融、医疗、汽车、智慧城市等应用领域。在平台开放共享方面，建有平安人工智能开放平台。2019年8月，获批建设“普惠金融国家新一代人工智能开放创新平台”。

北京奇虎科技有限公司是一家互联网和移动安全产品及服务提供商，主要产品有360安全卫士、360手机卫士、360安全浏览器等。同时，为上百万家国家机关和企事业单位提供包括安全咨询、安全运维、安全培训等全方位安全服务。2019年8月，科技部公布第二批国家新一代人工智能开放创新平台，其中依托北京奇虎科技有限公司建设“安全大脑平台”。

北京世纪好未来教育科技有限公司全面布局教育产业，构建智慧教育、教育云、内容及未来教育、K12及综合能力和国际及终身教育五大事业群，旗下有学而思、学而思网校等业务品牌。2019年8月，科技部宣布依托北京世纪好未来教育科技有限公司建设“智慧教育国家新一代人工智能开放创新平台”。

北京京东世纪贸易有限公司是中国最大的自营式电商企业，并自建物流体系，提供一体化供应链物流服务。依托人工智能、大数据、云计算、物联网等前沿科技能力，京东打造出了面向不同行业的产品和解决方案，帮助全社会各行业、企业降低供应链成本，提升运营效率。建有NeuHub京东人工智能开放平台、京东INeuFoundry开放平台。2019年8月，获批建设“智能供应链国家新一代人工智能开放创新平台”。

小米科技有限责任公司是一家专注于智能硬件和电子产品研发的全球化移动互联网企业，同时也是一家专注于高端智能手机、互联网电视及智能家居生态链建设的创新型科技企业。建有小米小爱开放平台、小米开放平台。2019 年 8 月，入选国家新一代人工智能开放创新平台，建设“智能家居平台”。

思必驰科技股份有限公司专注智能语音交互技术，为企业和开发者提供自然语言交互解决方案，包括 DUI 开放平台、企业级智能服务、人机对话操作系统、人工智能芯片模组等。2022 年，国家科技部公布了最新一批国家新一代人工智能开放创新平台企业名单，宣布将依托思必驰建设“语言计算国家新一代人工智能开放创新平台”。

中科寒武纪科技股份有限公司是一家智能芯片研发公司，是目前国际上少数几家全面系统掌握通用型智能芯片及其基础系统软件研发和产品化核心技术的企业之一，能提供云边端一体、软硬件协同、训练推理融合、具备统一生态的系列化智能芯片产品和平台化基础系统软件。寒武纪产品广泛应用于服务器厂商和产业公司，为互联网、金融、交通、能源、电力和制造等领域的复杂 AI 应用场景提供充裕算力，推动人工智能赋能产业升级。建有寒武纪开发者社区和开发者论坛，形成开放共享生态。

云从科技集团股份有限公司自主研发的人工智能核心技术，打造了人机协同操作系统。一方面，通过对业务数据、硬件设备和软件应用的全面连接，把握人工智能生态的核心入口，提供信息化、数字化和智能化的人工智能服务；另一方面，公司基于人机协同操作系统，赋能智慧金融、智慧治理、智慧出行、智慧商业等应用场景，提供以人工智能技术为核心的行业解决方案。

深圳云天励飞技术股份有限公司是国内领先的拥有 AI 算法芯片化能力的数字城市整体解决方案提供商，公司致力于通过 AI 技术进行物理世界结构化，建设数字孪生城市，打造了面向公共安全、城市治理、新商业等领域的产品和解决方案。

北京第四范式智能技术股份有限公司是人工智能平台与技术服务提供商。依托于国际领先的机器学习技术与丰富的行业实践经验，第四范式打造了全栈式企业级 AI 产品体系，包括全流程人工智能平台、一站式流量运营技术平台和软件定义算力平台。目前，已在金融、零售、制造、医疗、能源、互联网等领域成功落地上万个 AI 应用。

北京抖音信息服务有限公司是一家新闻聚合应用与娱乐视频应用研发商。公司利用人工智能技术与移动应用相结合，以智能推荐作为核心技术，为用户精准推荐其感兴趣和当下热门的资讯。建有字节小程序开发者平台、抖音开放平台，针对新媒体与数字内容领域形成开放共享生态。

深圳市大疆创新科技有限公司是一家专注于飞行器及飞行影像系统的技术公司，主流产品线包括 Ace One 系列工业无人直升机飞行控制系统及地面站控制系统、WooKong - M 系列、禅思系列、筋斗云系列、Phantom 系列一体化多旋翼飞行器等。

沈阳新松机器人自动化股份有限公司是一家以机器人技术为核心的高科技上市公司，致力于数字化智能制造装备。作为国家机器人产业化基地，新松依托中科院沈阳自动化研究所强大的技术实力，坚持以市场为导向开展技术创新，形成了完整的机器人产品线及“工业 4.0”整体解决方案。主导业务涵盖机器人核心零部件，工业、移动、洁净、智能服务及特种五大系列机器人产品，面向半导体装备、智能装备、智能物流、智能工厂和智能交通形成产业方向，致力于打造数字化物联新模式。

深圳碳云智能科技有限公司围绕消费者的生命大数据、互联网和人工智能创建数字生命的生态系统。整合了基因组学等多项前沿的组学技术，搭建出独具特色的数字生命多组学综合分析平台。自 2019 年以来，公司将业务重心转移到生物标志物发现的创新研究，将基础科学研究成果向临床诊断应用转化。

上海联影医疗科技股份有限公司是一家医疗设备和医疗信息化解决方案提供商，以计算机视觉为核心技术，为医疗机构提供涵盖影像诊断设备、放疗设备、服务培训、医疗 IT 的全方位医疗解决方案。2022 年 8 月 22 日，已正式登陆上交所科创板。

北京格灵深瞳信息技术股份有限公司专注于将计算机视觉技术和大数据分析技术与应用场景深度融合，搭建了集数据采集、数据预处理、数据标注、模型训练、模型优选等模块于一体的底层 AI 技术平台——“深瞳大脑”，提供面向城市管理、智慧金融、商业零售、体育健康、轨交运维等领域的人工智能产品及解决方案。2022 年 3 月 17 日，在上海证券交易所科创板挂牌上市。

北京小马智行科技有限公司是一家自动驾驶解决方案提供商，主要产品为 Pony. ai，基于雷达、光学雷达、GPS 及电脑视觉等技术感测环境，实现自动驾驶。是全球首家在中美均推出自动驾驶出行服务（Robotaxi）的公司。

杭州涂鸦科技有限公司是一家全球化 IoT 开发平台服务商，也是世界排名前列的语音 AI 交互平台。涂鸦智能连接消费者、制造品牌、OEM 厂商和零售连锁的智能化需求，为客户提供一站式人工智能物联网的解决方案，并且涵盖了硬件接入、云服务以及 APP 软件开发三方面，形成“人工智能 + 制造业”的服务闭环，为消费类 IoT 智能设备提供 B 端技术及商业模式升级服务。

广州瑞松智能科技股份有限公司是一家工业机器人及智能装备系统研发商，2020 年于上交所科创板上市。业务涵盖机器人、智能技术、高端智能装备领域的研发、制造、应用和销售，致力于为客户提供一整套柔性化、智能化的系统整体技术解决方案。

北京地平线机器人技术研发有限公司是一家人工智能解决方案提供商。自主研发兼具极致效能与高效灵活的边缘人工智能芯片及解决方案，可面向智能驾驶以及更广泛的智能物联网领域，可以提供高效能边缘 AI 芯片、开放工具链、丰富算法样例等全面赋能服务。设有开发者社区及开发者论坛，以开放共赢的商业模式加速智能驾驶创新产品成熟落地，打造智能汽车生态。

二、创建时间和地域分布

如图 3 - 1 所示，30 家人工智能头部企业创建的时间主要集中在 2006 年至 2016 年，共计 23 家，占比为 76.67%。2014 年是企业创建的峰值，这一年商汤科技、明略科技、涂鸦智能、云天励飞、第四范式等 5 家企业成立。

还有 7 家企业成立时间较早。这些企业在成立之初多为信息技术企业，属于非初始人工智能企业，后通过自主研发和技术引进转型升级为人工智能企业，并成为中国人工智能科技产业的中坚力量。1987 年，华为成立；1998 年，腾讯成立；1999 年，阿里巴巴、科大讯飞成立；2000 年，百度、新松机器人成立；2001 年，海康威视成立。30 家头部企业具有非常强的科学技术研发实力和行业领导性，辐射和带动能力突出，是中国人工智能科技产业发展的关键支撑。

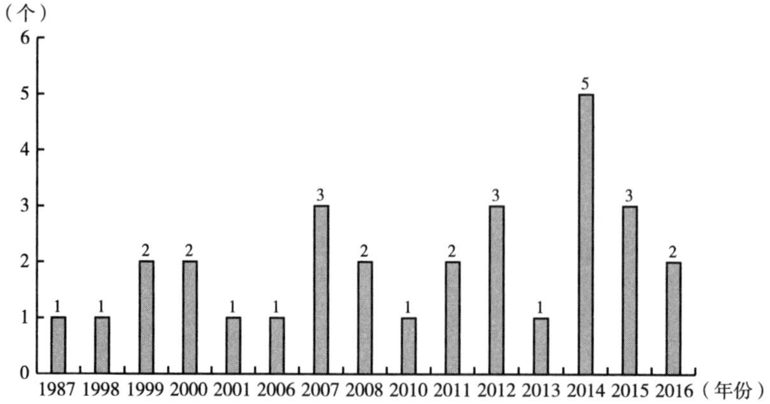

图 3－1　30 家人工智能头部企业的创建时间分布

30 家人工智能头部企业主要分布在京津冀地区、珠江三角洲地区和长江三角洲地区三大都市圈，占比分别为 46.67%、26.67% 和 23.33%。其中，仅沈阳新松机器人自动化股份有限公司 1 家企业地处三大都市圈外，位于辽宁省沈阳市。依托科技创新和互联网产业发展优势，京津冀地区、珠江三角洲地区和长江三角洲地区在人工智能科技产业的发展上走在了全国的前列（见图 3－2）。

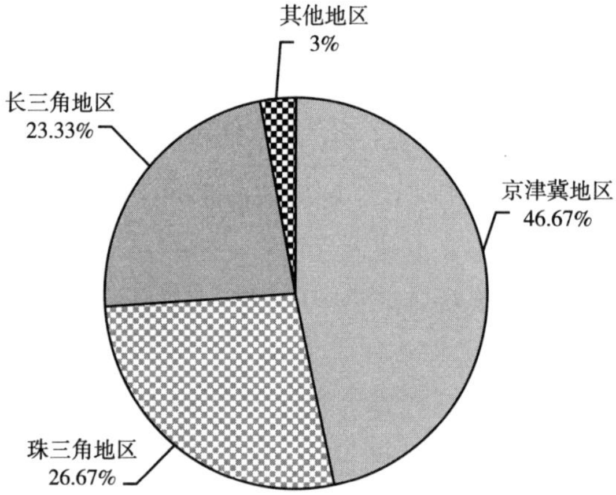

图 3－2　30 家人工智能头部企业在全国都市圈的分布

30 家人工智能头部企业主要分布在北京市、广东省、浙江省、上海市、江苏省、安徽省和辽宁省。其中，北京市共计 14 家，占比为 46.67%；其次是广东省，共计 8 家，占比为 26.67%，主要分布在深圳市和广州市；此外，阿里巴巴、海康威视和涂鸦智能 3 家企业位于浙江省杭州市，占比为 10.00%。依图科技、联影医疗 2 家企业位于上海市。安徽省合肥市、江苏省苏州市、辽宁省沈阳市各有 1 家企业，分别为科大讯飞、思必驰和新松机器人（见图 3－3）。

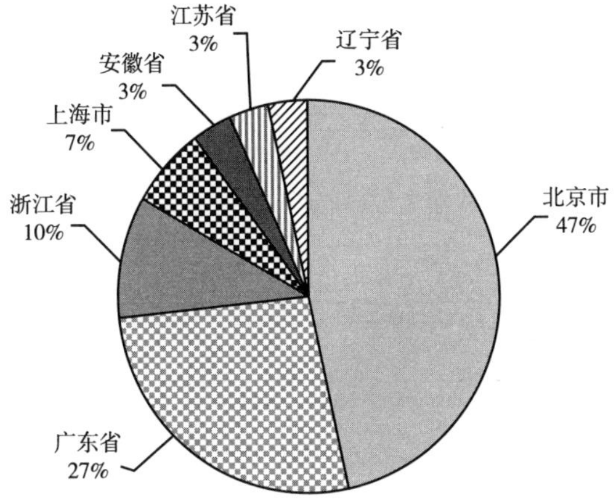

图 3－3　30 家人工智能头部企业省份分布情况

三、员工规模和营业收入

图 3－4 为 30 家人工智能头部企业员工规模分布情况。其中 12 家公司员工数量在 5000 人以内，占比为 40%。3 家公司的员工数在 5000—9999 名；4 家公司的员工数量在 10000—49999 名，占比为 13.33%；员工数在 50000—99999 名的企业共 2 家，分别为海康威视和腾讯。员工数量在 10 万人以上的企业分别是华为（19.5 万名员工）、阿里巴巴（25.93 万名员工）、京东（38.54 万名员工）。此外，有 6 家公司暂未对外公布员工规模。

图 3－5 为 30 家人工智能头部企业营业总收入分布情况。其中 26.67% 的企业营业总收入小于 10 亿元，23.33% 的企业营业总收入在 10 亿—100 亿元，1 家企业的营业总收入在 200 亿—600 亿元，2 家企业营业收入在 600 亿—1000 亿元。6 家企业营业总收入超过 1000 亿元，分别为京东（1046.93 亿元）、百度（1244.93 亿元）、小米（3283.09 亿元）、腾讯（5601.00 亿元）、华为（6368.00 亿元）、阿里巴巴（7172.89 亿元）。

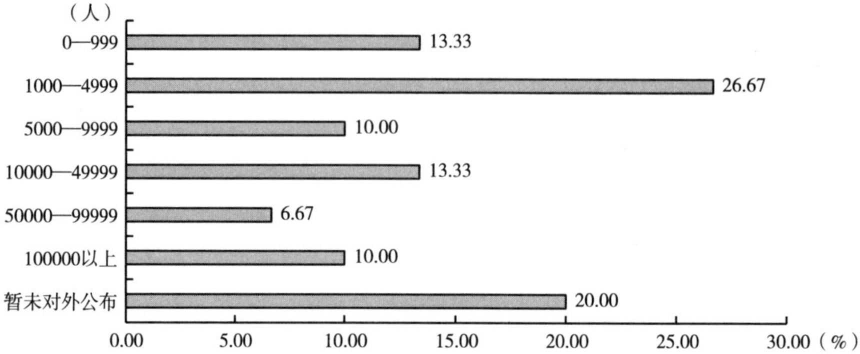

图 3-4　30 家人工智能头部企业员工规模分布①

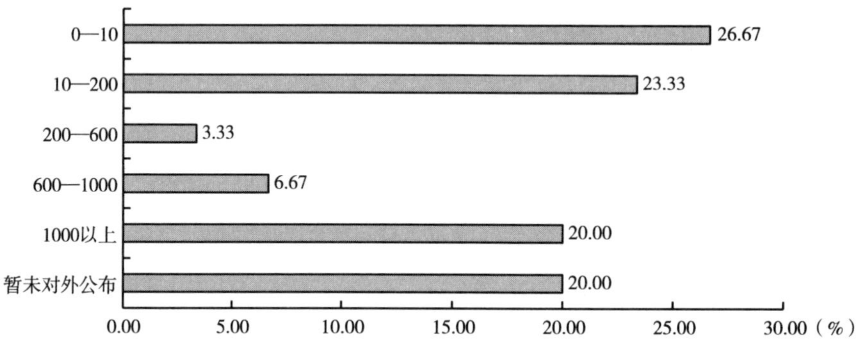

图 3-5　30 家人工智能头部企业营业总收入分布情况②

第二节
人工智能头部平台在深科技创新中发挥的作用

人工智能头部平台在深科技创新中的作用首先表现为平台的高强度研发活动，其次表现为平台及其主导的产业创新生态的协同创新不仅推动技术创新，而且推动技术扩散。通过高强度研发活动和技术创新能力的提升，头部平台企业持续推动人工智能和实体经济的深度融合发展。

①② 数据来源为企业 2021 年年报或招股说明书。

一、研发活动

（一）研发强度

如表 3－2 所示，30 家人工智能头部企业中，共有 23 家公布研发强度数据。其中寒武纪研发强度最高，营收甚至无法覆盖研发投入，研发强度为 157.51%。思必驰、依图科技的研发强度超过 90%；云从科技、格灵深瞳、旷视科技的研发强度在 70%—80%。商汤科技、第四范式研发强度在 60%—70%。涂鸦智能、云天励飞的研发强度在 50%—60%。小米研发强度为 40.11%。研发强度 20%—30% 的企业有四家，分别是奇虎 360、好未来、华为和百度。研发强度小于 20% 的企业数量最多，共计 8 家。

表 3－2　　　　30 家人工智能头部企业研发强度

公司名称	研发强度	公司名称	研发强度
寒武纪	157.51%	阿里巴巴	16.73%
思必驰	93.25%	科大讯飞	16.03%
依图科技	91.69%	联影医疗	14.45%
云从科技	76.59%	腾讯	10.37%
格灵深瞳	76.51%	海康威视	10.13%
旷视科技	71.87%	新松机器人	6.91%
商汤科技	65.11%	瑞松科技	4.65%
第四范式	60.08%	京东	2.67%
涂鸦智能	57.62%	明略科技	暂未对外公布
云天励飞	51.42%	平安科技	
小米	40.11%	字节跳动	
奇虎 360	28.74%	大疆	
好未来	22.77%	碳云智能	
华为	22.41%	小马智行	
百度	20.03%	地平线机器人	

（二）研发人员占比

分析30家人工智能头部企业研发人员占比数据，研发人员占比最高的是中科寒武纪，高达81.03%，用以支撑品牌智能芯片产品及基础系统软件平台的高质量迭代。研发人员占比在60%—80%的企业共9家，占比30%。研发人员占比在40%—60%的企业最为集中，共11家，占比为36.67%。2家企业研发人员占比低于20%，分别是京东和好未来：京东作为中国民营企业员工人数最多的企业，员工组成中物流人员占据主要位置；好未来深耕智慧教育，专任教师占比超过60%（见图3-6）。

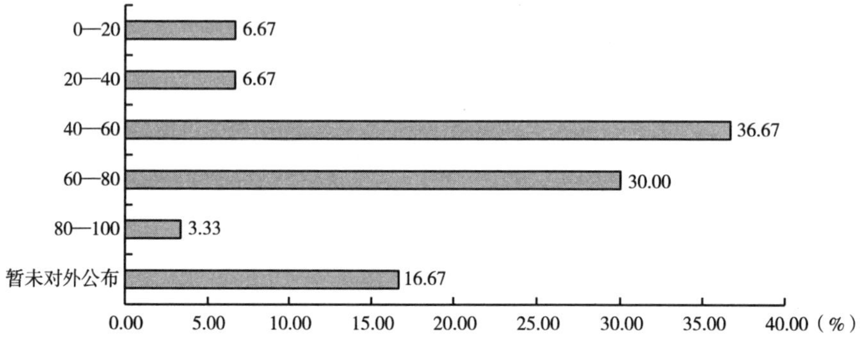

图3-6　30家人工智能头部企业研发人员占比分布①

（三）专利数

如图3-7所示，30家头部企业的专利申请量的统计表明，专利数在5000件以下的企业共20家，占比高达66.67%：其中，15家企业专利数在0—1000件，明略科技、旷视科技、新松机器人3家企业的专利数在1000—2000件；商汤科技、科大讯飞专利数在2000—3000件。

专利数在5001—10000件的企业有3家，分别为小米、字节跳动和海康威视。专利数在10001—15000件的企业有奇虎360、大疆、京东和百度。此外，有3家企业专利数在15000件以上，分别为平安科技、阿里巴巴、华为。

值得关注的是，华为专利总量达到12万余件，遥遥领先；其中2020

① 数据来源为企业年报或招股说明书。其中上市公司研发人员占比的数据统计截止时间为2021年12月31日。

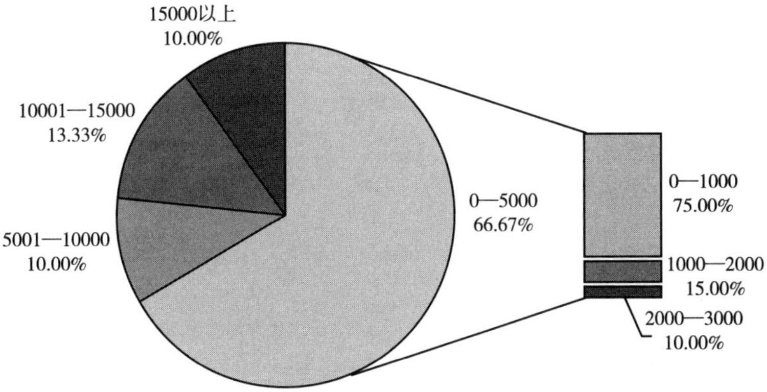

图 3-7　30 家头部企业的专利数分布（单位：件）

年为华为专利申请峰值年，单年申请量达到 15430 件。从技术分类构成看，无线通信网络（H04W）、数字信息传输（H04L）是华为申请专利最高的领域。

二、平台主导的产业创新生态

为了分析头部平台企业及其主导的产业创新生态如何推动人工智能科技创新和产业发展，本章在 30 家头部平台企业的基础上进一步选择 15 家人工智能开放创新平台作为样本，通过价值网络分析，研究头部平台企业的产业赋能机制。从人工智能开放创新平台及其主导的产业创新生态的发展看，平台企业在人工智能深科技创新中发挥着引领者的作用。

（一）15 家人工智能开放创新平台的价值网络分析

把采集的 15 家人工智能开放创新平台技术合作、人力资本和投资三个维度的关系数据输入 Gephi 9.2 社会网络分析软件，得到平台产业生态的价值网络结构图（见图 3-8）。表 3-3 的统计分析指标表明，15 家人工智能开放创新平台产业生态价值网络的节点总数为 6976 个，关系数为 10405 条。价值网络平均度为 1.417，模块度为 0.745，平均聚类系数为 0.047，平均路径长度为 3.94。价值网络的结构性统计指标表明，15 家人工智能开放创新平台具有非常强的辐射和带动能力，是我国智能经济发展的主导力量。

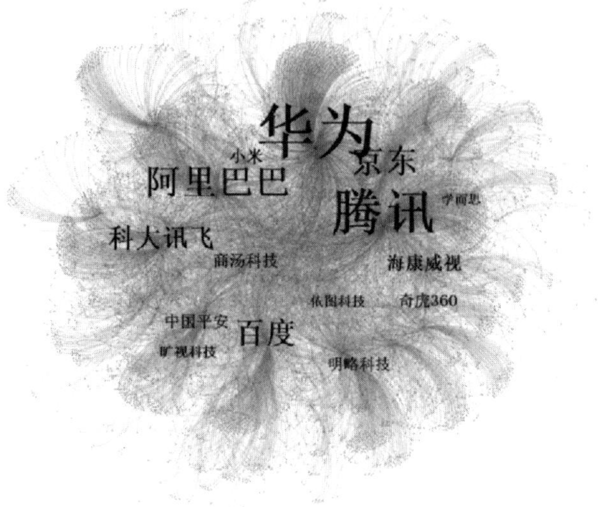

图 3-8 15 家人工智能开放创新平台产业生态价值网络图①

表 3-3 15 家人工智能开放创新平台产业生态价值网络结构性统计指标一览表

统计指标	统计值
样本节点总数	15
价值网络图节点总数	6976
价值网络图关系总数	10405
平均度	1.417
平均聚类系数	0.047
平均路径长度	3.94
模块度	0.745

图 3-9 刻画了 15 家人工智能开放创新平台产业生态价值网络的加权度数中心度②分布情况。15 家人工智能开放创新平台产业生态价值网

① 为了便于观察价值网络的核心节点和比较不同节点的重要程度差异，图 3-8 中仅显示了 15 家人工智能开放创新平台的节点标签，没有显示标签的均是关系节点。

② 加权度数中心度包括加权入度和加权出度之和。在合作关系中，入度表现技术输入和投资关系数，出度则表现技术赋能和融资关系数。

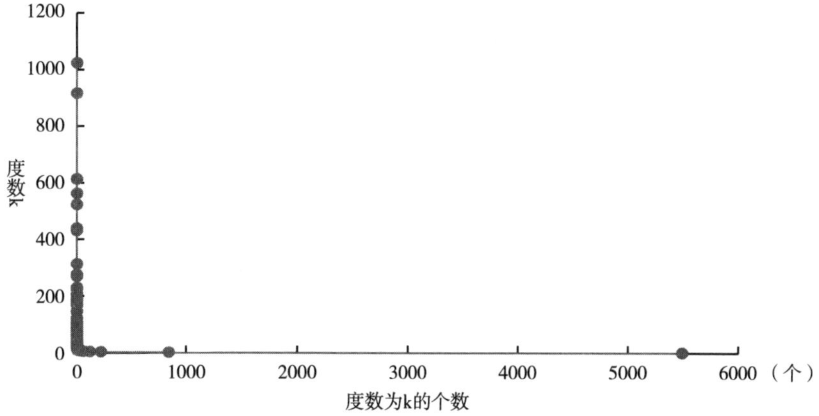

图3-9 15家人工智能开放创新平台产业生态价值网络的加权度数中心度分布

络表现出“极核”状结构，节点的度数中心度分布呈现明显的“幂率”特征。

表3-4列出了价值网络活跃度排名前十五的样本节点、子样本节点[①]和关系节点。从样本节点看，华为、腾讯、阿里巴巴、京东和百度是最活跃的人工智能开放创新平台。从子样本节点看，以阿里云、腾讯云、华为云、京东云、百度智能云为代表的云计算平台，以平安创投、百度风投为代表的平台风投基金，以蚂蚁金服、京东数科、京东物流和爱奇艺为代表的垂直业务子平台，是价值网络中最活跃的子样本节点。

表3-4 15家人工智能开放创新平台产业生态价值网络活跃度排名前十五的节点

样本节点	度数中心度	子样本节点	度数中心度	关系节点	度数中心度
华为	1200	阿里云	443	清华大学	78
腾讯	1058	腾讯云	349	中国联通	49
阿里巴巴	710	平安创投	306	微软	46

① 为了考察15家人工智能开放创新平台在垂直业务领域的赋能情况，本章在样本节点下设置了二级样本子节点，包括平台下属的关键子公司和核心技术部门。从平台演化的趋势看，在从交易型平台向产业赋能平台的演化过程中，往往是通过在垂直业务领域创建子平台的方式展开。垂直业务领域的子平台则成为15家人工智能开放创新平台产业赋能的主要实施者。

续表

样本节点	度数中心度	子样本节点	度数中心度	关系节点	度数中心度
京东	649	蚂蚁金服	292	中国电信	41
百度	589	华为云	236	英特尔	38
科大讯飞	494	京东数科	215	北京大学	36
海康威视	247	京东物流	187	浙江大学	36
小米	215	京东云	128	中国移动	35
商汤科技	194	爱奇艺	107	上海交通大学	29
中国平安	190	高德地图	91	中国科学技术大学	22
奇虎 360	182	百度智能云	91	西安市政府	20
明略科技	169	影谱科技	86	西安交通大学	19
旷视科技	125	百度风投	86	英伟达	18
依图科技	111	菜鸟网络	79	重庆市政府	18
学而思	90	特斯联	76	南京大学	17

关系节点中排名前十五的节点包括三类机构：第一类是以清华大学、北京大学、浙江大学和上海交通大学为代表的高校和科研院所。作为人工智能学术生态系统的重要组成部分，人工智能学科优势明显的大学不仅为样本节点提供核心人力资本，而且提供技术研发支持。第二类是以英特尔、英伟达和微软为代表的基础硬件和软件跨国公司。除了为我国人工智能科技产业提供基础硬件和软件支持之外，这些机构还是 15 家人工智能开放创新平台核心人力资本前期工作经验的重要来源。第三类是以中国移动、中国电信和中国联通为代表的网络基础设施服务商。

表 3－5 列出了 15 家人工智能开放创新平台产业生态价值网络关系数据的分类统计和占比情况。技术关系数占比达到 72%，其中，技术输入关系数占比为 11%，技术赋能关系数占比为 61%；核心人力资本关系数占比为 8%，其中，前期学习经验关系数占比 3%，前期工作经验关系数占比 5%；投融资关系数占比为 20%，其中，融资关系数占比 4%，投资关系数占比为 16%。从关系数据的结构可以看出，15 家人工智能开放创新平台是中国智能经济发展的主要技术赋能和投资者。产业赋能是 15 家人工智能开放创新平台的主要功能。

表 3－5　　价值网络关系数据分类占比情况

关系类别	关系数	占比
技术关系	7512	72%
技术输入关系	1095	11%
技术赋能关系	6417	61%
核心人力资本关系	817	8%
前期学习经验	307	3%
前期工作经验	510	5%
投融资关系	2076	20%
融资次数	435	4%
投资次数	1641	16%
总计	10405	100%

（二）平台的技术输入和赋能

在掌握15家人工智能开放创新平台产业生态价值网络关系数据分类情况的基础上，本章重点通过技术和投融资关系①数据分析，考察平台赋能的技术输入和赋能情况。透过15家人工智能开放创新平台技术和投融资关系在不同技术和产业领域的分布，我们可以清晰地观察到平台对人工智能技术的依赖和对不同产业的技术赋能情况。

为了更清晰地观察平台技术输入和赋能情况，我们把15家人工智能开放创新平台技术输入和赋能的产业和技术领域划分为两部分：核心部门和融合部门。其中，核心部门是指包括基础软硬件、基础设施服务提供、算法、大数据和云计算在内的人工智能科技产业化相关的产业和技术领域。而融合部门则是指产业智能化过程中出现的产业和技术领域。

首先，从15家人工智能开放创新平台技术输入的产业和技术领域分布看，软件和信息服务、电子制造、通信、商业服务和传统互联网是对平台技术输入最多的融合部门，占比分别为8.86%、5.75%、4.47%、3.11%和2.01%；大数据与云计算、AI平台、AI技术、智能芯片和智慧城市则是对平台技术输入最多的核心部门，占比分别为15.25%、

① 投融资关系，尤其是15家人工智能开放创新平台的投资关系往往包含技术输入和赋能关系。例如，阿里巴巴、腾讯和百度通过战略投资无人驾驶和车联网企业，实现对产业的技术输入和技术赋能。

11.42%、8.13%、5.02%和3.38%。排名前十的核心和融合部门技术输入关系数占全部技术输入关系数的84%。其中，核心和融合部门技术输入关系数占比分别为54%和30%。[①]

其次，从15家人工智能开放创新平台技术赋能关系的产业和技术领域分布看，软件和信息服务、金融、通信、汽车和商业服务是平台技术赋能最多的融合部门，占比分别为5.22%、5.19%、4.57%、4.21%和3.91%；大数据与云计算、智慧城市、AI技术、智慧教育和AI平台则是平台技术赋能最多的核心部门，占比分别为11.13%、8.63%、3.51%、3.49%和2.51%。排名前十的核心和融合部门技术赋能关系数占全部技术赋能关系数的75%。其中，核心和融合部门技术赋能关系数占比分别为37%和38%。

从技术输入和赋能关系数在核心和融合部门的占比情况可以看出，15家人工智能开放创新平台的技术输入关系以核心部门为主，而技术赋能关系则以融合部门为主。从技术输入和赋能的核心部门产业和技术领域看，人工智能技术的创新应用是15家人工智能开放创新平台产业赋能的基础。

在15家人工智能开放创新平台产业生态价值网络中，活跃度最高的投资机构为百度投资并购部、红杉资本中国、云锋基金、淡马锡和高瓴资本；活跃度排名前列的非投资机构为海康威视、商汤科技、科大讯飞、腾讯和阿里巴巴。[②] 尤其是平台企业，通过在垂直领域的投资和收购活动集聚人工智能核心技术资源和培育产业创新生态系统。例如，为了加快无人驾驶领域的布局，腾讯在2015年投资蔚来汽车，2016年腾讯投资四维图新，为无人驾驶车提供高精度定位导航服务，2017年以17.78亿美元收购特斯拉5%的股份，2017年领投生产电动飞行汽车的德国航空公司Lilium。另外，腾讯还是滴滴的投资人，滴滴在美国也建立了无人驾驶实验室。

最后，从15家人工智能开放创新平台投资关系节点的行业分布看，15家平台下属子公司、软件和信息服务、商业服务、传媒、金融、教育、传统互联网、大数据和云计算、医疗和交通运输是开放创新平台投资最多的

① 数据来源“中国新一代人工智能发展战略研究院中国智能经济数据库”。正文中未注明来源的数据均来自本库。

② 投资机构是指从事风险投资的专业机构。而非投资机构是指平台企业、上市公司和其他非专业投资机构。

产业领域，占比分别为 24.38%、10.30%、7.50%、7.43%、5.85%、4.33%、4.27%、4.02%、3.78%和 1.65%。15 家人工智能开放创新平台的下属子公司往往是垂直业务领域人工智能创新应用的引领者。依托数据生态和技术优势，平台不断通过创建和孵化子平台的方式努力在垂直业务领域构建功能强大的产业生态系统。例如，由阿里巴巴平台衍生的包括淘宝、天猫、支付宝、蚂蚁金服、阿里云和菜鸟网络在内的子平台及其产业生态系统，共同构成功能强大的产业赋能体系。

（三）平台在深科技创新中的作用

第一章研究中提到，平台及其主导的产业创新生态是我国人工智能科技产业发展的主导。从 15 家人工智能开放创新平台的创新内容看，不仅包括技术开发，而且包括基础研究和根技术创新。2016 年以来，面对美国的技术封锁，以华为、百度和阿里巴巴为代表的人工智能开放创新平台企业，通过智能芯片、操作系统、底层架构、大规模和应用软件的开发，成为构建自主可控技术体系的中坚力量。

从目前的发展态势看，以华为为代表，通过“政产学研用”协同创新，正在打造相对于美国的第二条人工智能技术和产业创新联盟。例如，华为通过昇腾和昆鹏芯片的研发，通过基础软硬件协同，实现从芯片到操作系统再到大模型和深度学习平台的搭建，构建人工智能自主可控技术体系。百度和阿里巴巴也在同样的道路上加速前进。

（四）平台产业赋能的机制

从技术输入和赋能关系的结构看，在通用技术和传统产业融合发展过程中 15 家人工智能开放创新平台扮演着“结构洞”的角色。[①] 一方面，15 家人工智能开放创新平台通过与大学、科研院所和其他企业的技术输入实现通用技术创新和集成；另一方面，15 家人工智能开放创新平台为传统产业的智能化提供技术、解决方案和其他服务。

15 家人工智能开放创新平台产业赋能的机制主要包括如下方面。

---

① “结构洞”是社会网络理论中的概念，在伯特看来，“结构洞”是指能够将无直接联系的两者之间连接起来的第三者。作为“结构洞”的第三者往往拥有信息和控制优势。参见：[美] 伯特：《结构洞：竞争的社会结构》，上海格致出版社，2008 年出版。

第一，人工智能开放创新平台通过建设和发展子业务平台的方式满足产业智能化需求。子业务平台创建的初始动因往往来自平台内部业务的智能化发展需求。例如，阿里云、腾讯云和京东云。在通过技术创新和集成满足内部业务发展需求的同时，子业务平台进一步通过产业赋能满足外部产业智能化的需求。在创建之初，阿里云主要服务于淘宝和天猫不断增长的数据存储和计算需求。在技术成熟之后，服务对象逐渐涵盖包括智慧城市、智能交通、新零售、新媒体和数字内容、共享出行和智能制造在内的诸多产业领域。

第二，依托现有的子业务平台，人工智能开放创新平台在垂直领域为传统产业赋能。与新建的包括云计算在内的子业务平台不同，人工智能开放创新平台还通过现有子业务平台的智能化改造对传统产业进行垂直赋能。阿里巴巴电子商务业务在发展过程中，形成了淘宝、天猫和 1688 三个电子商务子业务平台。其中，1688 是阿里巴巴的线上内贸批发平台。经过 20 多年的发展，1688 的批发业务覆盖全国 172 个一级产业带。2020 年 3 月 25 日，阿里巴巴旗下淘宝特价版正式上线。通过整合淘宝和 1688 子业务平台的技术和市场资源，淘宝特价版的目标是建设全球首个以 C2M 定制商品为核心业务的新平台。依托电商平台长期积累的数字化赋能能力，在上线三个月之后就聚集了全国 145 个产业带和 120 万个产业带商家，通过供给和需求的直接对接实现生产组织方式的创新，为中小制造企业转型升级创造条件。

第三，适应产业智能化需求，人工智能开放创新平台通过创建开源创新平台的方式赋能传统产业。与阿里云和淘宝特价版子业务平台的创建不同，为了赋能传统产业，人工智能开放创新平台通过创建开源创新平台的方式推动人工智能和传统产业的深度融合。包括阿里巴巴、百度、京东和华为在内的人工智能开放创新平台纷纷布局无人驾驶和车联网产业，通过开源创新平台的建设构建产业生态系统，推动汽车产业的智能化和网络化发展。2017 年，阿里搭建了“Alios”，把车联网和物联网作为主攻方向，通过开源创新平台的搭建，推动平台及其软件与汽车硬件的结合。华为通过开源创新平台打造产业创新生态把 5G 和物联网技术应用于无人驾驶和车联网产业。2019 年 8 月，在《HUAWEI HiCar 生态白皮书》中，华为发布通过 HiCar 系统联通手机、汽车和其他智能设备的技术路线图。2020 年 5 月，华为联合一汽集团（一汽红旗、一汽奔腾、一汽解放）、长安汽车、东风集团（东风乘用车、东风小康）、上汽集团（上汽乘用车、上海通用五菱）、广汽集团（广汽新能源）、北汽集团（北汽新能源）、比亚迪、长城汽车、奇瑞控股、江淮汽车、宇通（客车）、赛力斯、南京依维柯、T3 出行等首批 18 家车企，正式成立“5G 汽车生态圈”。[①] 自 2019 年 4 月华为发布全球首款 5G 车载模组 MH5000 以来，华为先后向生态圈合作伙伴和汽车企业提供了 5G 车载模组 MH5000、5G 车载终端 T - Box 平台等产品和技术，支持 5G 汽车和 5G + C + V2X 智能网联应用创新。

第四，15 家人工智能开放创新平台通过赋能开发者的方式推动产业智能化发展。为了加速推动通用技术向实体经济的渗透，平台通过创建开发者社区的方式赋能开发者，进而实现产业赋能。与交易型平台的开发者主要集中分布在核心部门不同，人工智能开放创新平台的开发者广泛分布在核心和融合产业部门。“平台 + 开发者”的产业赋能方式不仅能够推动交易型平台向产业赋能型平台的升级，而且能够带动传统产业创新型企业的智能化转型。例如，截至 2020 年 10 月，科大讯飞的开发者团队人数达到 157 万人。通过开发者的技术开发活动，实现了科大讯飞语音识别技术在教育、汽车和交通等领域的广泛应用。

① 参见：华为携手首批 18 家车企成立“5G 汽车生态圈”，https：//www. huawei. com/cn/news/2020/5/5g - car - eco。

第四章

应用导向的中国人工智能创新生态及其演化

随着新一代信息技术和经济社会的融合发展，创新范式正在发生根本变革。作为创新范式变革的前沿，中国人工智能创新生态表现出以应用为导向的跨学科、跨产业、跨组织和跨地域协同创新趋势。在内生需求牵引下，中国人工智能创新生态从以国外学术机构和跨国公司在华研发中心为主导，逐步向以本土学术机构和企业为主导转变。以应用为导向和高度开放的创新生态，是中国人工智能科技产业快速发展的关键驱动因素。面对美国技术封锁，如何适应企业和产业国际竞争力提升，构建基础研究和应用研究相互支撑的高度开放的创新生态，是中国人工智能科技产业持续发展的迫切需要。

第一节 文献综述和研究方法与设计

一、文献综述

作为第四次工业革命的引擎，人工智能科技产业在中国实现了快速发展，不仅表现为企业数量、产业规模和融资额的持续增长，[①②] 而且表现为应用领域的不断扩展。随着与经济社会的融合发展，人工智能成为驱动中国经济转型升级和高质量发展的新引擎。

在产业发展的同时，中国人工智能创新生态同样发展迅速。斯坦福大学的研究报告显示，2020 年，中国在学术期刊上发表的有关人工智能的论文引用率占比为 20.7%，美国为 19.8%，中国首次超过美国。[③] 据科睿唯安公司的统计数据，自 2012 年以来，中国的人工智能论文数量为 24 万篇，美国则为 15 万篇，特别是在图像识别和生成领域，中国取得了优异的学术研究成果。在 2019 年，来自中国的人工智能研究者全球占比为 29%，超过占比 20% 的美国。[④]

从所属单位看，学术论文的作者不仅来自研究型大学，而且来自研究院所和企业。研究院所不仅包括政府主导的科研单位，而且包括新型研发机构。企业不仅包括人工智能开放创新平台，而且包括人工智能中小企业、独角兽公司和新创企业。从合作单位看，论文作者的合作单位不仅包括国内外学术机构，而且包括跨国公司及其本土分支机构和本土企业。同时，论文作者在国内外学术机构、研究院所和企业之间的频繁流动，进一步增强了创新生态的复杂性和活力。

更加引人注目的是，许多高水平论文作者同时又是人工智能企业创新和创业活动的直接参与者。[⑤] 在某种程度上，中国人工智能学术研究是创新生态的核心组成部分。中国人工智能创新生态表现出基础研究和应用研究高度融合和跨组织特征。

---

① 中国信通院发布的《2020 年全球人工智能产业地图》显示，2020 年全球人工智能产业规模达到 1565 亿美元，同比增长 12.3%，中国人工智能产业规模为 434 亿美元，同比增长 13.75%，超过全球增速。2020 年，美国人工智能企业占据全球总数的 38.3%，中国紧随其后，占 24.66%。中美两国人工智能企业数量占据全球半数以上，保持绝对竞争优势。

② 清华大学发布的《中国 AI 发展报告 2018》显示，自 2013 年以来，全球和中国人工智能行业投融资规模都呈上涨趋势。2017 年全球人工智能投融资总规模达 395 亿美元，融资事件 1208 笔，其中中国的投融资总额达到 277.1 亿美元，融资事件 369 笔。中国人工智能企业融资总额占全球融资总额的 70%，融资笔数达 31%。

③ Stanford University Human - Centered Artificial Intelligence. Artificial Intelligence Index Report 2021 [R]. https://aiindex.stanford.edu/report/.

④ 日媒：在人工智能研究领域 中国正超越美国 [N]. 环球时报，2021 年 8 月 9 日。

⑤ 2015 年以来，一批人工智能领域的顶尖学者在人工智能开放创新平台、独角兽和新创企业工作，是产业技术创新的引领者。

长期以来，中国科技与经济存在着“两张皮”现象，[①] 尤其是表现在大学和科研机构的基础研究与产业发展之间的相互脱节。在传统产业发展中广泛存在的“两张皮”现象为什么没有出现在人工智能科技产业？中国人工智能创新生态的基本特征是什么？创新生态与人工智能科技产业之间的良性循环是如何形成的？作为第四次工业革命的引擎，人工智能科技产业是新经济发展的前沿。对上述问题的回答，将有助于我们系统总结和概括代表中国经济未来发展的创新范式。

创新包括新知识的创造及其商业化。新知识的创造究竟来自应用还是纯理论研究，一直是创新理论争论的话题。[②] 第二次世界大战之后的很长一段时间，以美国为代表的发达国家都强调基础研究的重要性。范内瓦尔·布什（Bush，2004）指出，“基础研究将导致出新的知识。它提供科学上的资本。它创造了一种储备，而知识的实际应用必须从中提取……一个在新的基础科学知识方面依靠别国的国家，其工业发展将是缓慢的，在世界贸易竞争中所处的地位将是虚弱的，而不管它的机械技术如何。”[③] 在他看来，大量经过科学训练的学者集聚的学术自由氛围浓厚的研究型大学是基础研究的理想场所。[④] 以基础研究和科学知识为源泉的线性创新成为 20 世纪 50—80 年代占主导的创新范式。

20 世纪 80 年代中后期，面对日本经济的崛起和科技创新能力的提高，学术界开始质疑把基础研究和应用研究分离开来的线性创新思维和创新范式。1986 年，沙普利和罗伊（D. Sharpley and R. Roy）在《迷失在边疆：美国科学和技术政策的偏离》中认为布什报告对自由的基础研究的强调只是创新的部分内容，而包括应用研究、工程学、技术、科学教育以及基础与应用之间的相互联系在内的创新的其他部分则被忽略了。同时，基础研究不都是完全自由的和没有目标导向的。[⑤] 克莱因和罗森伯格

---

① 温家宝. 关于科技工作的几个问题［J］. 求是，2011（14）.

② 例如，在熊彼特 1912 年出版的《经济发展理论》，认为作为创新源头的发明是外生的，来自大学和科研机构。而在 1947 年出版的《资本主义、社会主义和民主》一书中，则把创新看作是内生的，其中大企业的研究活动是创新的重要来源。

③ V. 布什等著. 科学——没有止境的前沿［M］. 范岱年、解道华等译，商务印书馆，2004：12.

④ V. 布什等著. 科学——没有止境的前沿［M］. 范岱年、解道华等译，商务印书馆，2004：46.

⑤ 转引自樊春良. 没有止境边疆的科学［J］. 科技中国，2020（7）.

(kline and Rsenberg, 1986) 提出了创新链式模型，强调创新是一个发明、设计和生产相互作用的过程，基础研究是创新中的一个环节和因素。[①]

司托克斯 (1997) 认识到在科学研究中，科学知识的认识目标和应用目标之间不是对立的，而是相互作用和相互融合的。在他看来，新兴市场中的消费需求会影响技术研究，而技术研究则常常成为科学的灵感来源[②]。基于对科学与技术关系的新认识，司托克斯提出了由应用引发的基础研究概念，即“巴斯德象限”。尼古拉斯、沃诺塔斯 (Nicholas S. Vonortas, 2000) 分析了美国和欧盟在第二次世界大战后的科学技术政策的演变，指出“创新政策的成功率取决于对技术需求方面的理解（首次应用、扩散），而不仅是技术的初始生产”。[③]

随着知识为基础的经济时代的到来，基础研究和应用研究的融合使创新表现出越来越明显的跨学科、跨组织、跨产业和跨地域特征。[④] 创新主体日益多元化，新知识的创造者不仅包括大学和研究院所，而且包括企业和用户。亨利·埃茨科维茨和雷迭斯多夫 (Henry Etzkowitz and Loet Leydesdorff, 1995) 提出了在知识经济背景下的三螺旋创新模式，指出学术界、产业界和政府在合作中形成的三螺旋联结结构出现在创新进程的各个阶段，相互作用和协同创新。[⑤] 在三螺旋创新模式下，学术—产业—政府边界的相互渗透带来了互补性协同创新，新的开放式合作创新模式是现代创新的动力基础 (Henry Etzkowitz, 2012)。[⑥] 亨利·切萨布鲁夫 (Henry W. Chesbrough, 2003) 发现企业为了获取竞争优势而利用外部知识进行

---

① S. kline and N. Rsenberg (eds.): The Positive Sum Strategy. Washington, D. C.: National Academy Press, 1986, PP. 275 - 305.

② D. E. 司托克斯. 基础科学与技术创新——巴斯德象限 [M]. 周春彦等译. 北京：科学出版社，1999.

③ Nicholas S. Vonortas. Technology policy in the United States and the European Union: Shifting orientation towards technology users [J]. Science & Public Policy, 2000, 27 (2): 97 - 108.

④ 跨组织表现为大学和科研院所和企业之间的合作。而跨区域集中表现为大学和科研机构与企业之间的跨国合作。在中国人工智能科技产业的发展中，大学、科研机构和企业之间的跨国合作发挥着非常重要的作用。

⑤ Henry Etzkowitz, Loet Leydesdorff. The Triple Helix—University - Industry - Government Relations: A Laboratory for Knowledge - Based Economic Development [J]. Glycoconjugate Journal, 1995, 14 (1): 14 - 19.

⑥ Etzkowitz H. Triple Helix Clusters: Boundary Permeability at University ‐€“ Industry ‐€” Government Interfaces as a Regional Innovation Strategy [J]. Environment and Planning C, 2012, 30 (5): p. 766 - 779.

创新，提出了开放式创新概念。[①] 帕切科、阿劳约和罗恰（Pacheco，Araujo and Rocha，2020）则进一步提出开放式创新不仅出现在企业之间，而且出现在大学、企业、政府和用户之间的跨组织之间的知识和技术交流之中。在知识经济条件下，创新过程出现了生态化和网络化趋势，实现了产品和服务从系统开发向分布式创新的重大转变。[②] 尤其是随着互联网和移动互联网的发展和普及，计算机和通信工具降低了作为个体的用户获取创新要素的成本，创新日益民主化（希普尔，2007）。[③]

作为第四次工业革命的引擎，人工智能领域创新范式是基于网络空间发展的，具有明显的生态化和网络化特征。随着互联网、移动互联网、大数据和云计算的发展，数据不仅是生产要素，而且是创新要素。无论是基础研究还是应用研究，都依赖数据要素在基础研究、应用研究和规模生产之间的有效流动。[④] 底层的数据要素的流动模糊了基础研究和应用研究的边界，不仅增加了应用研究和规模生产对基础研究的牵引力，而且使创新表现出跨学科、跨组织、跨产业和跨地区的网络化特征。

人工智能属于通用技术（General Purpose Technologies，GPTs），与经济社会的融合发展是激活社会生产力发展潜力的根本途径。人工智能通用技术和经济社会的融合发展，推动了以应用为导向的多元创新主体的跨产业、跨组织和跨区域的技术重组和互补性创新。从创新主体看，在网络空间赋能下，无论是学者还是用户个体的创新能力都获得了巨大的提升。用户的参与成为创新的重要源头。以用户和应用为导向的创新，不仅创造出满足市场需求的产品和服务，而且带动了基础研究领域的突破。

生态化、开放性和网络化是人工智能创新范式的基本特征。基于复杂网络的视角，本章试图通过对中国人工智能创新生态的价值网络分析，考察新的创新范式是如何运行的。在此基础上，对国家和区域创新体系的未来建设提出对策和建议。

---

① Chesbrough H W. Open Innovation：The New Imperative for Creating and Profiting from Technology [M]. Harvard Business School Publishing Corporation. 2003.

② Pacheco V，Araujo N，Rocha L. Open Innovation：from OI to OI2 [J]. EconWorld Working Papers，2020.

③ 埃里克·冯·希普尔. 民主化创新：用户创新如何提升公司的创新效率 [M]. 陈劲，朱朝晖译. 北京：知识产权出版社，2007.

④ 最典型的是基础软件。如果没有应用数据的反馈，基础软件很难设计更新。设计更新是基础软件市场竞争力的基础和前提。

二、研究方法与设计

本章以中国最具影响力的人工智能领域学者为研究对象，通过考察论文合作者之间的跨组织、跨地域和跨单位合作关系，揭示中国人工智能创新生态的基本结构和运行机制。学术论文的合作者不仅来自大学和研究院所，而且来自企业。因而，我们可以把论文作者之间的合作关系可以转换为作者所属单位之间的合作关系，即大学、研究院所和企业之间的合作关系，以论文合作者及其所属单位①为节点构建价值网络，分析节点之间的合作关系和合作方式。

本章以 www. aminer. cn 网站②影响力标注排序的中国人工智能领域核心学者群为基础，通过纠错删减和拾遗补缺筛选出 135 名人工智能领域的中国知名学者为研究对象。截至 2020 年 7 月 30 日，发现 135 名学者与其他学者合作发表学术论文 22196 篇。③ 在 22196 篇合作论文中，共计出现 19344 名合作者。135 名学者所属单位数为 165 家，19344 名论文合作者所属单位数为 1731 家④。

作为中国人工智能创新生态的成员，135 名学者和 19377 名合作者所属单位是多元化的，包括国内外大学、政府主导的研究院所、新型研发机构、跨国公司及其在华分支机构和研究中心、高校和企业联合实验室、人工智能开放创新平台、人工智能独角兽企业和新创企业。按照论文合作者所属单位在论文中出现的频率统计，国内外大学占比为 73.9%；包括跨国公司及其在华分支机构和研究中心、人工智能开放创新平台和人工智能企业在内的企业占比为 14.54%；包括政府主导的研究院所和新型研发机构在内的研究机构占比为 11.08%；高校和企业联合实验室占比为

① 在一定时期内论文作者的单位是变动的，不仅在大学和研究院所之间流动，而且在大学和研究院所与企业之间流动。因而，在一定时期内，论文作者往往具有多个所属单位。

② 科技情报大数据挖掘与服务系统平台 AMiner 是由清华大学计算机科学与技术系教授唐杰率领团队建立的，具有完全自主知识产权的新一代科技情报分析与挖掘平台。平台为中国工程院、国家自然基金委、科技部等科研管理部门提供专家智库、科技发展战略规划等科技情报挖掘服务。

③ 22196 篇论文均是 135 名作者合作发表论文。在数据整理中发现，135 名作者的绝大多数论文是以合作方式发表的，独立发表论文占比非常低，占比不到 1%。

④ 在一定时期内，135 名论文作者的单位是变动的，不仅在大学和研究院所之间流动，而且在大学和研究院所与企业之间流动。因而，135 名论文作者往往具有多个所属单位。同时，在 19344 名论文合作者中，许多作者都来自共同单位。

0.32%；包括某些政府机构和事业单位在内的其他机构占比为0.16%。

本章以135名学者为样本节点，以19344名论文合作者为关系节点，共计发现78713条合作关系。为了分析中国人工智能创新生态的基本结构和演化趋势，我们进一步以135名学者所属的165家单位为样本节点，以论文合作者所属单位作为关系节点构建价值网络图。通过对22196篇论文合作者单位之间合作关系、合作内容和方式的动态分析，考察支撑中国人工智能科技产业快速发展的创新生态隐秩序。

第二节 中国人工智能创新生态的价值网络分析

一、价值网络结构

将采集的关系数据输入社会网络分析软件Gephi0.9.2，我们得到一个由1896个节点（样本节点165，关系节点1731）和78713条边（关系）[①] 构成的中国人工智能创新生态价值网络拓扑结构图（见图4－1）。[②]从表4－1和图4－2列出的价值网络结构性指标看，0.753的平均聚类系数、2.832的平均路径长度和度数中心度幂率分布[③]特征表明，中国人工智能创新生态是由许多簇群组成的复杂网络，具有明显的小世界网络特征。

图4－3列出了度数中心度排名前三十的节点。度数中心度排名前三十的节点包括三类组织和机构：一是包括清华大学、浙江大学、哈尔滨工业大学、北京大学、香港科技大学、新加坡国立大学和美国伊利诺伊大学厄巴纳—香槟分校在内的国内外研究型大学；二是包括中国科学院计算技术研究所和新加坡信息通信研究所在内的国内外研究院所和新型研发机构；三是以微软亚洲研究院、IBM、腾讯和阿里巴巴为代表的跨国公司及

---

① 78713条关系是指合作者及其所属单位的论文合作关系。

② 为了简洁化处理，价值网络图中只保留了排名前1%节点标签。

③ 价值网络节点度数中心度分布呈幂率分布特征表明，少数核心节点具有较多的连接数，即较多的论文合作关系数。

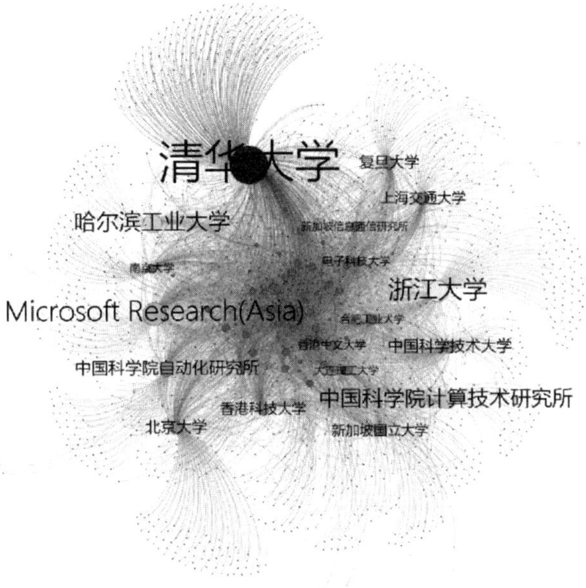

图 4－1　中国人工智能创新生态价值网络拓扑结构图

表 4－1　价值网络结构性指标

指标名称	样本节点	关系节点	关系数	平均度	图密度	模块化	平均聚类系数	平均路径长度
数值	165	1731	78713	6.458	0.004	0.325	0.735	2.832

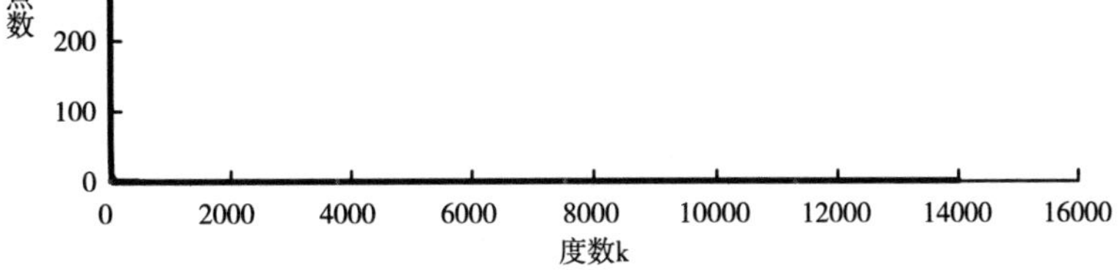

图 4－2　人工智能创新生态价值网络度数分布

注：k 为价值网络节点的度数中心数。

其在华分支机构和研究中心、人工智能开放创新平台。从价值网络节点度数中心度分布看，国内外研究型大学、研究院所、跨国公司及其在华分支机构和研究中心、人工智能开放创新平台是中国人工智能创新生态的主导者。

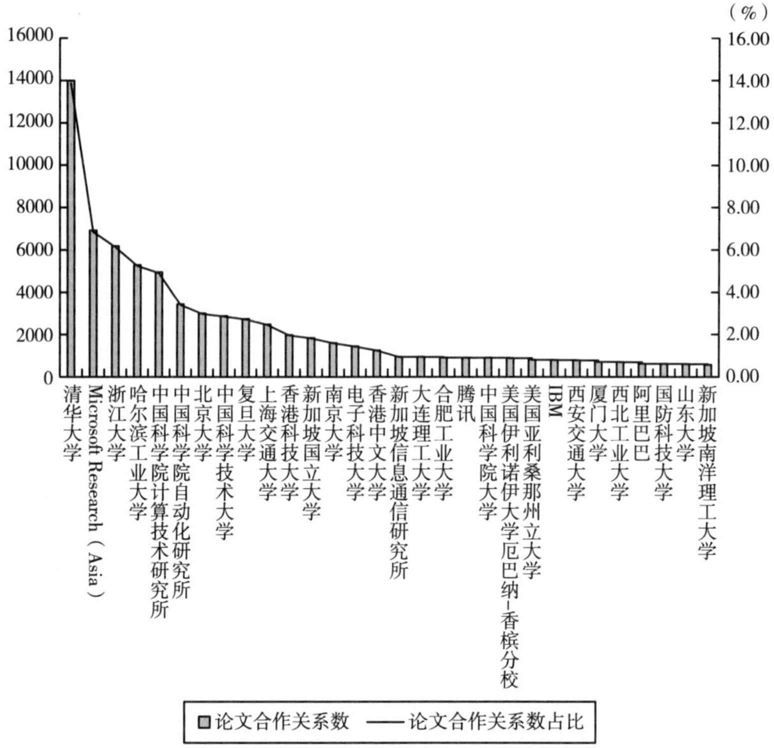

图 4-3 度数中心度排名前三十的节点

除了上述组织和机构，在价值网络节点中，还存在着数量庞大且度数中心度相对较低的人工智能中小企业和新创企业。尤其是在算法领域具有技术优势的人工智能独角兽公司和新创企业①是中国人工智能创新生态的重要组成部分。

图 4-4 列出了中国人工智能创新生态论文作者单位所在国家或地区的排名情况。其中，中国排名第一，合作关系数占比为 64.26%；美国排

① 例如，包括商汤科技、云从科技、中科寒武纪、旷视科技和云天励飞在内的一批由人工智能科技人才创业的独角兽公司和新创企业。

名第二，合作关系数占比为19.82%；中国香港排名第三，合作关系数占比为4.17%；新加坡排名第四，合作关系数占比为3.85%；澳大利亚排名第五，合作关系数占比为1.57%。

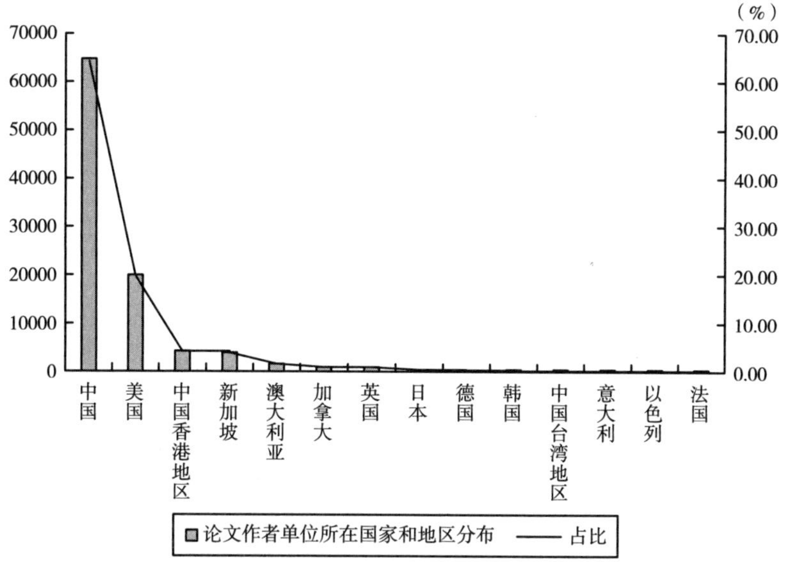

图4-4　学术论文作者单位所在国家或地区分布情况

通过对图4-3和图4-4的数据分析，我们可以得出两点基本结论：一是中国人工智能创新生态是高度开放的。学术论文合作者跨境、跨区域和跨组织合作特征明显。合作关系不仅发生在国内外学术机构之间、国内学术机构和跨国公司之间、国内学术机构和国内企业之间、国外学术机构和国内企业之间，而且发生在国内企业与跨国公司之间和国内企业之间。二是在创新生态发展中，企业和产业发展的应用需求是影响和决定创新生态发展的关键变量。①

二、合作关系的内容和方式

首先，我们依据论文研究主题把合作关系的内容划分为15个技术领域，分析学术研究与人工智能科技产业发展之间的动态关联。图4-5刻画了1986—2020年中国人工智能学术论文主题的技术领域变化情况。为

① 应用导向特征在后面对论文研究内容和合作方式分析中得到进一步证实。

了研究技术研究的导向性，本章把15种技术的研究领域划分为应用研究领域和基础研究领域。其中，应用研究领域的技术类别包括计算机视觉、多媒体、数据挖掘、自然语言处理、机器学习、信息检索和机器推荐等应用算法类技术。基础研究领域的技术类别则主要包括芯片、计算理论和计算机系统等基础技术。

如图4－5所示，2000年之后，中国人工智能学术论文发表数量开始步入快速增长阶段。其中，包括计算机视觉、多媒体、数据挖掘、自然语言处理、机器学习、信息检索和推荐在内的应用研究领域的学术论文数量不仅占比较高而且增长速度快。而包括芯片、计算理论和计算机系统在内的基础研究领域的论文发表数量偏少且增长缓慢。

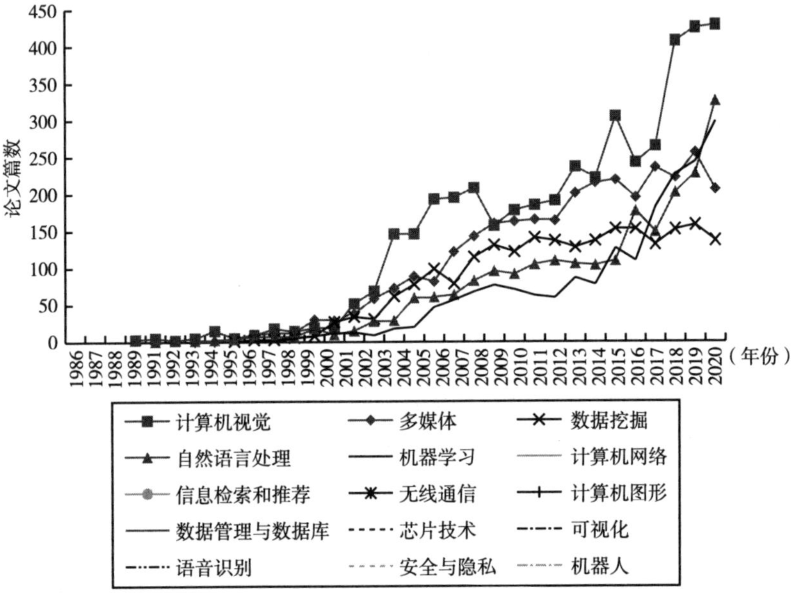

图4－5 15种技术领域学术论文发表数量年度增长情况①

其次，我们进一步根据学术论文合作者所属单位的类别，把人工智能学术研究划分为两种类型：纯理论研究和以应用为导向的理论研究。纯理论研究是指国内外大学之间的合作研究；应用导向的理论研究则是指企业

① 数据收集至2020年7月30日，为显示出图形年度趋势，图中2020年论文篇数为实际论文篇数除以7/12所得，代表2020年度不同技术类别的论文数。见图4－6、图4－7同。

和研究院所[①]参与的学术研究，包括大学和企业、大学和研究院所、研究院所之间、研究所院和企业、企业之间的学术研究。

图 4 -6 刻画了 1986—2020 年两种类型的理论研究论文篇数的年度变化情况。中国在人工智能领域的学术研究起步于 20 世纪 80 年代中期，以纯理论研究为主导。进入 20 世纪 90 年代，随着电子信息产业的兴起和发展，以应用为导向的理论研究逐渐开始出现，且呈现快速增长趋势。2017 年之后，以应用为导向的理论研究出现加速增长势头。2019 年，以应用为导向的理论研究发表的论文数量超过纯理论研究。尤其是随着人工智能开放创新平台、独角兽企业和新创企业参与的学术论文发表数量的增加，中国人工智能创新生态的以应用研究为导向的特征越来越明显。

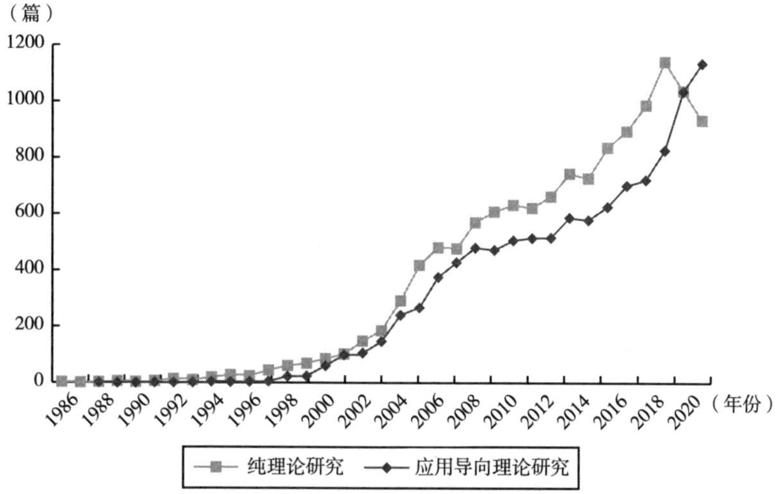

图 4 -6　1986—2020 年纯理论和应用导向的理论研究论文发表数量年度变化情况

最后，我们根据论文合作者所属单位的国别考察中国人工智能创新生态的跨国合作情况。以两种类型的组织在学术论文作者单位出现的频次为维度，分析中国人工智能创新生态的开放性。

图 4 -7 描述了 1986—2020 年人工智能学术论文合作者单位国别出现的频次变动情况。2000 年之前，在中国人工智能学术研究中，国外机构始终占据 50% 左右的比重。在国外大学深造的中国学者是国内早期进入

① 与研究型大学不同，研究院所无论是政府主导的还是市场主导的，都以应用研究为导向的。

人工智能研究领域的研究者。[①] 20 世纪 90 年代中后期，以微软亚洲研究院为代表的跨国公司在华研究中心成为中国人工智能研究领域的引领者。[②]

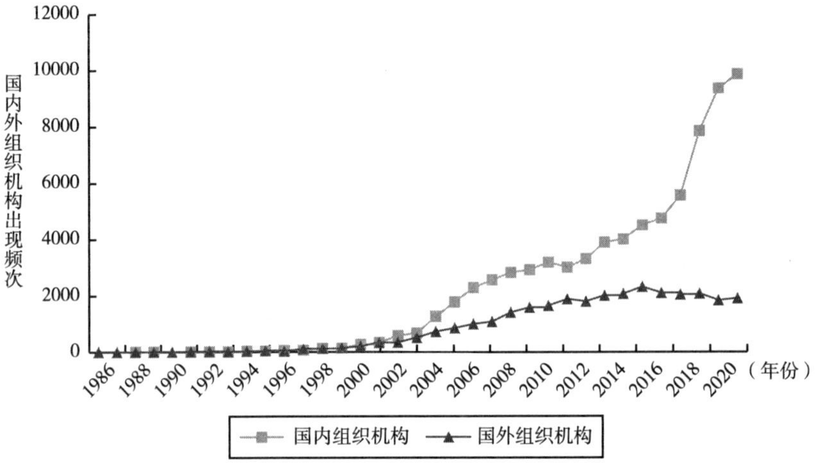

图 4－7　1986—2020 年学术论文作者所属国内和国内外组织机构出现的频次变化

2000 年之后，随着中国互联网的兴起和电子信息产业的发展，中国的研究型大学和研究院所开始加强人工智能领域的理论研究。2000—2014 年，中国大学的学术研究基本上是以纯理论研究为主导。跨国公司在华研究中心的研究则是以应用为导向的理论研究。其中，跨国公司在华研究中心的应用导向的理论研究主要服务于跨国公司海内外业务的发展。[③]

2015 年之后，随着人工智能开放创新平台、独角兽公司和新创企业的发展，以应用为导向的理论研究推动了中国人工智能创新生态的发展。尤其是许多人工智能领域的著名学者开始参与人工智能开放创新平台、独角兽公司和新创企业产品和服务的研发工作。其中，研究成果在国内市场

---

① 例如，1986 年发表论文的两位作者分别是在美国加州大学伯克利分校和马里兰大学学习的中国学者。

② 微软亚洲研究院自 1998 年成立以来，在全球顶级学术会议上发表论文 5000 余篇。创新技术转移到微软几乎每一款核心产品之中。7000 多名院友遍布全球各地，其中有 150 多位在全球顶尖高校执教，80 多位成为创业公司创始人，近 20 人荣获 IEEE/ACM/AAAI 院士称号。参见：微软亚洲研究院官网，https：//www. msra. cn/zh－cn/about.

③ 跨国公司在华研究中心设立的初衷是充分利用中国廉价科研力量服务跨国公司的海内外业务扩张。

的应用逐步替代跨国公司的海外应用，成为中国人工智能创新生态发展的引领者。

从上述分析中可以看出，中国人工智能创新生态始终是高度开放的，不仅表现在与国外机构之间合作的开放性，而且表现在学术机构与企业之间合作的开放性。同时，中国人工智能创新生态从以纯理论研究为主导逐步向以应用研究为主导演化。其中，中国人工智能企业和产业发展的应用需求，是创新生态演化的关键驱动力。

第三节 理论概括和结论

一、模型和推论

在实证分析的基础上，本章试图构建一个简单的理论模型（见图4－8），分析应用导向和高度开放的中国人工智能创新生态的形成和演化趋势。探讨在助推人工智能科技产业发展过程中，现有创新生态可能存在的风险和问题。

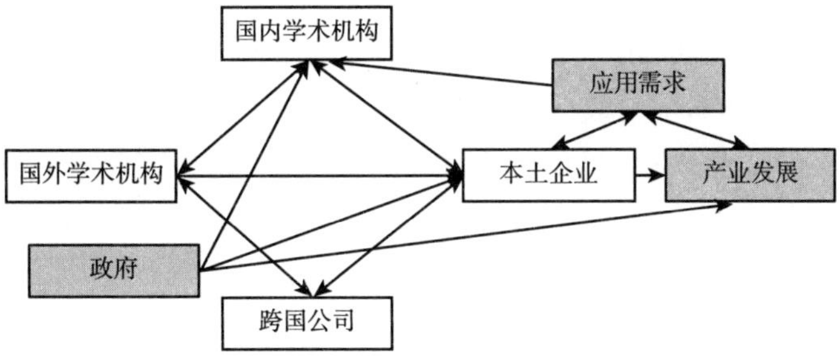

图4－8 应用导向的创新生态和人工智能科技产业发展

假设作为后发国家，存在着一个高度开放的全球创新生态，能够为本土人工智能企业和产业发展提供基础理论和应用技术支持。我们用 $G(G=(V,E))$ 表示全球创新生态网络，G 网络包括四个子网络：一是国外学术机构研究网络 $G_F(G_F=(V_F,E_F))$，G_F 网络由国外研究型大学从事人工智能学术研究的学者（包括在国外研究型大学任职和学习的中国学者）组成；二是国内学术机构研究网络 $G_N(G_N = (V_N, E_N))$，G_N 网络由国内研究型大学从事人工智能学术研究的学者组成；三是跨国公司研发网络 $G_{FF}(G_{FF} = (V_{FF}, E_{FF}))$，$G_{FF}$ 网络由跨国公司和跨国公司本土分支机构从事人工智能技术研发的研发人员组成；四是国内企业研发网络 $G_{NF}(G_{NF} = (V_{NF}, E_{NF}))$，$G_{NF}$ 网络由国内人工智能企业从事人工智能技术研发的研发人员组成。

在初始状态下，假设 G_{NF} 网络是不存在的，即国内没有人工智能企业和产业。在这种情况下，对后发国家而言，开放的全球创新生态为 $G_1 = G_F G_F + G_F G_N + G_N G_N + G_F G_{FF} + G_N G_{FF} + G_{FF} G_{FF}$（公式 1）。它包括两个部分：一部分由 $G_F G_F + G_F G_N + G_N G_N$ 组成，是以基础研究为导向的国内外大学之间的知识、技术交流和合作网络；另一部分由 $G_F G_{FF} + G_N G_{FF} + G_{FF} G_{FF}$ 组成，是以应用研究为导向的国内外大学与跨国公司、跨国公司及其跨国公司本土分支机构之间的知识和技术合作网络。其中，$G_F G_{FF} + G_N G_{FF}$ 为国内外大学与跨国公司及其本土分支机构之间的知识、技术交流和合作。$G_{FF} G_{FF}$ 则是指跨国公司及其本土分支机构之间的知识、技术交流和合作。同时，通过 $G_F G_{FF} + G_N G_{FF}$，大学在基础研究领域的知识和技术向跨国公司及其本土分支机构溢出。

对后发国家而言，本土人工智能创新生态为 $G_F G_N + G_N G_N + G_N G_{FF} + G_{FF} G_{FF}$。它包括两部分：一是 $G_F G_N + G_N G_N$，即国外大学和国内大学、国内大学之间人工智能基础研究领域知识、技术交流和合作网络；二是 $G_N G_{FF} + G_{FF} G_{FF}$，即国内大学与跨国公司及其本土分支机构、跨国公司及其本土分支机构之间的知识、技术交流和合作。[①] 无论是基础研究还是应用研究，因为研究活动发生在国内，都为本土人工智能企业和产业的发展进行知识、技术和人才积累。

推论 1：在开放经济条件下，通过国外学术机构与国内学术机构、国内学术机构之间、国内学术机构与跨国公司国内分支机构合作中的知识、技术和人才交流，为国内人工智能企业和产业发展创造条件。

中国的智能化需求源于经济转型升级，是内生的。国内产业智能化需求

① 从调研的情况看，跨国公司本土分支机构，尤其是在华研发中心的研发活动主要是为了跨国公司在全球业务的发展。部分研发活动是为了适应国内市场而展开的。

的出现，激活了全球创新生态发展中与本土相关的创新要素。尤其是促进了在国内外学术机构和跨国公司及其在华研发中心从事研发活动的科技工作者创业浪潮的出现。随着人工智能企业和产业的发展，国内基础研究和应用研究的快速融合，形成以应用为导向的创新生态。同时，通过与国外学术机构和跨国公司之间的知识、技术和人才流动，国内创新生态的发展不断助推人工智能企业和产业的快速成长。

在这种情况下，适应国内人工智能企业和产业发展的国内创新生态为：$G_2 = G_{NF}G_{NF} + G_{NF}G_{FF} + G_{NF}G_F + G_{NF}G_N$（公式2）。其中，$G_{NF}G_{NF} + G_{NF}G_{FF}$ 是指国内人工智能企业之间、国内人工智能企业和跨国公司及其本土分支机构之间的知识、技术和人才流动。在本土人工智能企业和产业发展的早期阶段，跨国公司及其在华分支机构成为知识、技术和人才溢出的重要来源。$G_{NF}G_F + G_{NF}G_N$ 则是指国内人工智能企业与国内外学术机构的知识、技术和人才交流。在产业发展的早期阶段，国内外学术机构的知识、技术和人才溢出同样是国内人工智能企业和产业发展的重要技术来源。

推论2：在内生应用需求的牵引下，国内外学术机构和跨国公司本地分支机构的知识、技术和人才溢出是本土人工智能企业和产业发展的重要推动力。服务于本地人工智能企业和产业的发展，国内创新生态是以应用为导向的。

在短期内，现有知识、技术和人才积累能够满足人工智能企业和产业的发展需求。但是随着应用领域的不断拓展，前沿应用问题的解决往往需要基础研究提供支撑。应用研究开始向基础研究延伸。如何实现应用研究和基础研究的创新循环，是国内创新生态发展的方向。

实现应用研究和基础研究之间良性循环的创新生态建设存在两条路径：一是推动高度开放的全球创新生态，利用开放的全球学术资源进行基础研究；二是发展国内基础研究力量。短期而言，第一种路径更有效率。因而，在经济全球化背景下，适应本土人工智能企业和产业发展新的创新生态网络可以用公式3表达：$G_3 = (G_FG_N)G_{NF} + (G_NG_N)G_{NF} + (G_FG_{FF})G_{NF} + (G_NG_{FF})G_{NF} + G_{FF}G_{NF} + G_{NF}G_{NF}$（公式3）。

公式3表达的是，适应本土人工智能科技产业发展的应用需求为导向的应用研究和基础研究的良性循环状态的创新生态网络。其中，$(G_FG_N)G_{NF} + (G_NG_N)G_{NF}$ 表示国内人工智能企业和产业发展需求牵引的国内外学术机构的交流和合作。$(G_FG_{FF})G_{NF} + (G_NG_{FF})G_{NF}$ 则表示国内外学术机构与跨国公司及其本土分支机构展开的以应用为导向的基础研究对本土企业和产业的溢出。$G_{FF}G_{NF}+G_{NF}G_{NF}$ 则表示本土企业与跨国公司及其本土分支机构、本土企业之间的技术交流和合作。在人工智能科技产业发展到一定阶段后，本土企业和跨国公司的技术溢出是双向的。

推论3：随着本土人工智能科技产业的发展，尤其是以应用为导向的创新需求需要基础研究提供支撑时，依托全球创新生态实现应用研究和基础研究的创新循环是有效发展的路径。

实际上，公式3表达的全球创新生态是理想化的，即学术自由的全球创新生态。但是在遭遇国外技术封锁的情况下，上述创新生态则是残缺的。其中，$(G_FG_N)G_{NF}+(G_FG_{FF})G_{NF}+(G_NG_{FF})G_{NF}+G_{FF}G_{NF}$ 的作用被严重削弱，甚至缺失。在这种情况下，支撑本土人工智能企业和产业发展的创新生态将由全球创新生态转变为国内创新生态，即 $G_4=(G_NG_N)G_{NF}+G_{NF}G_{NF}$（公式4）。公式4是缺乏国外学术机构和跨国公司的国内创新生态。其中，$(G_NG_N)G_{NF}$ 是以本土企业和产业发展需求为导向的创新网络，$G_{NF}G_{NF}$ 则是本土企业内部的研发和交流活动网络。

在这种条件下，要想获得人工智能产业的发展只能主要依靠本土学术机构和企业进行研发。美国的技术封锁将会降低本土创新生态的创新效率和水平。

推论4：在美国技术封锁的情况下，仅仅依靠国内创新生态进行以应用为导向的理论研究在短期内将面临严峻的挑战。

更有利于本土人工智能科技产业发展的创新生态是公式3表示的高度开放的全球创新生态。如何打破美国技术封锁，充分依托本土人工智能科技产业发展中创造的应用需求和对基础研究的拉动作用，吸引国外学术机构和企业参与研发，提高国内创新生态的基础研究能力实现国内和国际创新双循环，是最为理想的创新发展道路。

理想的创新发展道路实现的依据是，新的创新范式中的基础研究对应用研究和规模应用数据反馈的深度依赖。与工业经济条件下的创新范式不同，知识经济条件下的创新是生态化和网络化的。尤其是在数字经济发展中，应用研究和基础理论研究的边界更加模糊。在人工智能技术创新过程中，基础研究不仅需要知识和技术的商业化提供资金支持，而且需要应用场景提供数据反馈。同时，在报酬递增规律支配下，人工智能企业和产业在应用领域创新中偶然创造的技术和市场优势，将可能发展为企业和产业国际竞争优势的来源。因而，深刻依赖规模应用和数据反馈的创新范式，基于应用场景的创新不仅决定着企业和产业的国际竞争优势，而且决定着学术机构的基础研究优势。

同时，无论是应用场景开放还是推动规模应用和提升创新能力方面，政府都将发挥更加积极的作用。政府的作用表现在两个方面：一是通过推动人工智能和经济社会深度融合，持续释放规模应用带来的市场需求和研发需求；二是围绕产业链布局创新链，不断提升本土企业和产业的创新能力。

如果能够通过推动人工智能规模应用和应用导向的理论研究，最终形成以国内创新循环为主导的国内和国际创新循环相互支撑的创新格局，公式 3 所表达的全球创新生态将再次出现。但是全球创新生态的基本内涵和内在结构却出现了重大差异。初始状态下，公式 3 所表达的全球创新生态是由发达国家学术机构和跨国公司主导的，而新的立足国内创新循环的全球生态则是以国内学术机构和人工智能企业为主导的。

推论 5：立足持续提升国内创新生态创新能力，不断推动应用场景开放，释放规模应用需求市场，探索知识经济条件下以应用为导向的应用和基础研究良性互动的创新范式，实现国内和国际创新双循环，是中国人工智能创新生态发展的方向。

二、总结和政策建议

在实证分析和理论研究的基础上，本章的研究表明：作为创新范式变革的前沿，中国人工智能创新生态以应用为导向的和高度开放的。在初始阶段，开放的全球创新生态为中国人工智能科技产业的兴起和发展创造了条件。随着应用场景的开放和不断拓展，以应用为导向的研究在推动人工智能科技产业发展的同时，通过资金、技术和数据的正反馈为国内外基础研究提供动力，是全球创新循环发展的积极因素。国外的技术封锁则打破了全球创新循环的良性发展。面对国外的技术封锁，如何立足自主创新和应用场景的开放，以应用为导向推动基础研究和应用研究的互动，引领全球创新循环的新发展，是中国人工智能创新生态发展的方向。

本章的政策建议为：

首先，以应用为导向的理论研究，是知识经济条件下国家创新体系建设和发展的方向。打破科技和经济“两张皮”的关键是实现应用和理论研究的良性互动。以应用导向和需求牵引理论研究，以理论研究促进应用研究，在带动企业和产业竞争力提升的同时，提高大学和科研机构基础研究领域的创新能力，是构建以国内创新循环为主导、国际和国内创新双循环相互促进的战略路径。

其次，鼓励跨学科、跨组织和跨区域的创新合作，通过新的交叉学科和跨组织创新平台建设，推动基础研究和应用研究的协同创新。尤其是包括新型研发机构、实验室和企业创新中心在内的“政产学研用”协同创新平台，正在成为跨学科、跨组织和跨区域创新的载体和国家科技创新力量的重要组成部分。

最后，坚持开放原则，推动中国企业、大学和研究机构与国外相关机构的创新合作。积极与世界各国的创新力量展开合作，共同推动人工智能和经济社会的融合发展，带动经济步入新的增长周期。

在人工智能科技产业的发展上，中国走在了世界的前列，引领着创新范式的变革。尤其是随着人工智能和经济社会的融合发展，新的创新范式及其扩散将成为推动经济社会发展的关键力量。

第五章

跨国公司在华分支机构人力资本的创新创业活动和技术溢出

中国人工智能科技产业发展内生于经济转型升级过程创造的智能化需求。在初始条件下，跨国公司在华分支机构是中国人工智能科技产业发展的重要技术来源。与传统制造业通过跨国公司的全球产品内分工带动的标准化技术溢出不同，在人工智能科技产业发展中，跨国公司在华分支机构的技术溢出集中表现为人力资本的本土创业。其中，应用场景的开放性和“双创”政策的激励，是促进跨国公司在华分支机构人力资本流动和技术溢出的关键因素。随着中国人工智能科技产业发展和企业创新能力的提升，跨国公司在华分支机构的技术溢出效应逐步减弱。

第一节
引言和文献综述

一、引言

不同于农业经济和工业经济，智能经济是一种新的经济形态。在人工智能和经济社会融合过程中，会创造出新的经济模式。中国人工智能科技产业的发展源于经济转型升级过程中创造出的智能化需求。我国人工智能企业的创新创业活动主要集中在2010年以后①。从微观层面看，平台主导的产业创新生态构成了我国人工智能科技产业发展的微观基础。平台主导的产业创新生态不仅包括平台企业，而且包括大量的中小企业和新创企业。其中，跨国公司在华分支机构人力资本的创新创业活动，构成了我国人工智能科技产业发展的重要力量。

现代经济增长及经济结构迅速变化的源泉是世界范围内实用知识和技术存量的增加及其应用的扩展。由于知识和技术具有跨国界的流动性，所有国家的经济增长以及经济结构的高速转变在某种程度上取决于对跨国知识储备的成功应用（库兹涅茨，1989；Teece D J，1977）。②③ 跨国公司是技术跨国界转移的重要载体。20世纪90年代以来，跨国公司通过在海外建立研发中心有效地促进了技术知识在全球范围的扩散。库姆勒尔（Kuemmerle，1999）认为，跨国公司在海外建立研发中心等分支机构的显著动机主要来自两个方面：一是开展以母国为基础的扩张活动（home - base - exploiting）和以母国为基础的研发活动（home - base - augmenting）。二是以母国为基础的扩张活动主要是利用国外市场条件，扩展企业技术资产的用途。以母国为基础的开发活动主要是通过在东道国高校、研究院所等研发资源集中的地区设立研发中心，就近利用这些知识创造机构培养的人力资源去创造新的技术资产。④ 跨国公司在母国主要从事基础研究，在东道国主要从事以扩展活动和开发活动为主的应用研究，在分工的基础上构建了全球性的创新网络和生产网络。

跨国公司海外分支机构的技术溢出效应为后发国家的跨越式发展提供了帮助。后发国家通过对外溢知识技术的有效吸收进行再创新以提升自身生产力和竞争力。自20世纪90年代开始，中国凭借广阔的市场和丰

---

① 中国新一代人工智能发展战略研究院《中国新一代人工智能科技产业发展报告》（2021），2021。

② 西蒙·库兹涅茨．现代经济增长：速度、结构与扩展［M］．戴睿、易诚译．北京经济学院出版社，1989：249－255.

③ Teece D J. Technology Transfer by Multinational Firms：The Resource Cost of Transferring Technological Know－How［J］. The Economic Journal，1977：242－261.

④ Kuemmerle W. Foreign direct investment in industrial research in the pharmaceutical and electronics industries—results from a survey of multinational firms［J］. Research Policy. 1999：179－193.

富的人力资源吸引全球跨国公司来华投资，建立了大量的跨国公司研究实验室、研究院所等从事应用研究的分支机构。跨国公司在华分支机构在我国北京、上海等科技研发资源集中的城市分布较为密集。一方面通过高薪吸引了大量的高端人才，另一方面开发符合中国市场需求的产品和服务。

在跨国公司在华分支机构工作的本土人力资本主要从事相关产品和服务开发等应用研究，在特定的环境中他们掌握了具有稀缺性的特定的技术知识资源，同时处在技术应用前沿，对市场需求有更深刻的洞察力。中国经济的转型升级对数字化技术的巨大需求激活了跨国公司在华分支机构工作的本土人力资本储备。在跨组织流动条件下，他们通过创新创业活动把技术供给与中国经济转型时期对人工智能技术的应用需求有效结合起来，推动了中国人工智能产业化和产业智能化的快速发展。

二、文献综述

如同古典经济学家发现资本积累是决定国民财富的基本变量（亚当·斯密，1999）①，历次工业革命释放的巨大生产力，使经济学家意识到知识及其载体人力资本在现代经济生产力的持续提升中处于核心位置，是经济增长的核心要素。并且随着经济的演进，知识和人力资本在生产力持续提升中的核心作用在不断加强（Arrow，1962；Romer，1986；Lucas，1988）②③④。由于知识和人力资本“轻资产”的性质以及信息通信技术的高速发展使这些生产中的核心要素跨地区、跨国界的链接或流动成为可能，尤其是从20世纪50年代起跨国公司的兴起更是让知识在全球范围内的流动成为常态，基于此生成的全球创新网络主导着前沿的科技创新和成果转化。

关于跨国公司对东道国技术溢出效应的重要程度，溢出渠道以及所受到的制约因素等问题得到了广泛的研究。达斯（Das，1987）指出，跨国

---

① 亚当·斯密．国富论（上）[M]．杨敬年译．陕西人民出版社，1999：384.

② Arrow K J. The Economic Implication of Learning by Doing [J]. Review of Economics and Statistics，1962，29（3）：155－173.

③ Romer，Paul M. Increasing Returns and Long－Run Growth [J]. Journal of Political Economy，1986，94（5）：1002－1037.

④ Robert，E，Lucas，et al. On the mechanics of economic development [J]. Journal of Monetary Economics，1988（22）：3－42.

公司对东道国的技术溢出效应是后发国家提升科技创新能力的重要途径。[①] 由于广泛参与东道国的经济活动，跨国公司技术溢出的渠道是多样化的，包括示范和模仿、人力资本流动、跨国公司和本地产业的前后向联系、竞争效应等（Kokko，1994）。[②] 从制约条件的视角看，国内学者开展跨国公司对中国经济发展溢出效应的研究。何兴强（2014）认为，市场结构、金融效率、人力资本水平和基础设施建设等是影响我国经济对跨国公司溢出效应的吸收能力的关键因素。[③] 示范和模仿、跨国公司和本地产业的前后向联系、竞争效应等技术溢出渠道同时受到跨国公司核心技术的垄断需求、企业间技术差距、本国行业或企业特征等内外因素的制约，技术溢出的效应有限。而企业竞争出现的人力资本跨组织的流动因为受限制较小，是跨国公司技术溢出的主要渠道（张诚等，2001；陈琳，2009）。[④⑤]

人力资本跨组织流动带来的新技术研发和应用成本相比模仿和学习更低，效率更高，能够实现知识和技术的整体迁移，因而人力资本跨组织流动能够带来更高效的技术溢出效应。同时，人力资本的跨组织流动一方面通过工作变换带来知识和技术的溢出；另一方面通过创业活动带来更有效的技术知识溢出。艾克等在 2003 年把研发和人力资本的复合物定义为知识资本，提出知识存量和商业化知识之间存在一个知识过滤器，而创业活动则是穿透知识过滤器把知识存量转化为经济相关知识的唯一机制[⑥]。因为创业企业家对科学知识和技术的商业效用有着深刻的理解，在科学知识向商业知识转化过程中起着桥梁作用。在数字经济时代，数字化创业正在有效

---

① Das S. Externalities, and technology transfer through multinational corporations A theoretical analysis [J]. Journal of International Economics, 1987, 22 (1-2): 171-182.

② Kokko A. Technology, market characteristics, and spillovers [J]. Journal of Development Economics, 1994 (43): 279-293.

③ 何兴强，欧燕，史卫，刘阳 . FDI 技术溢出与中国吸收能力门槛研究 [J]. 世界经济，2014, 37 (10): 52-76.

④ 张诚，张艳蕾，张健敏 . 跨国公司的技术溢出效应及其制约因素 [J]. 南开经济研究，2001 (03): 3-5.

⑤ 陈琳，林珏 . 外商直接投资对中国制造业企业的溢出效应：基于企业所有制结构的视角 [J]. 管理世界，2009 (09): 24-33.

⑥ Acs Z J, Audretsch D B, Braunerhjelm P, et al. The Missing Link: The Knowledge Filter and Entrepreneurship in Endogenous Growth [J]. Cepr Discussion Papers, 2003, 2 (June): 222-228 (7).

弥合数字技术知识和市场应用之间的缺口（Sussan and Acs，2017）。①

跨国公司在华分支机构吸纳本土人力资源是创造和获取知识技术资产的主要方式。同时，当国内出现更强的商业机会时，这些人力资本则会成为本土创业活动的重要参与者。2012 年以来，在创新驱动国家战略指导下，我国经济在转型升级过程中创造出巨大的数字化和智能化需求，大量应用场景的开放为人工智能领域的创新创业提供了广阔的商业机会。应用场景的开放不仅吸引现有企业的创新活动，而且吸引了科技创新人才的创业活动。本章通过研究跨国公司在华分支机构人力资本在跨组织边界流动条件下开展创新创业活动，从一个侧面揭示了我国人工智能科技产业发展的动力机制。

第二节 价值网络分析

一、研究方法与设计

在人工智能科技产业的发展上，包括美国、英国、德国和法国在内的发达国家具有先发优势，是跨国公司的母国研发基地。包括微软、IBM、英特尔和谷歌在内的跨国公司在华分支机构在数字和人工智能领域的研发活动和技术溢出，成为我国人工智能科技产业发展的重要技术来源，是创新生态系统的重要组成部分。尤其是跨国公司在华分支机构本土研发人员的创业活动②，成为技术溢出的重要方式。

基于中国新一代人工智能发展战略研究院中国智能经济数据库③，本

① Sussan F，Acs Z J. The digital entrepreneurial ecosystem［J］. Small Business Economics，2017，49（5）：1-19.

② 本章所指的跨国公司在华分支机构研发人员的本土创业活动包括两个部分：一是在本土创建新企业；二是入职国内的平台企业和独角兽公司担任关键技术部门职务。

③ 为了服务于国家新一代人工智能发展战略的实施，自 2017 年开始，中国新一代人工智能发展战略研究院创建中国智能经济数据库。截至 2020 年 12 月 31 日，数据库共有 2205 家人工智能企业样本。在 2205 家中，共有 6111 位核心人力资本，是 2205 家企业的创始人、联合创始人、CEO、首席技术官、首席科学家和副总经理在内的技术和管理人员。

章筛选出 219 位曾经在 47 家跨国公司在华分支机构从事人工智能研发活动的核心人力资本为样本，考察跨国公司对我国人工智能科技产业的技术溢出效应。219 位核心人力资本先后任职于 162 家我国人工智能企业，12 位在国家级新一代人工智能开放创新型平台，23 位在人工智能独角兽企业，[①] 127 位在新创企业。其中，135 位作为创始人或联合创始人参与了 108 家我国人工智能企业的创建，84 位入职我国人工智能企业，担任首席科学家和研发总监等职务。

本章运用价值网络和关系数据量化分析方法，考察跨国公司在华分支机构的本土研发人员带动的技术溢出效应。在研究中，通过 219 位核心人力资本的跨组织流动轨迹刻画跨国公司的技术溢出效应。以时间顺序为判断依据，当核心人力资本从跨国公司流动到本土企业（任职和创建新企业）时，就认定存在着一条技术溢出和扩散关系数据，赋值为“1”。基于调查研究和网络公开数据采集，本章共获得 209 家企业（跨国公司在华分支机构和中国人工智能企业）之间的 323 条技术溢出和扩散关系数据。通过对关系数据的企业和技术分类，可以清晰地看到跨国公司在华分支机构如何通过跨组织人力资本流动对中国人工智能企业进行技术溢出和扩散的。

二、价值网络分析

把采集到的关系数据输入社会网络分析软件 Gephi 0.9.2，本章得到一个由 209 个节点和 323 条边构成的跨国公司在华分支机构[②]对中国人工智能企业技术溢出的价值网络拓扑图（见图 5-1）。图 5-1 的结构包括四个层次：第一层节点为跨国公司在华分支机构；第二层节点为国家级新一代工智能开放创新平台；第三层节点是人工智能独角兽企业，第四层节点是人工智能中小企业和新创企业。从四个层次节点之间的人力资本流动关系看，跨国公司在华分支机构向中国人工智能企业的人力资本流动和技术溢出是单向的。其中，进入和创建人工智能中小企业和新创企业的人力资本为 133 人，占比为 60.7%；进入和创建开放创新平台的人力资本为

① 23 家独角兽企业不包括商汤科技、旷视科技等既是开放创新平台也是独角兽的企业。

② 跨国公司在华分支机构包括跨国公司在华研究院、研究中心和分公司的研发部门。例如，微软在华分支机构包括微软亚洲研究院、微软亚洲工程院、微软中国技术中心、微软全球技术支持中心和微软中国。

63 人，占比为 28.8%；进入和创建独角兽公司的人力资本为 23 人，占比为 10.5%。在第二、第三和第四层次节点之间，人力资本和技术主要表现为从第二向第三和第四层次节点的单向流动和溢出和在同一层次节点之间存在着相互流动，从第四层到第三层和第二层的人力资本流动只存在极个别情况。

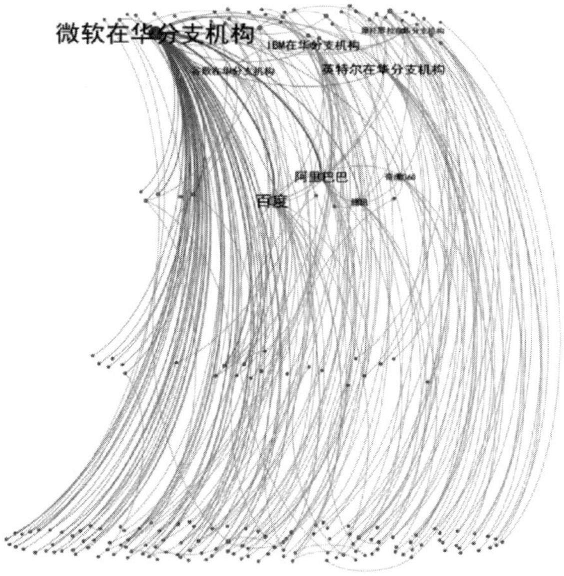

图 5-1 跨国公司在华分支机构技术溢出价值网络结构图

表 5-1 列出了跨国公司在华分支机构技术溢出价值网络主要结构性指标。价值网络的平均度为 1.545，图密度为 0.006，模块化为 0.561，平均聚类系数为 0.073，平均路径长度为 2.945。同时，图 5-2 列出的网络度数中心度分布表明，价值网络的数度中心度呈现幂率分布特征。平均聚类系统、平均路径长度和度数中心度幂率分布特征表明，价值网络具有明显的小世界网络特征。

表 5-1 跨国公司在华分支机构技术溢出价值网络结构性指标

主要指标	平均度	网络直径	图密度	模块化	平均聚类系数	平均路径长度
数值	1.545	7	0.006	0.561	0.073	2.945

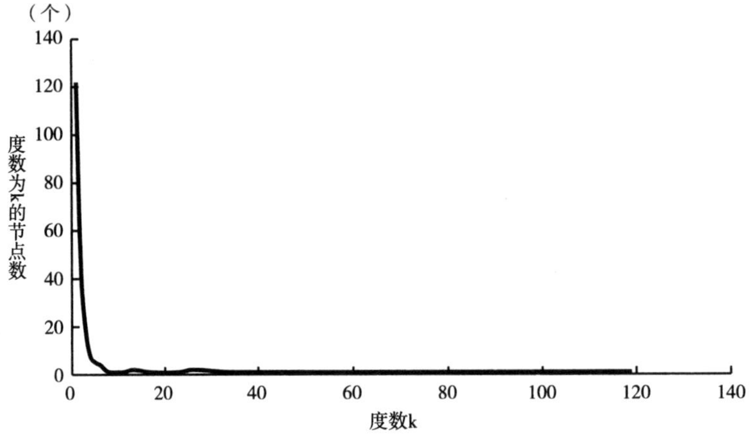

图 5-2 跨国公司在华分支机构技术溢出价值网络度数分布

图 5-3 列出了价值网络度数中心度排名前三十的节点。排名前三十的节点包括三类企业：第一类是微软、英特尔、IBM 和谷歌等跨国公司在华分支机构，它们是人工智能技术的溢出方。第二类是百度、阿里巴巴、奇虎 360 等国家级人工智能开放创新型平台。它们一方面承接跨国公司在

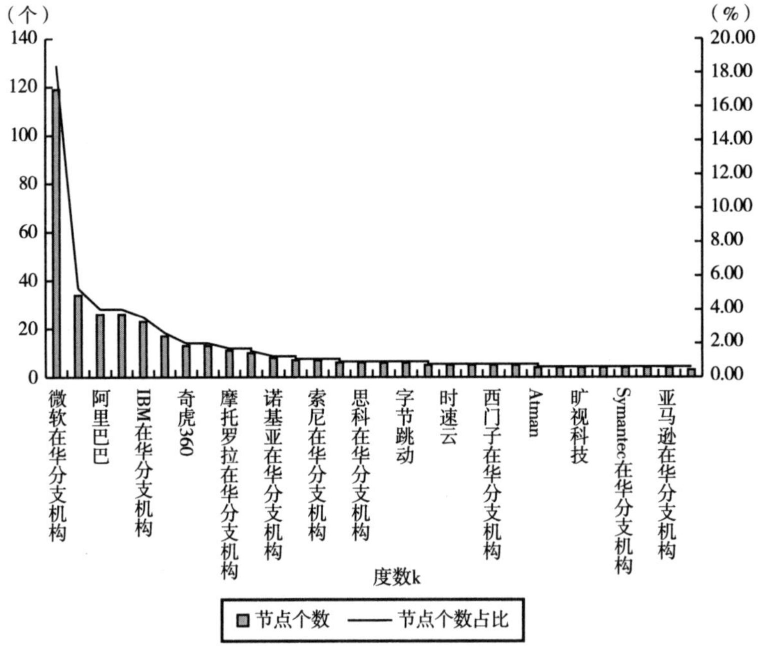

图 5-3 节点度数中心度分布（TOP30）

华分支机构的技术溢出，另一方面是跨国公司在华分支机构人力资本向独角兽和中小企业流动的中转站。[①] 第三类是字节跳动、并行科技和时速云等独角兽企业、中小企业和新创企业。对于第三类企业而言，拥有跨国公司在华分支机构研发经验的人力资本成为这些企业技术研发的中坚力量。

本章把人力资本研发活动的技术类别[②]分为包括大数据和云计算、计算机视觉、机器搜索和推荐、芯片技术和其他在内的十三种类别，考察2005—2020年跨国公司在华分支机构技术溢出的技术领域和持续性（见图5－4）。如图5－4所示，在跨国公司在华分支机构的技术溢出涵盖了人工智能技术体系。尤其是大数据和云计算、计算机视觉、机器搜索与推荐和机器人是技术溢出占比较高的类别。从技术溢出的持续性看，在2014—2016年达到顶峰之后则呈现逐步下降的趋势。这说明，跨国公司在华分支机构的技术溢出存在着明显的阶段性。随着本土人工智能科技产业的发展，跨国公司在华分支机构的技术优势明显减弱。

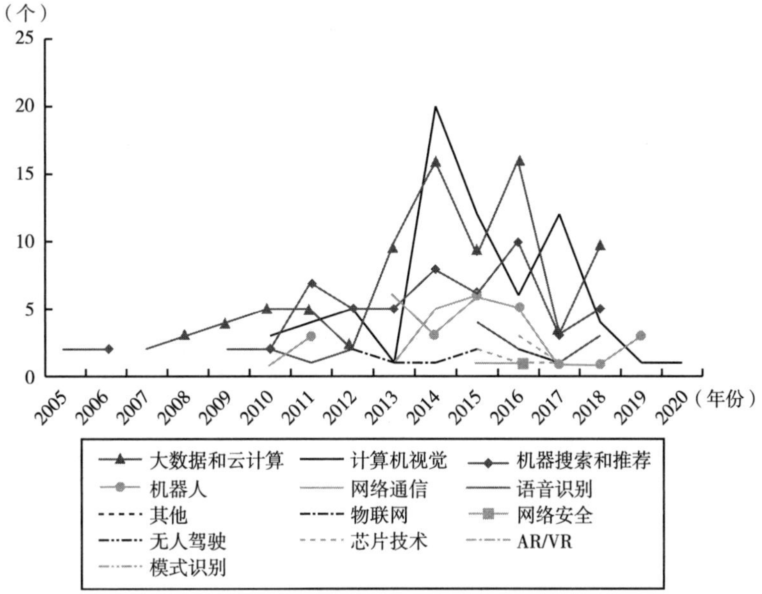

图5－4　人力资本流动溢出技术分类及时间

---

① 在跨国公司在华分支机构进入开放创新平台的人力资本中，有11人次经由平台进入独角兽公司，有23进入新创企业。

② 人力资本研发活动技术类别是指人力资本在跨国公司在华分支机构工作时所从事的研发活动技术类别。

本章把219位核心人力资本所在的162家中国人工智能企业划分为19个应用领域，分析跨国公司在华分支机构技术溢出的应用领域（见图5－5）。如图5－5所示，在技术溢出企业的应用领域排名中，排名第一的是企业智能管理，占比为14.72%；排名第二的是智能营销与新零售，占比为11.04%；排名第三至第五的分别是智能医疗、智能硬件和智能制造，占比分别为9.82%、9.82%和7.98%。

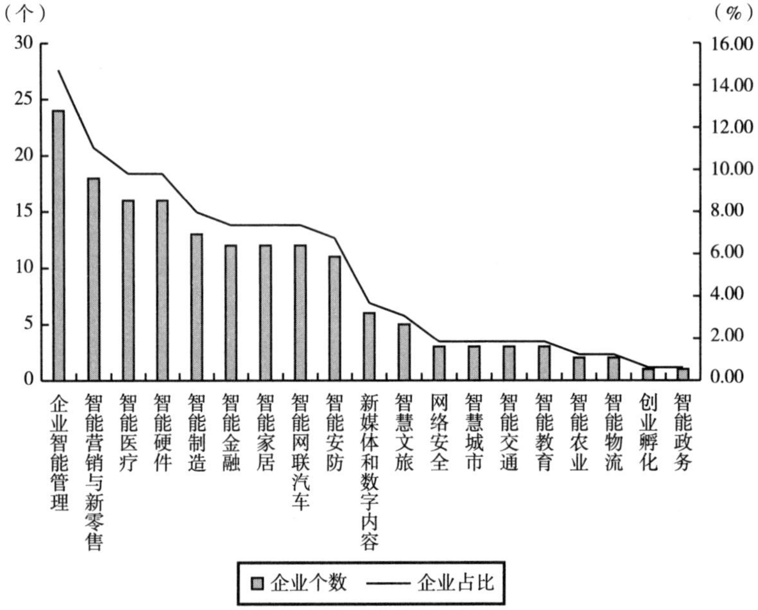

图5－5 企业应用领域分类

应用场景的高度开放和广泛性是中国人工智能科技产业发展的重要牵引力量，是跨国公司在华分支机构技术溢出的关键促进因素。跨国公司在华分支机构通过人力资本的跨组织流动和本土创业的方式，把人工智能技术应用于产业智能化场景，带动了中国人工智能科技产业的快速发展。

除了应用需求牵引，中国良好的创新创业环境是促进跨国公司在华分支机构技术溢出的重要因素。在2015年6月11日，国务院印发了《关于大力推进大众创业万众创新若干政策措施的意见》（国发〔2015〕32号文件），通过体制机制改革、普惠性政策扶持体系的构建和人才政策的出台，完善创新创业环境。同时，以北京、上海、深圳和杭州为代表的人工智能科技产业发展前沿城市，通过出台具有强激励效应的支持人才创新创业政策，促进了跨国公司在华分支机构的人力资本跨组织流动和技术溢出。对国家和地方政府出台的“双创”激励政策激发了科技工作者的创新创业热情。中国科协在2015年开展的“双创”工作评估报告显示，科技工作者高度认同“双创”政策，97.1%表示赞同，49.1%有创业意愿，7.7%有初步创业规划，2.5%已经开始创业。[①]

三、总结和政策建议

（一）总结

改革开放以来，尤其是20世纪90年代之后，大批跨国公司在华设立分支机构。通过吸引本土科技人才参与研发活动，提升公司的创新能力和国际竞争力。跨国公司在华分支机构从事基础研究和技术开发的人力资源积累了丰富的显性知识和隐性知识，在研发活动中显性知识和隐性知识相互转化强化了本土人力资本科学知识和技术能力的积累。

跨国公司在华分支机构为了获取和创造新的技术资产，用具有竞争力的薪资待遇吸引本土高素质人才组成科研团队，从事如计算机视觉、互联网搜索、数据挖掘等人工智能相关技术和产品的研发。在正式和非正式组织中，异质性个体间的知识共享，是知识溢出的重要形式（Lattacher, et al 2021）。[②] 研发人员在科研团队中的合作交流，对于产品和技术研发至关重要，科研人员异质性知识的互补带来了组织内部的知识溢出。一方面，科研团队的知识共享使显性知识得到传播，通过与个体异质性知识结构的结合，转化为个体隐性知识；另一方面，促进异质性个体隐性知识通过交流合作转化为显性知识，成为组织知识储备的重要组成部分。

当出现人力资本跨组织流动时，跨国公司中本土人力资本通过创新创业活动把所掌握的显性知识和隐性知识转化为市场需求的技术和产品。对我国人工智能科技产业的发展而言，跨国公司本土人力资本的创新创业是知识和技术溢出效应的重要方式。

---

① 郭哲，施云燕，宫飞，关于推动“大众创业万众创新”政策措施落实情况第三方评估的汇报［J］. 科协论坛，2016年第4期，第42－43页。

② Lattacher W, Gregori P, Holzmann P, et al. Knowledge spillover in entrepreneurial emergence: A learning perspective [J]. Technological Forecasting and Social Change, 2021, 166 (120660): 1－13.

跨国公司在华研究机构的基础研究和技术开发活动，使本土人力资本不仅掌握了前沿技术知识，而且对技术知识的商业化前景有了更深刻的理解。当市场需求带来创业机会时，本土人力资本则能通过创新创业活动把掌握的技术知识转化为产品。

在跨国公司在华分支机构工作的科研人员往往通过两条路径参与人工智能领域的创新创业活动。第一条路径是流动到包括百度、阿里巴巴和腾讯在内的人工智能开放创新型平台企业，通过在平台的技术和产品研发，帮助企业实现商业化运营；第二条路径是创业。一种类型的创业是先在平台企业从事研发工作再创业。在这种情况下，平台成为跨国公司在华分支机构本土研发人才的创业的跳板。另一种类型的创业则是直接成为企业创始人和联合创始人。

我国经济转型升级过程中创造的智能化需求，是人力资本跨组织流动和创新创业的根本动因。应用需求激活了跨国公司在华分支机构人力资本的本土创新和创业。2012 年以来，随着我国经济转型升级的加速，在经济社会领域创造出强烈的智能化需求，为跨国公司在华分支机构本土人才的创新创业活动创造了条件。

（二）政策建议

党的二十大报告明确提出，科技是第一生产力，人才是第一资源，创新是第一驱动力。跨国公司在华分支机构的本土科技创新人才，是我国人工智能科技产业发展的重要人才来源。如何通过创新创业环境的培育，加速跨国公司人才在国内的创新创业，是推动人工智能科技产业发展和技术升级的重要途径。

首先，进一步制定推动海外高科技人才回国创新创业的政策。尤其是对在国外高科技公司工作的本土高科技人才，通过政策的制定吸引其创新创业，加快创新驱动发展的步伐。

其次，构建有利于跨国公司在华分支机构科技研发人才创新创业的环境。其中，发挥平台企业和新型创新组织的作用，通过微孵化平台的打造，降低高科技人才创新创业的成本。

最后，积极开放应用场景，吸引跨国公司本土人才通过场景创新创建企业，服务我国经济社会的智能化转型。场景创新能够有效地对接技术供给和应用需求。开放应用场景，能够为更多的高科技人才提供创业的机会。

第六章

我国人工智能实验室的创新和发展

与前三次工业革命不同，第四次工业革命是基于网络空间技术创新，人工智能是核心“引擎”。基础研究、技术研发和规模应用环节的扁平化和无缝对接，是人工智能科技创新和产业发展的基本特征。人工智能科技创新的新特征推动了新型创新组织的兴起和发展。本章以近年来在我国兴起和发展起来的 10 个人工智能实验室为例，研究新型创新组织在人工智能科技创新和产业发展中的主要功能和作用。

第一节 引言和研究方法与设计

一、引言

2012 年，国家提出创新驱动发展战略。党的十九大确立了到 2035 年跻身创新型国家前列的战略目标。党的十九大报告强调要求加快建设创新型国家，加强国家创新体系建设，强化国家战略科技力量。[①] 2021 年 5 月

---

① 习近平：决胜全面建成小康社会 夺取新时代中国特色社会主义伟大胜利——在中国共产党第十九次全国代表大会上的报告．［2017－10－18］．http：//www. gov. cn/zhuanti/2017－10/27/content_5234876. htm.

28日，习近平总书记在两院院士大会、中国科协第十次全国代表大会上的讲话中提到，世界科技强国竞争，比拼的就是国家战略科技力量。其中国家实验室、国家科研机构、高水平研究型大学、科技领军企业都是国家战略科技力量的重要组成部分。① 2022年1月1日正式开始实施的《中华人民共和国科学技术进步法》再次强调，构建和强化以国家实验室、国家科学技术研究开发机构、高水平研究型大学、科技领军企业为重要组成部分的国家战略科技力量，在关键领域和重点方向上发挥战略支撑引领作用和重大原始创新效能，服务国家重大战略需要。② 作为国家战略科技力量的重要组成部分，国家实验室成为我国抢占科技创新制高点和培育未来科技产业的重要创新组织形式。

2000年，我国开始启动国家实验室建设试点工作。2016年《国家创新驱动发展战略纲要》中明确提出，为适应大科学时代创新活动的特点，针对国家重大战略需求，建设一批具有国际水平、突出学科交叉和协同创新的国家实验室。③ 2017年《“十三五”国家科技创新基地与条件保障能力建设专项规划》中强调，要按照“成熟一个，启动一个”的原则布局建设若干体现国家意志、实现国家使命、代表国家水平的国家实验室。④ 2021年《中华人民共和国国民经济和社会发展第十四个五年规划和2035年远景目标纲要》中指出要组建一批聚焦量子信息、光子与微纳电子、网络通信、人工智能、生物医药、现代能源系统等重大创新领域的国家实验室。⑤

国家实验室面向世界科技前沿，是以国家战略需求为导向，开展基础

① 习近平：两院院士大会中国科协第十次全国代表大会讲话［2021－05－28］. http：//www. gov. cn/xinwen/2021－05/28/content_5613702. htm.

② 中华人民共和国科学技术进步法［EB/OL］.［2021－12－24］. http：//www. npc. gov. cn/npc/c30834/202112/1f4abe22e8ba49198acdf239889f822c. shtml.

③ 中共中央 国务院．国家创新驱动发展战略纲要［EB/OL］.（2016－05－20）. http：//www. gov. cn/gongbao/content/2016/content_5076961. htm.

④ 科技部、国家发展改革委、财政部．“十三五”国家科技创新基地与条件保障能力建设专项规划［EB/OL］.（2017－10－24）. http：//www. most. gov. cn/xxgk/xinxifenlei/fdzdgknr/fgzc/gfxwj/gfxwj2017/201710/t20171026_135754. html.

⑤ 中华人民共和国国民经济和社会发展第十四个五年规划和2035年远景目标纲要［EB/OL］.（2021－3－13）［2021－03－13］. http：//www. gov. cn/xinwen/2021－03/13/content_5592681. htm.

研究、人才培养和技术开发的国家级科研机构①②。随着第四次工业革命的发生和发展，科技创新越来越依赖于创新主体跨学科、跨组织、跨产业、跨区域的知识、技术重组和互补性创新。国家实验室日益成为我国加强原始创新、突破关键技术、培育和发展未来科技产业的载体。

人工智能是第四次工业革命的核心“引擎”。为了通过“政产学研用”协同创新，发达地区的政府先后建立了一批以国家实验室为目标的人工智能实验室。例如，浙江省的之江实验室、广东省鹏城实验室和上海市的上海人工智能实验室。本章以近年来建设的10家省级实验室为研究对象，考察人工智能实验室在深科技创新中的作用。

二、研究方法与设计

（一）样本选择

在人工智能科技创新和产业发展上，中国走在了世界前列。作为第四次工业革命的“引擎”，人工智能属于典型通用目的技术。人工智能科技创新和产业发展涉及多元异质创新主体的跨学科、跨组织、跨部门和跨产业技术、知识重组和互补性创新。更加重要的是，人工智能属于网络空间信息技术体系。与基于物理空间物质技术体系创新相比，基于网络空间信息技术体系的人工智能科技创新属于新的技术经济范式和创新范式。

充分认识到人工智能属于新的创新范式，国家和地方政府试图通过创建新型创新组织推动人工智能科技创新和产业发展。为了适应基于网络空间信息技术体系发展的需求，2017年以来以浙江、上海和广东为代表的先进省份，开始探索通过创建新型创新组织促进人工智能科技创新和产业发展。为了研究人工智能新型创新组织发展的动力和机制，本章在全国范围内筛选出10家具有代表性的人工智能实验室作为研究样本。

10家人工智能实验室都是在2017—2020年创建的。从地域分布看，10家人工智能实验室主要分布于长江三角洲和珠江三角洲人工智能科技

① 刘云，翟晓荣．美国能源部国家实验室基础研究特征及启示［J/OL］．科学学研究：1－21［2022－04－02］．

② 曾力宁，李阳，黄朝峰，李北伟．国家实验室体系构建与制度创新：理论依据与实施机制［J/OL］．科技进步与对策：1－8［2022－04－02］．http：//kns. cnki. net/kcms/detail/42. 1224. G3. 20220325. 1643. 010. html.

创新和产业发展前沿的城市（见表6-1）。其中4家分布在广东省的深圳市、广州市和佛山市；2家分布在上海市；2家分布在浙江省杭州市；2家分别分布在江苏省南京市和安徽省合肥市。从研究方向看，人工智能实验室主要从事人工智能前沿基础理论研究和关键核心技术研发，涉及包括智能机器人、大数据、云计算、计算机视觉在内的多项人工智能技术，以及包括智慧城市、智能医疗和智能制造在内的多种应用领域，贯穿基础研究、应用开发和技术推广的各创新环节。

表6-1　10家人工智能实验室的基本情况

实验室名称	成立时间	所在地	研究方向
上海人工智能实验室	2017	上海	人工智能重要基础理论研究和关键核心技术研发
张江实验室	2020	上海	生命健康科学、集成电路信息技术、类脑智能等领域
之江实验室	2017	杭州	智能感知、人工智能、智能网络、智能计算和智能系统
湖畔实验室	2020	杭州	大数据科学与应用前沿
紫金山实验室	2018	南京	未来网络、新型通信和网络通信内生安全
合肥人工智能实验室	2020	合肥	人工智能学科前沿和技术创新
鹏城实验室	2018	深圳	网络通信、网络空间和网络智能
季华实验室	2018	佛山	包括机器人、半导体等在内的先进制造技术
人工智能与数字经济广东省实验室（广州）①	2020	广州	人工智能基础理论与核心算法研究、人工智能关键技术研发
人工智能与数字经济广东省实验室（深圳）	2019	深圳	区块链与金融科技、智能传感与精准医疗、机器学习与智能系统、泛在感知与智慧城市

（二）数据采集与描述

人工智能实验室是第四次工业革命的新型创新组织形式。科技创新涉及多元创新主体之间的互动与协同，是复杂创新网络的形成与演化过程。价值网络分析方法可以较好地反映创新网络的结构特征及各个主体之间的

① 人工智能与数字经济广东省实验室（广州）简称琶洲实验室，人工智能与数字经济广东省实验室（深圳）简称光明实验室。

互动规则。因此，本章采用价值网络分析方法，通过对人工智能实验室价值网络关系数据的量化分析，研究人工智能实验室从事科技创新和推动人工智能科技产业发展的动力机制。

为了构建价值网络和进行关系数据量化分析，本章以 10 家人工智能实验室作为样本节点，通过实际调查和网络公开数据，搜索和采集与人工智能实验室存在技术、核心人力资本、投融资、论文发表和专利申请合作关系的关系节点和关系数据。其中，技术关系数据包括技术输入和技术赋能，技术输入是指样本节点对关系节点的技术支持，技术赋能是指关系节点对样本节点的技术支持。核心人力资本关系数据包括主要研发人员的前期学习经历和前期工作经验，其中前期学习经历是指实验室核心人力资本毕业的高校和科研院所，前期工作经验是指在进入实验室工作之前核心人力资本曾经工作过的高校、科研院所和企业等机构。核心人力资本数据主要来源于官网公开的研发人员的相关信息。投融资关系包括投资和融资数据，其中投资指样本节点对关系节点提供资金支持，融资指关系节点对样本节点提供资金支持。投融资关系数据主要来源于天眼查、企查查等网络公开数据库和网络新闻资讯。论文发表数据是指与人工智能实验室一起合作发表论文的关系节点，论文数据来源于中国知网。专利申请数据是指与人工智能实验室一起合作申请专利的关系节点，专利数据来源于企查查和佰腾网数据库。为了对关系数据进行统计和量化，当样本节点和关系节点存在技术、核心人力资本、投融资、论文合作、专利合作关系时，赋值为“1”。

表 6 - 2 对采集的 10 家人工智能实验室关系数据进行统计。技术合作关系方面，技术赋能占比要高于技术输入，技术合作以国内机构为主，与国外机构在技术合作方面占比较少。核心人力资本关系方面，人工智能实验室核心人力资本在国外的前期学习经历占比 10.06%，国外的前期工作经历占比 22.49%，表明国外高校、科研院所和企业为我国人工智能实验室科研人员提供了重要知识和技术支持。论文发表方面，合作发表论文数占人工智能实验室发表论文总数的 87.94%，论文发表更加注重机构之间的合作。专利申请方面，合作申请专利数占人工智能实验室申请专利总数的 23.16%，以人工智能实验室单独申请专利占主导。从各维度关系数据可以清晰地看出，以人工智能实验室为核心的创新网络是一个高度开放的复杂网络。为了更加深入分析人工智能实验室从事科技创新活动和推动人

工智能科技产业的动力机制，本章将采用价值网络分析方法进行详细论述。

表 6-2　　10 家人工智能实验室关系数据分类统计

项目	类别	关系数	占比
技术合作	技术输入	287	45.56%
	国内	280	44.44%
	国外	7	1.11%
	技术赋能	343	54.44%
	国内	337	53.49%
	国外	6	0.95%
核心人力资本	前期学习经历	212	41.81%
	国内	161	31.76%
	国外	51	10.06%
	前期工作经历	295	58.19%
	国内	181	35.70%
	国外	114	22.49%
投融资	投资	22	52.38%
	融资	20	47.62%
论文发表	合作发表①	547	87.94%
专利申请	合作申请②	637	23.16%

第二节 价值网络分析

一、价值网络的结构

将采集的 10 家人工智能实验室五个维度的关系数据输入社会网络分

① 合作发表论文是指包含样本节点在内的两家及两家以上的机构合作发表的论文数。

② 合作申请专利是指包含样本节点在内的两家及两家以上的机构合作申请的专利数。

析软件 Gephi0. 9. 2，得到了一个由 981 个节点（企业、机构和组织）和 5330 条边（关系）构成的价值网络拓扑结构图（见图 6 - 1）。如图 6 - 1 所示，人工智能实验室价值网络是一个包括人工智能实验室、研究型大学、科研院所、企业和政府在内的多元创新主体互动和协同创新的创新网络。

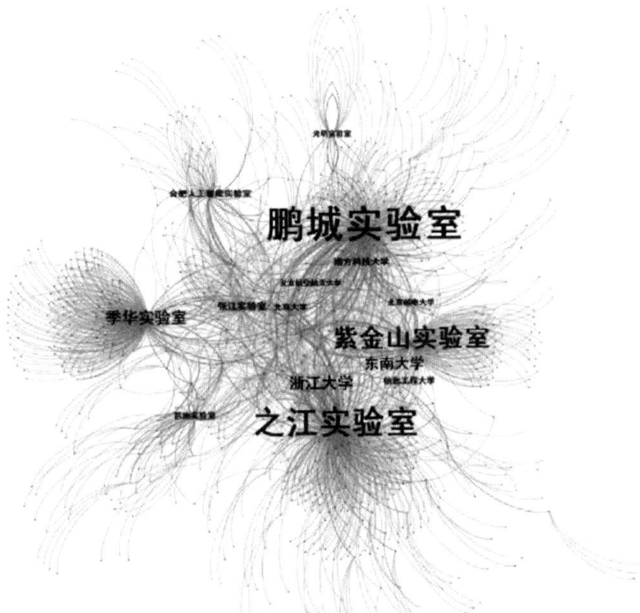

图 6 - 1　人工智能实验室价值网络拓扑结构图①

表 6 - 3 描述了人工智能实验室价值网络的结构性指标，人工智能实验室价值网络平均度为 5. 433，网络直径为 8，模块化为 0. 657，平均聚类系数为 0. 066，平均路径长度为 3. 592。另外生成了三组相同网络密度的随机网络，结合随机网络的结构性指标可以看出，相较于随机网络，人工智能实验室价值网络具有较高的平均聚类系数和较短的平均路径长度，表明人工智能实验室价值网络具有小世界网络特征。图 6 - 2 刻画了人工智能实验室价值网络节点度数中心度的分布情况，价值网络节点度数中心度

① 为了更加清晰显示主要节点的关系结构，图 6 - 1 价值网络拓扑结构图中仅显示了度数中心度排名前 15 的节点名称（包含了样本节点和关系节点）。

呈现幂律分布特征。

表 6－3 10家人工智能实验室价值网络结构性指标

	网络类型	节点数	关系数	平均度	网络直径	网络密度	模块化	平均聚类系数	平均路径长度
样本	人工智能实验室价值网络	981	5330	5.433	8	0.006	0.657	0.066	3.592
对照	随机网络 1	981	5897	6.011	12	0.006	0.235	0.006	3.762
	随机网络 2	981	5810	5.923	13	0.006	0.246	0.006	3.818
	随机网络 3	981	5762	5.874	12	0.006	0.229	0.006	3.813

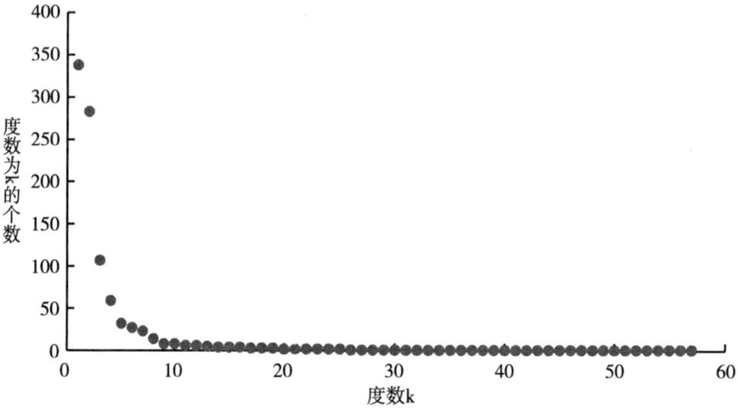

图 6－2 10家人工智能实验室价值网络节点度数中心度分布

表6－4描述了价值网络度数中心度排名前八的网络节点和关系节点分布情况。其中，度数中心度排名前八的网络节点主要包括两类：一类是以鹏城实验室、之江实验室和紫金山实验室为代表的人工智能实验室；另一类是以浙江大学、东南大学和南方科技大学为代表的研究型大学。从度数中心度排名前八的关系节点来看，主要包括两类：一类是包括浙江大学、东南大学和南方科技大学在内的研究型大学；另一类是包括清华深圳国际研究生院在内的科研院所。因而，在以人工智能实验室为核心的价值网络中，研究型大学和科研院所是人工智能实验室主要合作对象。

表 6－4　　度数中心度排名前八的价值网络样本节点和关系节点

样本节点	度数中心度	关系节点	度数中心度
鹏城实验室	1495	浙江大学	507
之江实验室	1261	东南大学	434
紫金山实验室	942	南方科技大学	134
季华实验室	519	北京大学	104
张江实验室	189	解放军信息工程大学	100
合肥人工智能实验室	137	北京邮电大学	99
琶洲实验室	128	北京航空航天大学	86
人工智能与数字经济广东省实验室（深圳）	87	清华深圳国际研究生院	82

二、人工智能实验室协同创新生态

（一）技术合作关系

1. 关系节点地域分布

图 6－3 描述了人工智能实验室技术合作关系节点的地域分布情况。从图 6－3 中可以看出，技术合作关系节点地域分布排名前三的分别为广东省、北京市和浙江省，占比分别为 27.98%、20.87% 和 18.58%。图 6－4 和图 6－5分别描述了技术输入和技术赋能关系节点的地域分布情况。整体来看，技术输入关系节点的地域分布相对于技术赋能关系节点的地域分布较为广泛，其中技术输入关系节点来源最多的地区为北京市，占比为 24.39%；其次为广东省，占比为 19.86%；上海市排名第三，占比为 15.64%。而技术赋能关系节点的地域分布更多集中于人工智能实验室所在地，具有一定的地域性特征，其中技术赋能关系节点分布最多的地区为广东省，占比为 27.99%；其次是浙江省，占比为 22.16%，北京市排名第三，占比为 21.28%。

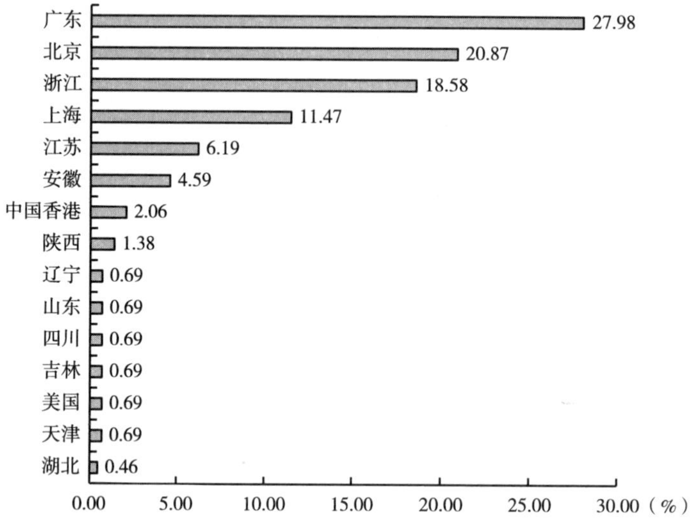

图6－3　技术合作关系节点的地域分布（排名前十五）

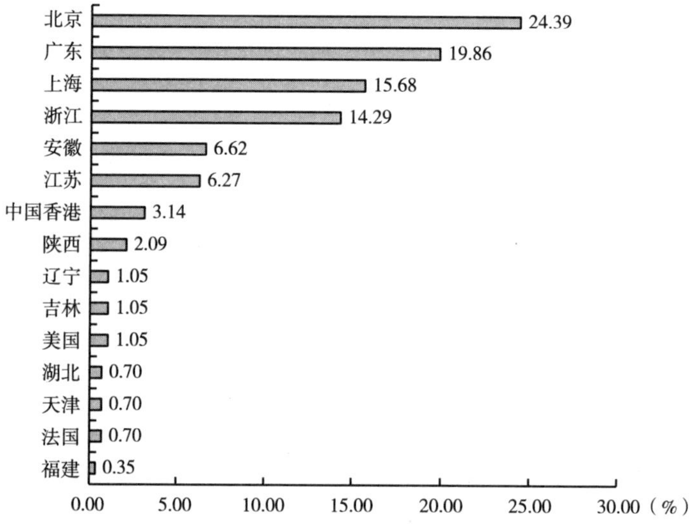

图6－4　技术输入关系节点地域分布（排名前十五）

2. 关系节点类型分布

从图6－6描述的人工智能实验室技术合作关系节点的类型分布看，人工智能实验室技术合作关系节点类型呈现出多样化特征。其中，企业是人工智能实验室技术合作的主要对象，占比为40.37%，排名第一；人工

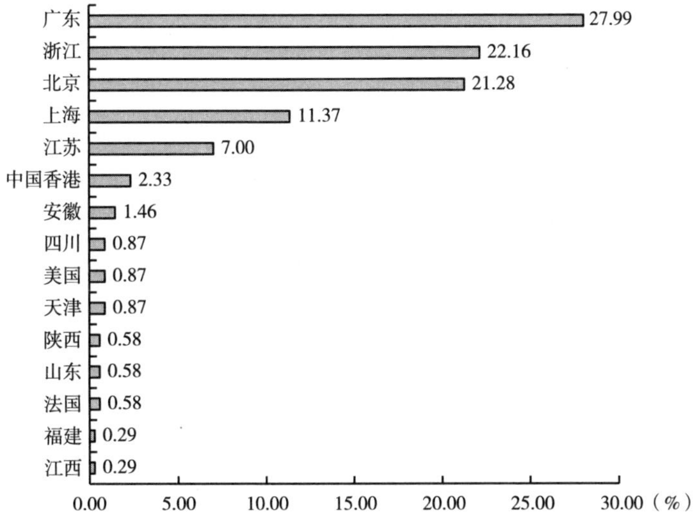

图6-5　技术赋能关系节点地域分布（排名前十五）

智能实验室与研究型大学之间的技术合作关系数排名第二，占比为30.73%；与科研院所技术合作关系数排名第三，占比为16.51%。

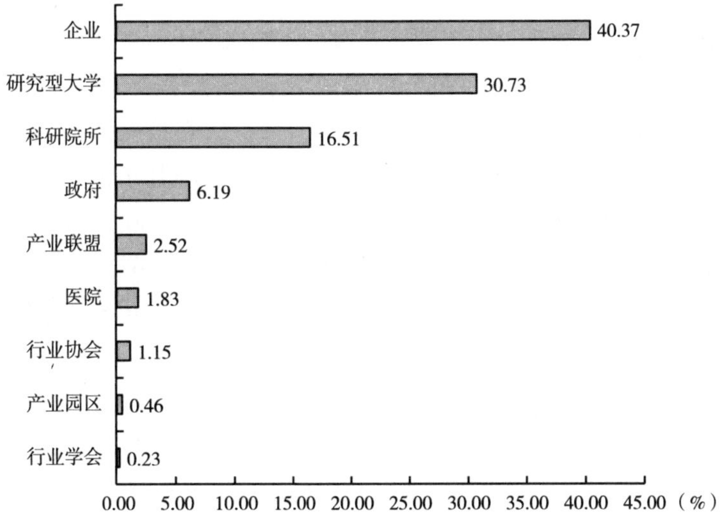

图6-6　技术合作关系节点类型分布

具体来看，技术合作企业类型关系节点排名前列的企业包括华为、中国联通、中国移动、新华三集团和科大讯飞，主要是人工智能开放创新平台企业和通信类企业，占比分别为 6.25%、3.98%、2.27%、2.27%和 1.70%。其中，人工智能实验室与华为技术合作关系数最多，根据技术合作关系数据，华为与包括鹏城实验室、紫金山实验室和琶洲实验室在内的多家人工智能实验室均存在技术合作关系，互动规则以项目合作为主。例如，华为与鹏城实验室共同发布了“鹏城云脑 II”。作为人工智能开放平台，“鹏城云脑 II”的强大算力依赖华为鲲鹏和昇腾处理器的支撑。同时，作为全球领先的 ICT（信息与通信）基础设施和智能终端提供商，华为支持紫金山实验室致力于网络通信与安全领域研究。通过企业和实验室的合作，联合开发了全球首个广域云化 PLC（可编程控制器）技术试验成果。

技术合作关系中，排名前列的研究型大学包括浙江大学、复旦大学、上海交通大学、清华大学和华南理工大学，占比分别为 11.19%、6.72%、5.22%、4.48%和 3.37%。其中浙江大学与人工智能实验室技术合作关系数最多。其中，浙江大学与之江实验室之间的技术合作关系最为紧密。两者之间在技术合作上同样以项目联合开发为主。例如，2019 年发布的由之江实验室牵头，联合浙江大学、阿里巴巴等多单位共同打造的“天枢”人工智能开源开放平台；2020 年 8 月面向全球开发者开源上线由之江实验室联合北京一流科技、中国信通院、浙江大学等业界顶尖力量共同研发的“之江天枢人工智能开源平台”；2020 年 9 月由浙江大学联合之江实验室在杭州发布了一款包含 1.2 亿脉冲神经元、近千亿神经突触的类脑计算机等。

在技术合作关系节点中，排名前列的科研院所包括中国科学院计算技术研究所、中国信通院、江苏省未来网络创新研究院、中国科学院和中国科学院微电子研究所，占比分别为 6.94%、6.94%、6.94%、5.56%和 4.17%。其中，中国科学院及所属的研究院是人工智能技术合作的主要对象。中国科学院计算技术研究所与人工智能实验室技术合作关系最为密切，合作方式包括项目合作、共建研究中心和共建创新联盟等。例如，中国科学院计算技术研究所于 2021 年 4 月与之江实验室共建先进计算机研究中心；2021 年 11 月与之江实验室共同发起设立智能计算数字反应堆创新联盟，推进产学研协同创新等。

图 6-7 和图 6-8 分别描述了技术输入和技术赋能关系节点的类型分布情况。从技术输入关系节点类型看，研究型大学是技术输入关系节点的主要类型，占比为 44.95%，排在首位；其次为来源于的企业技术输入，

占比为29.27%，排名第二；来源于科研院所的技术输入关系数排名第三，占比为21.95%。从技术赋能关系节点的类型看，人工智能实验室对企业的技术赋能关系数最多，占比为46.94%；对研究型大学的技术赋能关系数排名第二，占比为21.28%；对科研院所的技术赋能关系数排名第三，占比为16.03%。

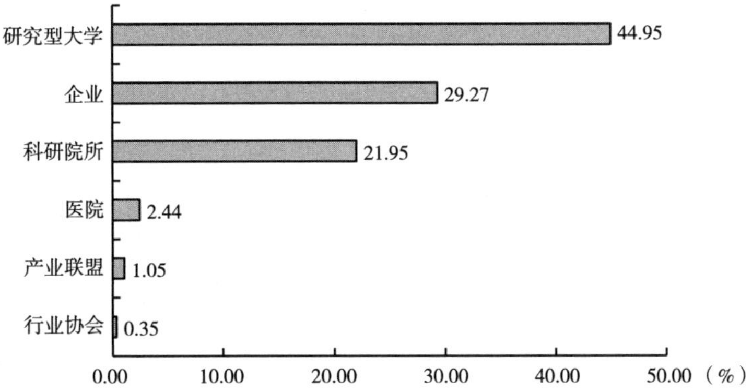

图6－7 技术输入关系节点类型分布

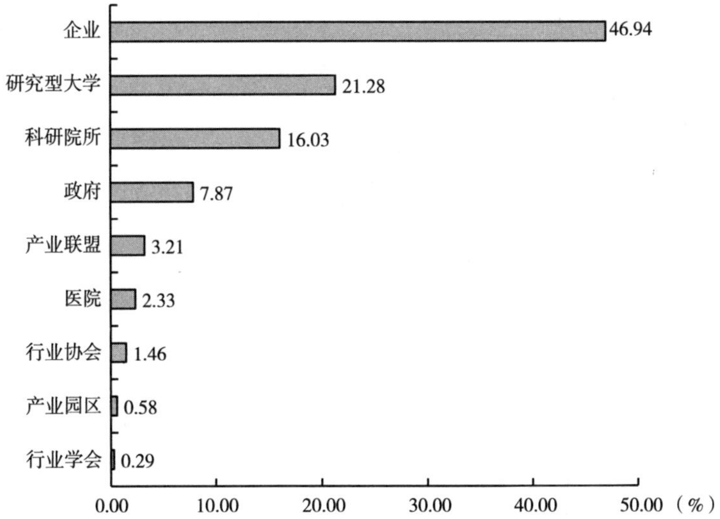

图6－8 技术赋能关系节点类型分布

从人工智能实验室技术合作关系节点类型看，无论是技术输入还是技术赋能，排名前三的关系节点类型为企业、研究型大学和科研机构。具体来看，无论是技术输入还是技术赋能排名前列的研究型大学均包括浙江大学、复旦大学和上海交通大学等国内著名研究型大学，排名前列的企业均包括华为、中国联通和中国移动在内的著名人工智能平台企业和通信企业，排名前列的科研院所均包括中国科学院计算技术研究所、中国信通院和江苏省未来网络创新研究院在内的科研机构。

3. 技术合作关系节点分布

图6－9描述了人工智能实验室技术合作关系节点的分布情况，人工智能实验室与浙江大学技术合作关系数最多，占比为3.44%，排名第一；与华为技术合作关系数排名第二，占比为2.52%；与复旦大学技术合作关系数排名第三，占比为2.06%。可以看出，与人工智能实验室存在技术合作关系排名前列的关系节点包括三种类型：一是包括浙江大学、复旦大学和上海交通大学在内的国内著名研究型大学；二是包括华为和中国联通在内的人工智能平台型企业和通信企业；三是包括江苏未来网络创新研究院、中国信息通信研究院和中国科学院计算技术研究所在内的国内科研院所。

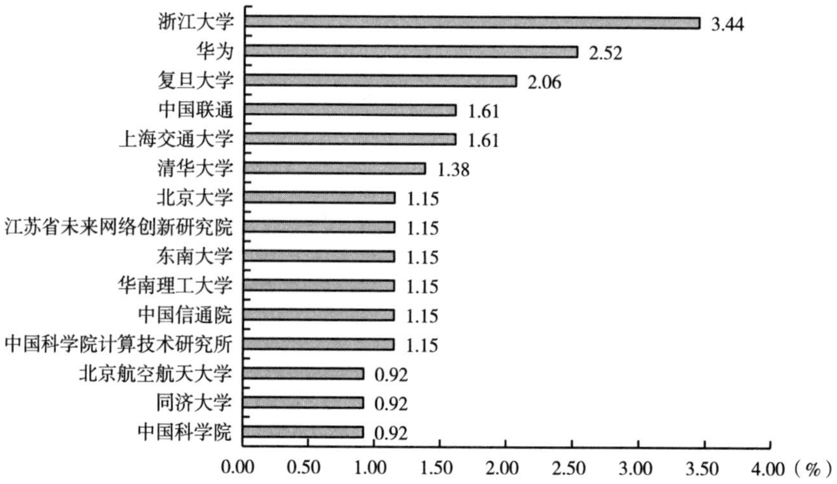

图6－9 技术合作关系节点分布（排名前十五）

无论是从技术输入还是技术赋能关系节点的分布情况看，排在前列的均包含浙江大学、复旦大学在内的研究型大学，华为、中国联通在内的人工智能平台型企业和通信企业，以及中国信通院和中国科学院计算技术研究所在内的科研机构。

从技术合作关系的关系节点类型看，研究型大学、人工智能平台企业和通信企业、科研院所和人工智能实验室组成的创新联盟，构筑起我国人工智能科技创新和产业发展创新生态的基本内核。通过关键创新主体的协同创新，共同推动我国人工智能科技创新和产业的发展。

4. 技术合作技术类别

图6－10描述了人工智能实验室技术合作涉及的人工智能技术类别分布情况。从技术类别的分布情况看，人工智能实验室技术合作中涉及人工智能技术类别丰富，既包括大数据与云计算、5G、物联网等基础性技术，也包括计算机视觉、智能机器人和自动驾驶等关键性技术。其中，技术合作关系中大数据与云计算技术排名第一，占比为61.78%；智能芯片技术排名第二，占比为7.22%；计算机视觉技术排名第三，占比为7.01%；5G和物联网技术排名第四和第五，占比分别为6.58%和4.67%。

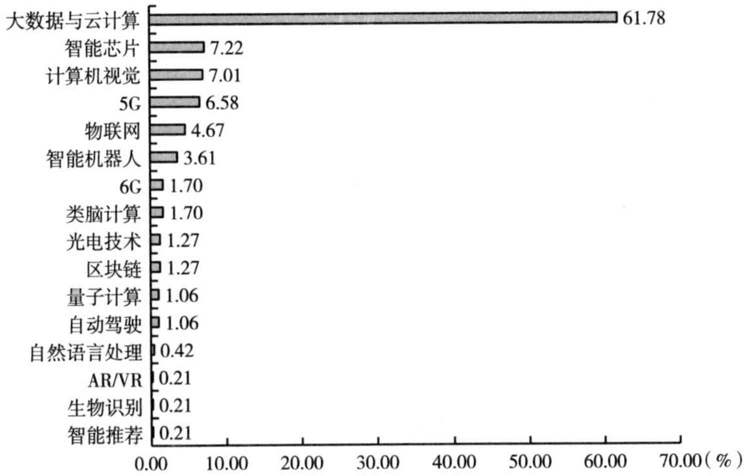

图6－10　技术合作技术类别分布

5. 技术合作应用领域

图6－11描述了人工智能实验室技术合作所涉及的应用领域分布情况。从技术合作应用领域分布看，人工智能实验室技术合作人工智能应用领域广泛，其中在技术合作关系中，智能制造领域排名第一，占比为35.85%；智慧城市领域排名第二，占比为25.66%；智慧医疗领域排名第三，占比为14.46%。

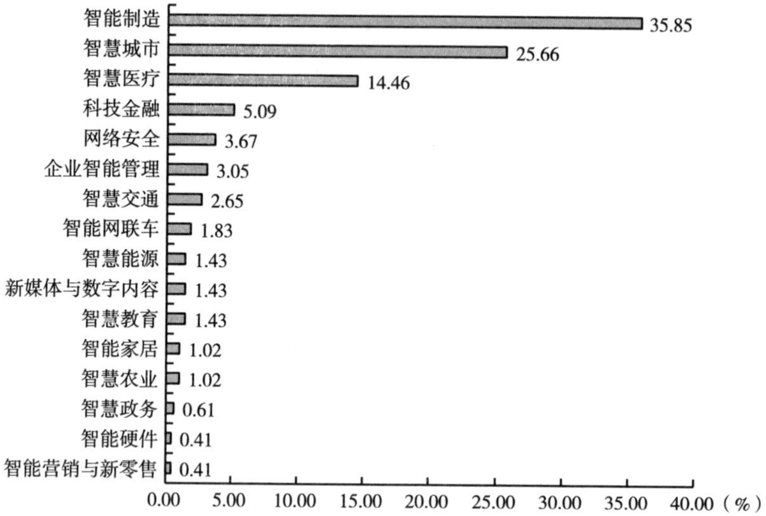

图 6－11　技术合作应用领域分布

（二）核心人力资本

1. 来源地域分布

图 6－12 描述了人工智能实验室核心人力资本来源的地域分布情况。从人工智能实验室核心人力资本来源的地域看，美国排名第一，占比为 19.33%；北京市排名第二，占比为 17.55%；浙江省排名第三，占比为 9.47%。图 6－13 和图 6－14 进一步描述了人工智能实验室核心人力资本国内和国外来源的地域分布。其中，国内主要来源于北京市，占比为 26.02%；其次是浙江省，占比为 14.04%；广东省排名第三，占比为 13.45%。国外地区主要以美国为主，占比高达 59.39%；英国列为第二，占比为 12.12%，新加坡和日本并列第三，占比为 6.06%。由此可以看出，北京是人工智能实验室核心人力资本国内主要来源地区，美国是人工智能实验室核心人力资本国外的主要来源地区。

2. 来源机构分布

图 6－15 描述了人工智能实验室核心人力资本前期学习经历和前期工作经验来源机构的分布情况。从核心人力资本来源机构的分布看，主要包括三类：一是以浙江大学、中国科学技术大学和美国南加州大学为代表的国内外研究型大学；二是以中国科学院和中国科学院计算技术研究所为代

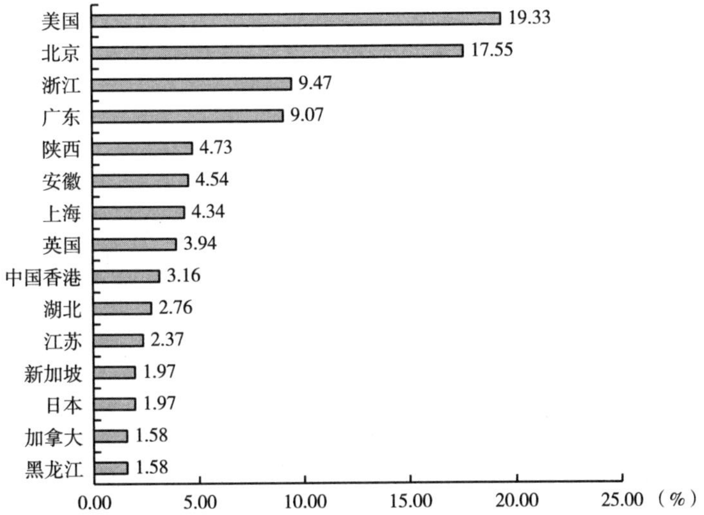

图 6－12 核心人力资本来源地域分布（排名前十五）

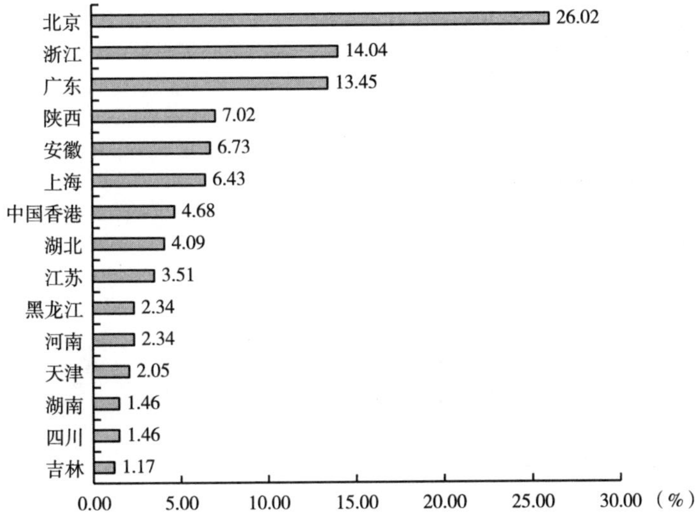

图 6－13 核心人力资本国内来源地域分布（排名前十五）

表的科研机构；三是以微软亚洲研究院为代表的跨国企业研究机构。其中，来源于浙江大学的核心人力资本占比最大，为 8.88%；其次为中国科学技术大学，占比为 3.94%；清华大学排名第三，占比为 3.16%。

图 6－16 和图 6－17 进一步描述了人工智能实验室核心人力资本国内外来源机构的分布情况，其中从国内来源机构分布看，排名前三的机构分

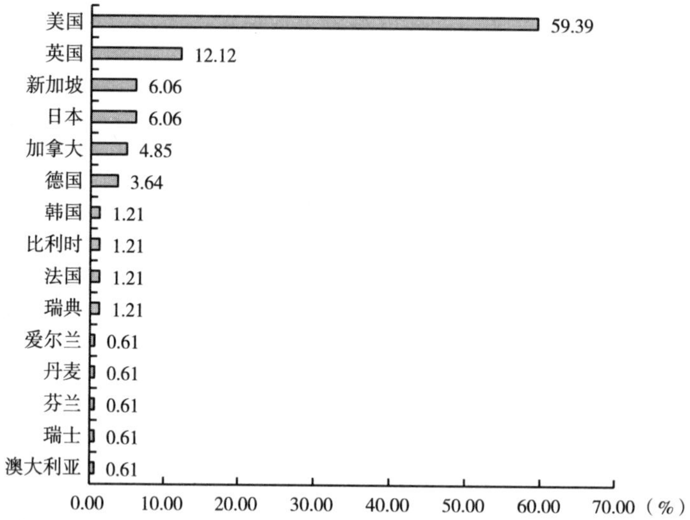

图 6－14　核心人力资本国外来源地域分布

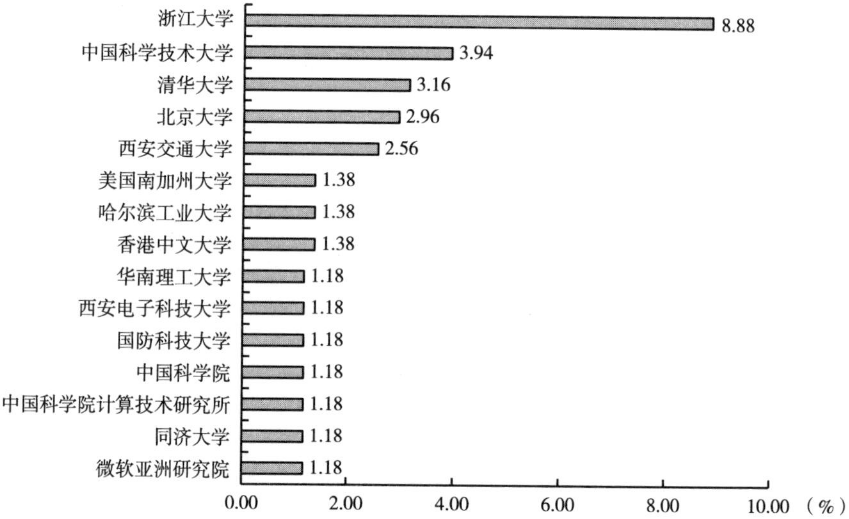

图 6－15　核心人力资本来源机构分布（排名前十五）

别为浙江大学、中国科学技术大学和清华大学，占比分别为 13.16%、5.85%和 4.68%；从国外来源机构分布看，排名前列的均为国外著名研究型大学，并且以美国研究型大学为主，排名前两位的分别为美国南加州大学和麻省理工学院，占比分别为 4.24%和 3.03%。

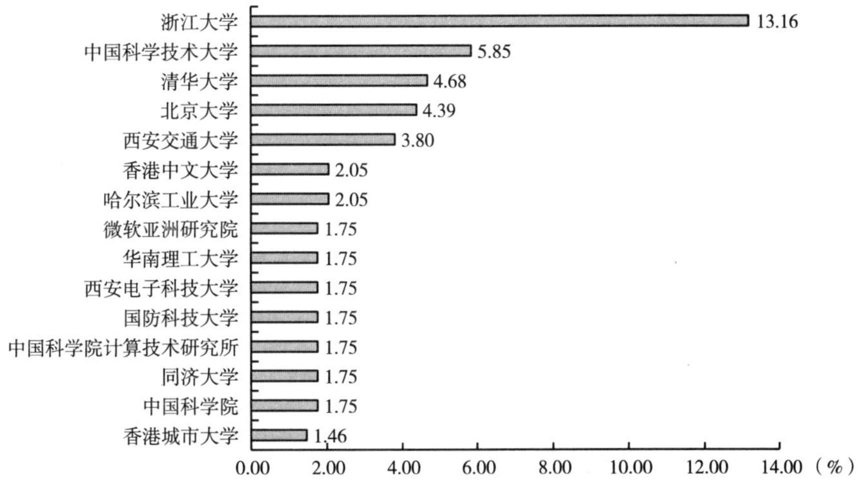

图 6－16　核心人力资本国内来源机构分布（排名前十五）

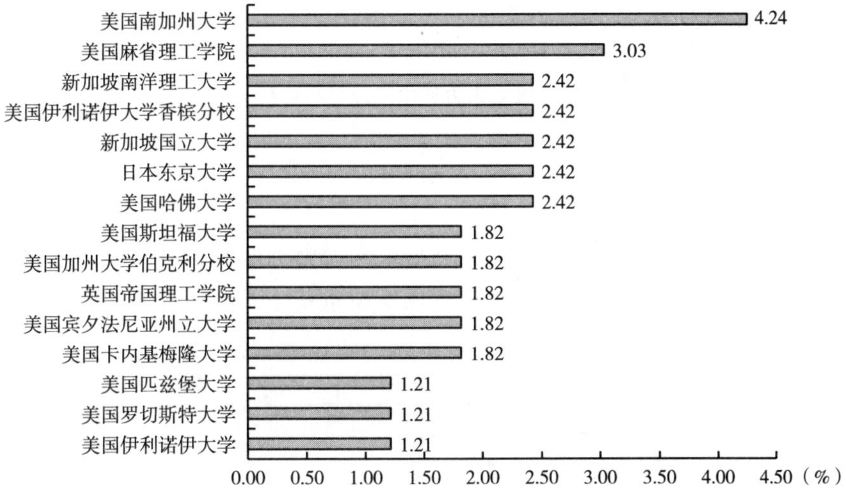

图 6－17　核心人力资本国外来源机构分布（排名前十五）

3. 来源机构类型分布

图 6－18 描述了人工智能实验室来源机构类型的分布情况。从核心人力资本来源机构类型看，研究型大学、科研院所和企业是人工智能实验室核心人力资本前期学习经历和工作经验的主要来源机构类型。其中，研究型大学排名第一，占比为 77. 71%；科研院所排名第二，占比为 10. 65%；企业排名第三，占比为 9. 27%。具体来看，排名前三的研究型大学包括

浙江大学、中国科学技术大学和清华大学，占比分别为 11.42%、5.08%和 4.06%。排名前三的科研院所包括中国科学院、中国科学院计算技术研究所和中国科学院上海冶金研究所，占比分别为 11.11%、11.11%和 3.70%。排名前三的企业包括微软亚洲研究院、华为和阿里巴巴，占比分别为 10.64%、6.38%和 6.38%。

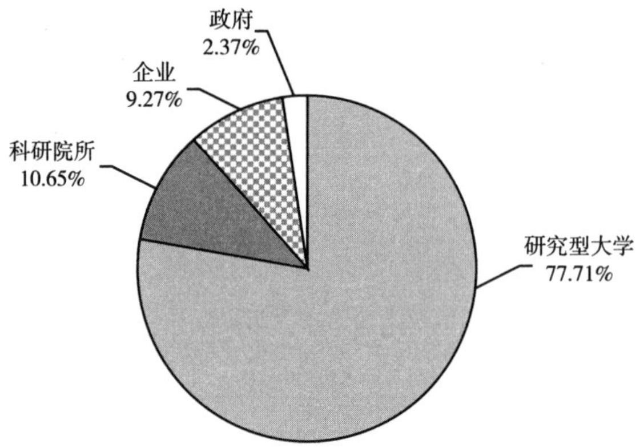

图 6-18 核心人力资本来源机构类型分布

4. 前期学习经历

(1) 来源地域分布

图 6-19 描述了人工智能实验室核心人力资本前期学习经历的地域分布情况。从地域分布情况看，人工智能实验室核心人力资本前期学习经历

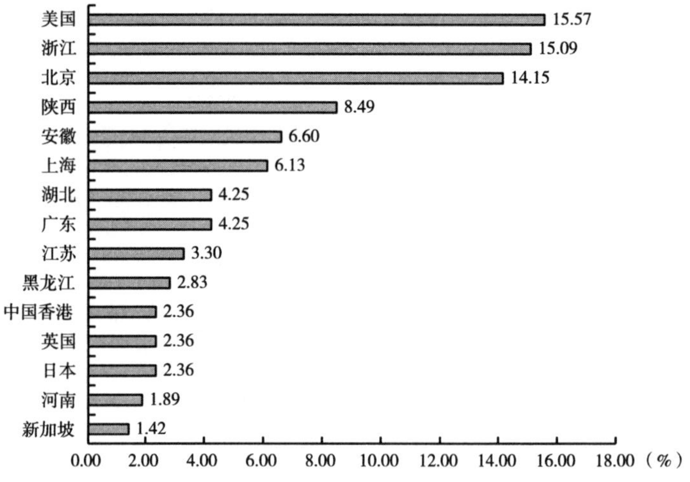

图 6-19 核心人力资本前期学习经历排名前十五的地域分布

来源地区最多的是美国，占比为 15.57%；其次为浙江省，占比为 15.09%；北京市排名第三，占比为 14.15%。图 6－20 和图 6－21 分别描述了人工智能实验室核心人力资本前期学习经历国内外的地域分布情况，其中国内排名前三的地区分别为浙江省、北京市和陕西省，占比分别为 19.75%、18.52% 和 11.11%；国外排名前三的地区分别为美国、英国和日本，占比分别为 66.00%、10.00% 和 10.00%。浙江省是人工智能实验室核心人力资本前期学习经历来源最多的国内地区，美国是人工智能实验室核心人力资本前期学习经历来源最多的国家。

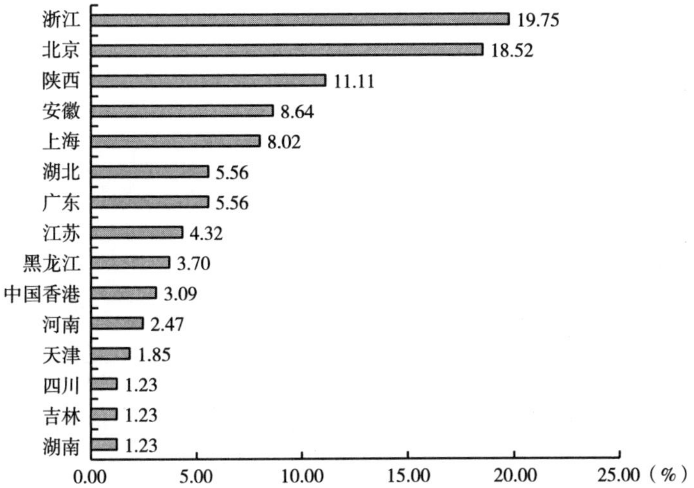

图 6－20　核心人力资本前期学习经历国内排名十五的地域分布

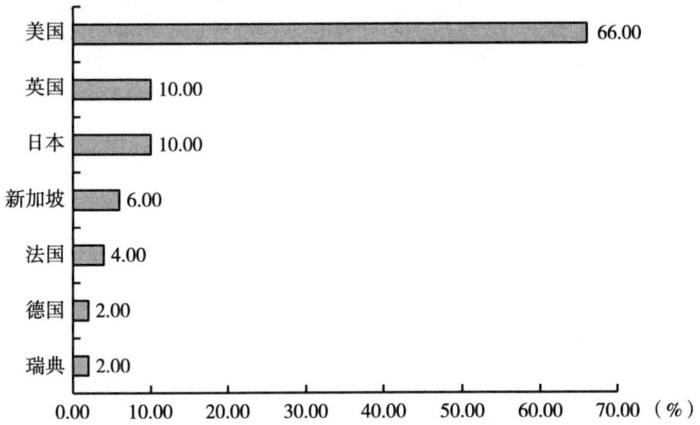

图 6－21　核心人力资本前期学习经历国外地域分布

(2) 来源机构分布

图6-22描述了人工智能实验室核心人力资本前期学习经历来源机构分布情况。可以看出，浙江大学是核心人力资本前期学习经历最主要的来源机构，排名第一，占比为15.09%；中国科学技术大学排名第二，占比为5.66%；清华大学排名第三，占比为4.72%。

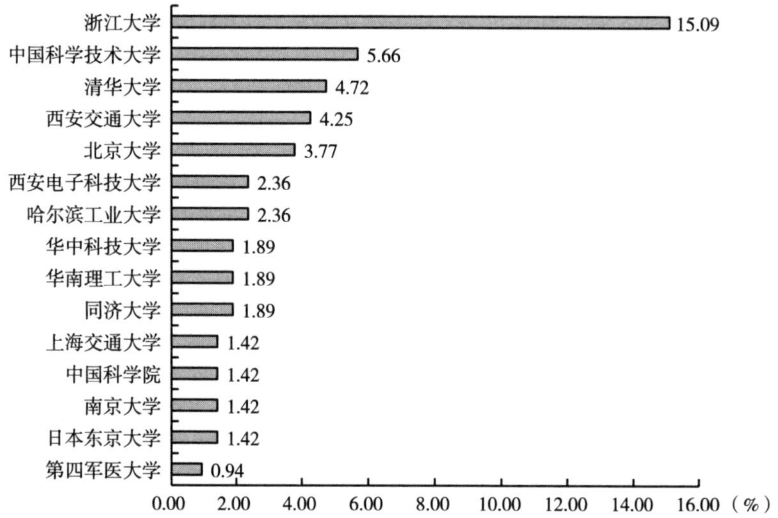

图6-22 核心人力资本前期学习经历来源机构分布（排名前十五）

图6-23和图6-24分别描述了人工智能实验室核心人力资本前期学习经历国内和国外的机构分布情况。国内机构分布排名前三的包括浙江大学、中国科学技术大学和清华大学，占比分别为19.88%、7.45%和6.21%；国外机构分布排名前三的包括日本东京大学、美国伊利诺伊大学香槟分校和美国南加州大学，占比分别为5.88%、3.92%和3.92%。

(3) 来源机构类型分布

人工智能实验室核心人力资本前期学习经历来源机构类型主要包括研究型大学和科研院所两类，占比分别为95.28%和4.72%。其中排名前五的研究型大学包括浙江大学、中国科学技术大学、清华大学、西安交通大学和北京大学，占比分别为15.84%、5.94%、4.95%、4.46%和3.96%；排名最多的科研院所主要是中国科学院，占比为30.00%。

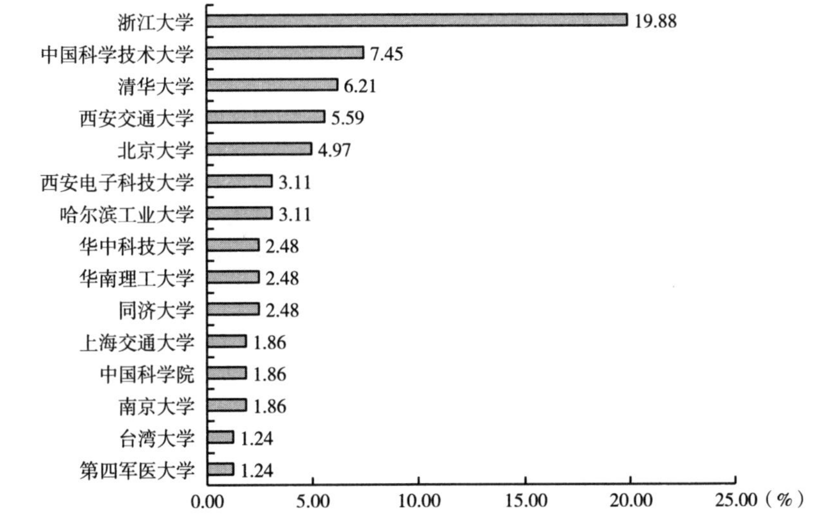

图 6－23　核心人力资本前期学习经历国内来源机构分布（排名前十五）

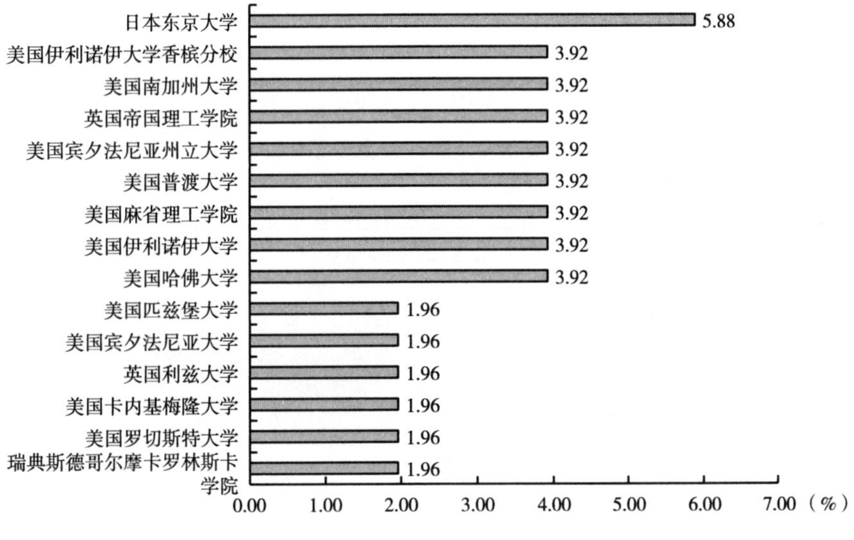

图 6－24　核心人力资本前期学习经历国外来源机构分布（排名前十五）

5. 前期工作经验

（1）来源地域分布

图 6－25 描述了人工智能实验室核心人力资本前期工作经验来源的地域分布情况。美国是人工智能实验室核心人力资本前期工作经验的主要来源地，占比为 22.03%；其次是北京市，占比为 20.00%；广东省排名第

三，占比为12.54%。图6－26和图6－27分别描述了人工智能实验室核心人力资本前期工作经验来源的国内外地域分布情况。其中，北京市是人工智能实验室前期工作经验国内主要来源地，占比为32.78%；美国是人工智能实验室前期工作经验国外主要来源地，占比为56.52%。

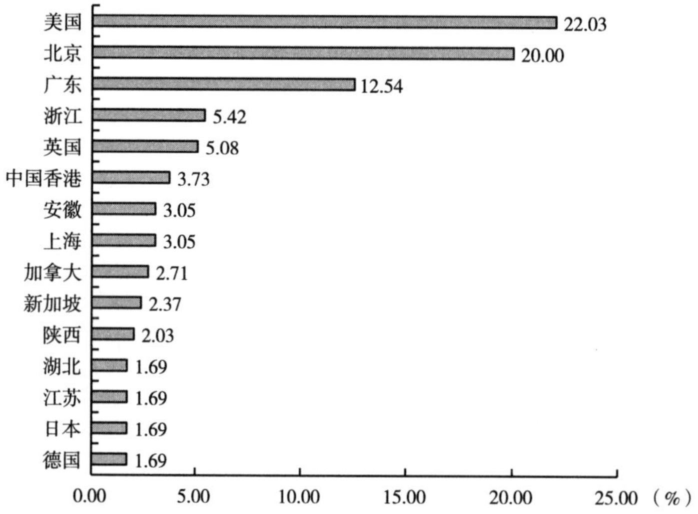

图6－25 核心人力资本前期工作经验地域分布（排名前十五）

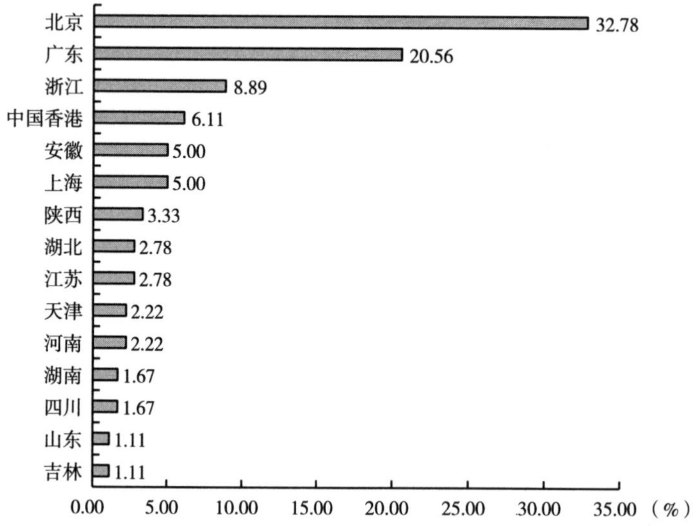

图6－26 核心人力资本前期工作经验国内地域分布（排名前十五）

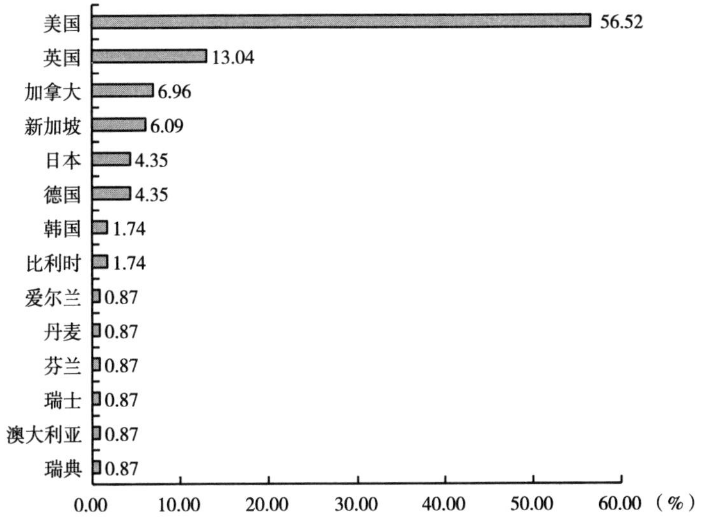

图 6－27　核心人力资本前期工作经验国外地域分布

（2）来源机构分布

图 6－28 描述了人工智能实验室核心人力资本前期工作经验来源机构的分布情况。可以看出，人工智能实验室核心人力资本前期工作经历来源排名前列的机构主要包括三类：一是以浙江大学、中国科学技术大学和美国南加州大学为代表的国内外研究型大学；二是以中国科学院计算技术研

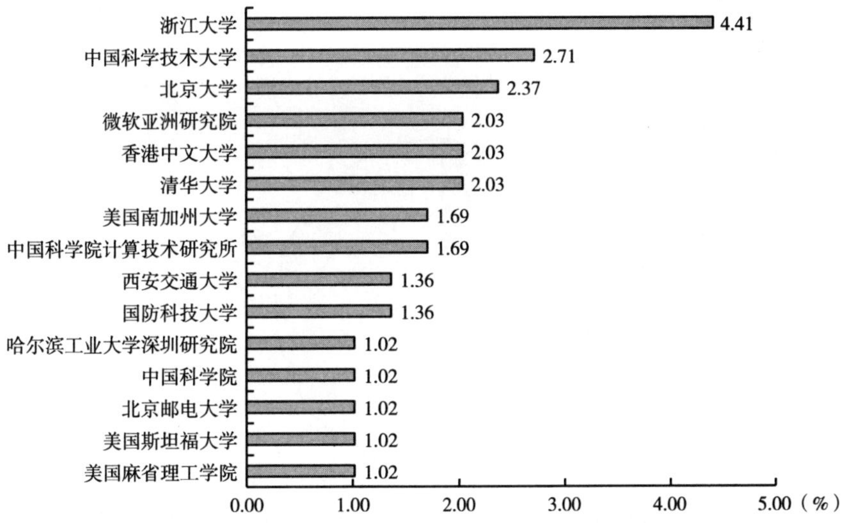

图 6－28　核心人力资本前期工作经验来源机构分布

究所和中国科学院为代表的科研院所；三是以微软亚洲院为代表的企业。其中来源于浙江大学的关系数排名第一，占比为 4.41%，中国科学技术大学排名第二，占比为 2.71%；北京大学排名第三，占比为 2.37%。从具体的核心人力资本前期工作经验关系数据看，来源国外排名前列的机构包括美国南加州大学、美国麻省理工学院、美国斯坦福大学、新加坡南洋理工大学和新加坡国立大学，占比分别为 4.39%、2.63%、2.63%、2.63% 和 2.63%。

（3）来源机构类型分布

图 6－29 描述了人工智能实验室核心人力资本前期工作经验来源机构的类型分布情况。可以看出，人工智能实验室核心人力资本前期工作经验主要来源于研究型大学，占比为 65.08%。其中排名前五的研究型大学包括浙江大学、中国科学技术大学、北京大学、清华大学和香港中文大学，占比分别为 6.77%、4.17%、3.65%、3.13% 和 3.13%。前期工作经验来源于企业的关系数据数排名第二，占比为 15.93%。其中排名前五的企业包括微软亚洲研究院、华为、阿里巴巴、中国电信和中国联通，占比分别为 10.64%、6.38%、6.38%、4.26% 和 4.26%。来源于科研院所的工作经验关系数据数排名第三，占比为 14.92%。其中排名前列的科研院所包括中国科学院计算技术研究所和中国科学院，占比分别为 11.36% 和 6.82%。

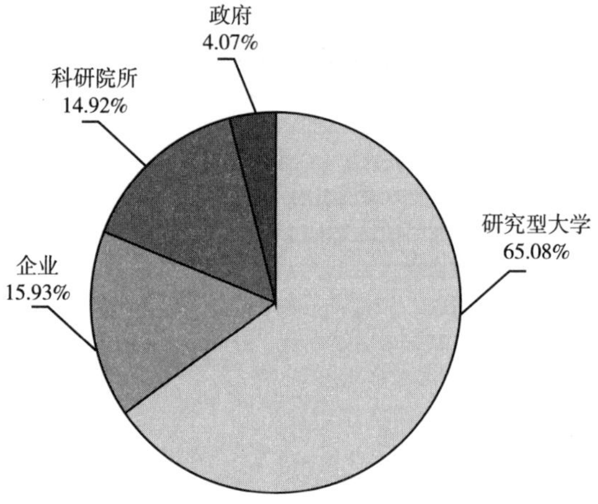

图 6－29　核心人力资本前期工作经验来源机构类型分布

（三）投融资

1. 投资

人工智能实验室的投资对象均为企业。对外投资是国内人工智能实验室将科技成果进行转化的一种重要途径。图 6－30 描述了国内人工智能实验室投资关系节点的地域分布情况。其中广东省被投资企业数量最多，占比为 72. 73%；其次为浙江省，占比为 18. 18%。主要原因是目前国内人工智能实验室的发展正处于起步阶段，以应用基础研究为主，在成果转化方面还不足。目前根据现有的投资关系数据，以之江实验室和季华实验室的对外投资数据为主。其中之江实验室成立于 2017 年，由政府和企业共同推动成立，将政府作用和市场机制进行有机结合，形成了“基础研究—应用基础研究—技术研发—产业化”相对完备的创新体系。加之新科技时代，基础研究与应用研究之间的链路很短，之江实验室的许多项目直接以赋能产业发展为主。季华实验室成立之初，就紧紧围绕佛山制造业发展的迫切需要进行科技创新。形成了包括机器人及其关键技术、半导体技术与装备和先进遥感装备在内的八个研究方向。目前已经孵化出季华恒一半导体科技有限公司、广东季华机器人有限公司等 14 家企业。

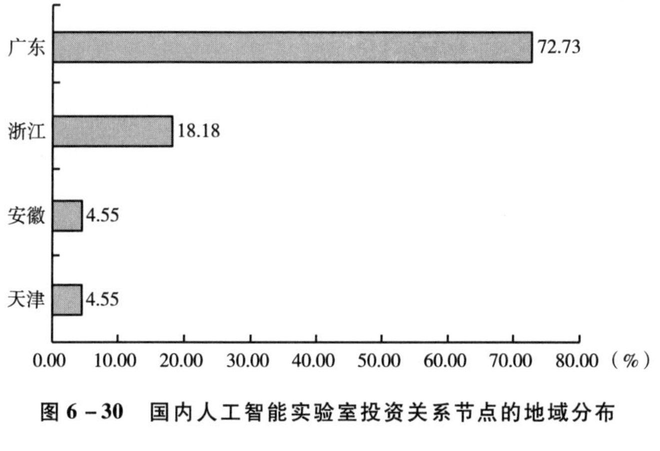

图 6－30　国内人工智能实验室投资关系节点的地域分布

图 6－31 描述了国内人工智能实验室投资关系节点的行业分布情况。其中投资人工智能核心部门的企业数最多，占比为 40. 91%；商务服务业企业数排名第二，占比为 27. 27%；设备制造业企业数排名第三，占比为 18. 18%。从被投的人工智能核心部门企业来看，主要涉及的人工智能技

术为大数据与云计算、智能机器人和智能芯片技术，主要涉及的人工智能应用领域包括智能制造和智慧城市。商务服务类企业主要是指以提供技术咨询、技术转让、技术推广等技术服务和投资服务为主的企业，如之江实验室投资的杭州之科股权投资有限公司，季华实验室投资的广东季华科技成果股权投资合伙企业（有限合伙）。

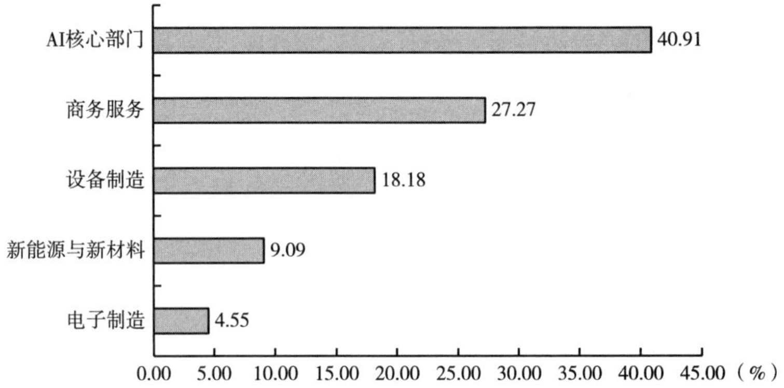

图 6－31 国内人工智能实验室投资关系节点所在行业分布

2. 融资

融资是指对人工智能实验室的资金投入。从目前国内人工智能实验室的融资来源看主要以政府资金为主，企业资金占比相对较少。现有的10家国内人工智能实验室中由企业参与投的包括之江实验室和湖畔实验室，均包含阿里巴巴投资。政府的资金支持是人工智能实验室开展基础研究的重要保障，为了让其外延更广，需要全社会的共同参与，动员政府、企业和社会等各方面力量，将市场机制与政府作用有机结合，实现“政产学研用”之间的协同。

（四）论文发表

1. 论文发表情况

图 6－32 描述了人工智能实验室论文发表情况。人工智能实验室发表论文总数和合作发表论文数呈逐年上升趋势，其中论文合作发表数占论文发表总数的比值也呈逐年上升趋势。

2. 合作发表论文分析

图 6－33 描述了人工智能实验室合作发表论文机构的性质分布情况。

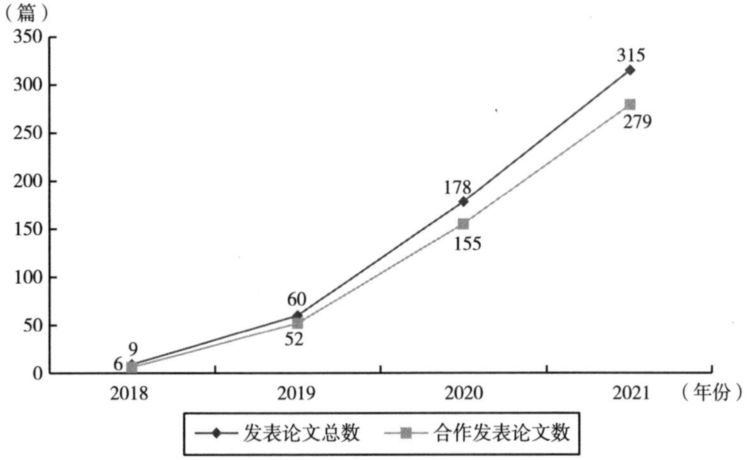

图 6-32 人工智能实验室论文发表情况

可以看出，人工智能实验室与研究型大学合作发表论文关系数占比最高，为 63.24%。其中排名前五的研究型大学包括东南大学、浙江大学、北京航空航天大学、北京邮电大学和清华大学，占比分别为 16.96%、7.39%、4.65%、4.65% 和 3.69%。人工智能实验室与科研院所合作发表论文关系数排名第二，占比为 22.49%。其中排名前五的科研院所包括中国科学院、中国科学院上海应用物理研究所、哈尔滨工业大学深圳研究生院、中国科学院计算技术研究所和中国科学院长春光学精密机械与物理研究所，占比分别为 11.92%、6.54%、4.23%、3.85% 和 3.08%。人工智能实验室与企业合作发表论文关系数排名第三，占比为 10.21%。其中排名前五

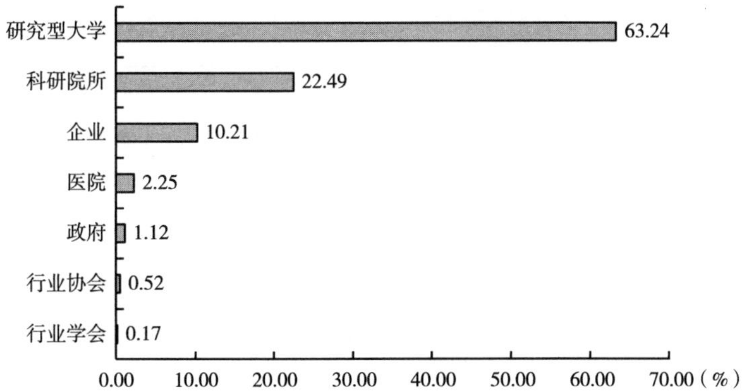

图 6-33 合作发表论文机构性质分布

的企业包括华为、中国航空工业集团公司沈阳飞机设计研究所、长春希达电子技术有限公司、阿里云和国网电力信息通信有限公司，占比分别为4.24%、4.24%、3.39%、2.54%和2.54%。

图6-34描述了人工智能实验室合作发表论文机构的分布情况。可以看出，排名前列的合作机构主要以研究型大学和科研院所为主。其中，与东南大学的合作次数占比最高，为10.73%；与浙江大学合作数占比排名第二，为4.67%；与北京邮电大学和北京航空航天大学合作占比排名第三，为2.94%。与东南大学合作发表论文最多的人工智能实验室主要是紫金山实验室，紫金山实验室建设初期是以东南大学、江苏省未来网络创新研究院和中国人民解放军战略支援部队信息工程大学团队作为研究的核心力量。与浙江大学合作发表论文最多的是之江实验室。浙江大学是之江实验室从事研究的重要依托力量。

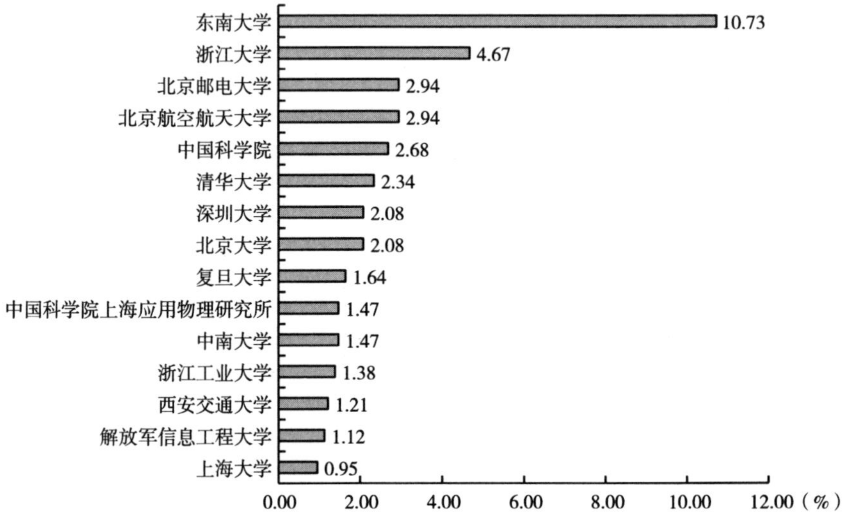

图6-34 合作发表论文机构分布

（五）专利申请

1. 专利申请情况

图6-35描述了人工智能实验室专利申请情况。可以看出，人工智能实验室专利申请总数和合作申请专利数均呈逐年上升趋势，但合作申请专利数占专利申请总数的比重较小，主要以独自申请专利为主。

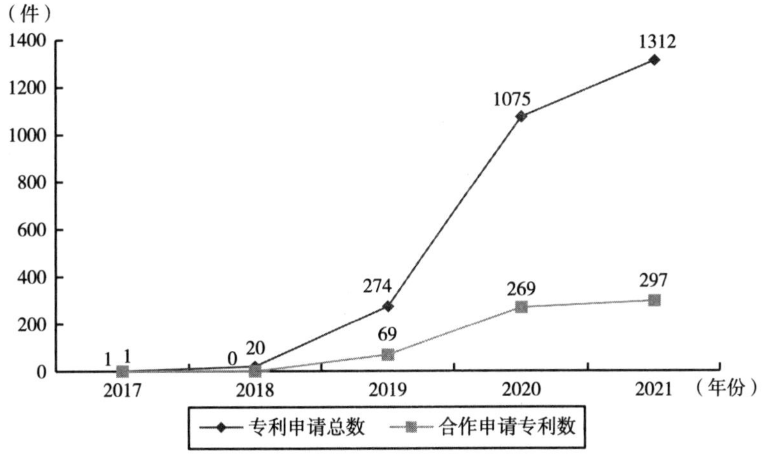

图 6－35　人工智能实验室专利申请情况

2. 合作申请专利分析

图 6－36 描述了人工智能实验室合作申请专利机构的类型分布情况。其中与研究型大学合作申请专利排名第一，占比为 78.08%。其中合作申请专利排名前五的研究型大学包括浙江大学、东南大学、南方科技大学、解放军信息工程大学和北京大学，占比分别为 31.35%、16.73%、11.15%、6.73%和 3.46%。人工智能实验室与科研院所合作申请专利关系数排名第二，占比为 16.82%。其中合作申请专利排名前五的科研院所包括清华大学深圳国际研究生院、哈尔滨工业大学深圳研究生院、北京大学深圳研究生院、中国科学院计算技术研究所和电子科大广东电子信息工程研究

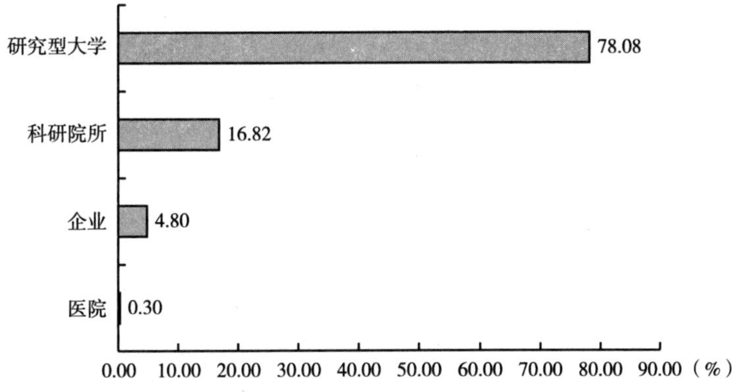

图 6－36　合作申请专利机构的类型分布

院，占比分别为 36.61%、18.75%、13.39%、5.36% 和 4.46%。人工智能实验室与企业合作申请专利关系数排名第三，占比为 4.80%。其中排名前列的企业包括明峰医疗系统股份有限公司和北京瀚诺半导体科技有限公司，占比分别为 25.00% 和 18.75%。

图 6－37 描述了人工智能实验室合作申请专利的机构分布情况。可以看出，排名前列的合作机构包括两类：一是以浙江大学、东南大学和南方科技大学为代表的研究型大学，二是以清华大学深圳国际研究生院、哈尔滨工业大学深圳研究院和北京大学深圳研究院为代表的科研院所。其中与浙江大学合作申请专利的人工智能实验室主要是之江实验室，与东南大学合作申请专利的人工智能实验室主要是紫金山实验室，与南方科技大学合作申请专利的人工智能实验室主要是鹏城实验室。

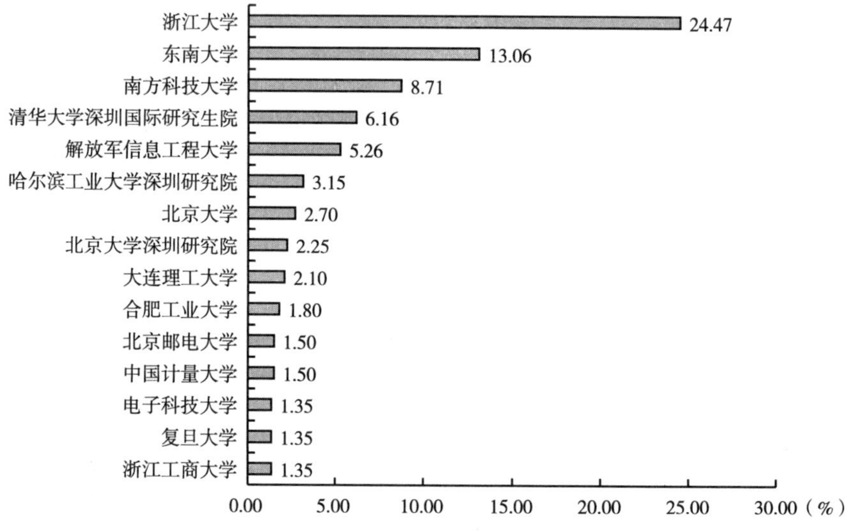

图 6－37 合作申请专利的机构分布

三、总结和政策建议

无论从价值网络的结构还是从关系数据的量化分析看，人工智能实验室的基本功能是围绕着自主可控技术体系的构建和创新生态系统的发展，培育研究型大学、平台企业和人工智能实验室的协同创新系统。在某种程度上，作为组织和制度创新，人工智能实验室属于典型的混合型创新平台组织。一方面人工智能实验室聚焦人工智能科技创新和产业发展中的重大问题，展开基础研究和关键共性技术开发，加速基础研究、技术开发和规模应用创新循环的形成和发展；另一方面人工智能实验室打破传统研究型大学和科研院所的专业化的束缚，进行跨学科、跨组织和跨产业知识、技术重组。

从技术合作、人力资本的前期学习和工作经历看，我国的人工智能实验室是全球创新网络的重要组成部分。尤其是从人力资本的前期学习经验看，在美国接受教育的人工智能占比高达 15.57%。同时，从人力资本的前期工作经验看，国外的人工智能头部企业同样是我国人工智能实验室人工智能前期工作经验的重要来源。如何构建开放的创新系统，进一步引进国外科学知识和技术成果，是发展我国人工智能科技产业的重要驱动因素。

从技术合作的地域分布看，以广东、浙江和江苏为代表的人工智能产业智能化前沿地带是人工智能实验室发展作用的重点区域。在工业化时代，广东、浙江和江苏都属于制造业发达的地区。2012 年之后，随着要素成本的上涨和环境保护压力的增加，经济的智能化转型成为这些地区经济创新发展的方向。在经济智能化转型迫切的省份，人工智能科技创新和产业发展提出的基础研究和技术开发问题，也成为人工智能实验室发展的重要牵引力。

随着科技创新能力的增强，人工智能实验室正在成长为我国人工智能领域国家战略科技力量的重要组成部分。作为传统的国家战略科技力量，研究型大学和科研院所更多的是小科学时代的产物，更强调研究领域的专业化。而人工智能涉及多学科交叉，知识和技术的跨学科、跨组织和跨产业的重组。打破传统的科研组织的边界，进行跨组织的协同创新，是创建和发展人工智能实验室的基础。如何发挥人工智能实验室在构建自主可控技术体系中的作用，是未来科技发展的关键命题。

第七章

应用导向的深科技创新——以深圳市为例

在人工智能科技产业的发展过程中，区域之间存在不同的科技创新模式。与包括在北京和上海等地的研究型大学和科研院所集中的创新城市不同，深圳缺乏创新资源。依靠雄厚的制造业基础，深圳探索以应用为导向集聚科技创新资源发展人工智能产业。通过与研究型大学和科研机构的深度合作，以华为和腾讯为代表的深圳市人工智能企业注重以应用为导向开展基础研究和根技术开发，在深科技创新道路上走在全国前列。

第一节 人工智能创新能力的区域差异

一、人工智能科技创新资源的区域分布

人工智能科技创新资源主要指的是大学和科研院所。截至 2022 年 12 月，全国共有 440 所高校设置“人工智能”本科专业、248 所高校设置“智能科学与技术”本科专业、387 所进行高等职业教育的普通高等学校（专科）设置“人工智能技术服务”专业。

本章采集到438所设置“人工智能”、“智能科学与技术”和“人工智能技术服务”专业的大学（见图7－1）。其中，长三角地区排名第一，占比为19%；京津冀地区排名第二，占比为13%；川渝地区排名第三，占比为8%；珠三角地区排名第四，占比为5%，其他地区占比为55%。

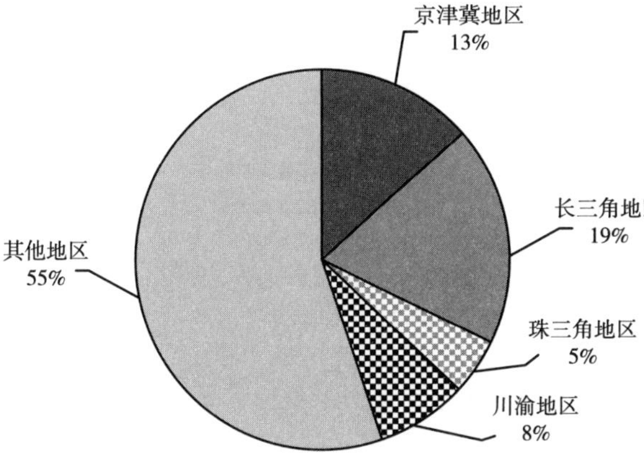

图7－1　438所AI大学在都市圈的分布

注：AI大学是指设置人工智能二级学院和研究机构的高等学校。（下同）。

如图7－2所示，438所高校广泛分布在全国各省份。其中，排名第一的是山东省，占比为7.53%；排名第二的是江苏省，占比为7.31%；排名第三的是北京市，占比为6.62%。

在AI大学主要分布的城市中，排名第一的是北京市，占比为6.62%；排名第二的是武汉市，占比为4.34%；排名第三的是广州市，占比为3.65%；排名第四和第五的分别是西安市和成都市，占比分别为3.42%和3.20%（见图7－3）。

AI大学的主要功能是进行基础研究和人才培养。到目前为止，人工智能方面的人才短缺仍然是制约我国产业发展的关键因素。人力资源和社会保障部发布的数据显示，中国人工智能人才缺口超过500万人。工信部人才交流中心发布的《人工智能产业人才发展报告（2019—2020年）》显示，我国在高端技术、应用开发和算法研究三个岗位均出现严重的人才缺口。其中，算法研究岗人才数量只占岗位需求的13%。

本章采集到307所人工智能科研机构的数据（见图7－4）。从区域分布看，排名第一的是长三角地区，占比为38%；排名第二的是京津冀地

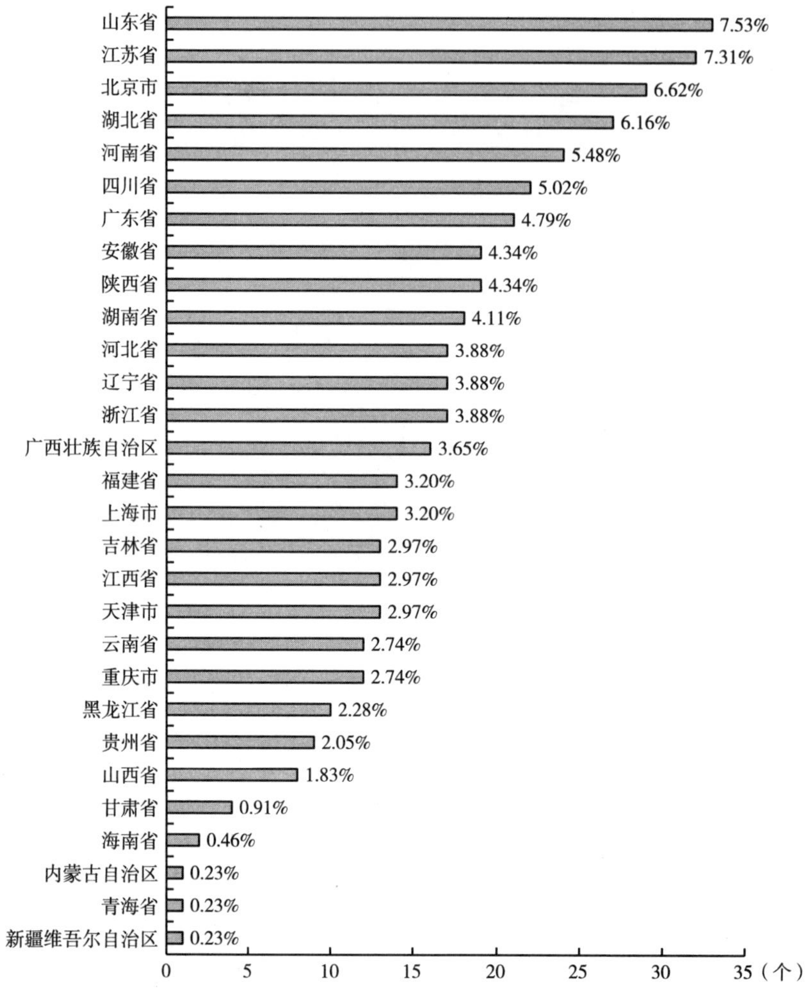

图 7－2　438 所 AI 大学省份分布

区，占比为 30%；排名第三的是珠三角地区，占比为 17%；排名第四的是其他地区，占比为 14%；排名第五的是川渝地区，占比为 1%。

307 所 AI 科研机构在各省份的分布中，排名第一的是北京市，占比为 25.73%；排名第二的是广东省，占比为 17.26%；排名第三的是江苏省，占比为 13.03%；排名第四和第五的分别是浙江省和上海市，占比分别为 11.40% 和 8.47%（见图 7－5）。

在 307 所 AI 科研院所在各主要城市排名中，排名第一的是北京市，占比为 25.73%，遥遥领先于其他城市；排名第二的是上海市，占比为

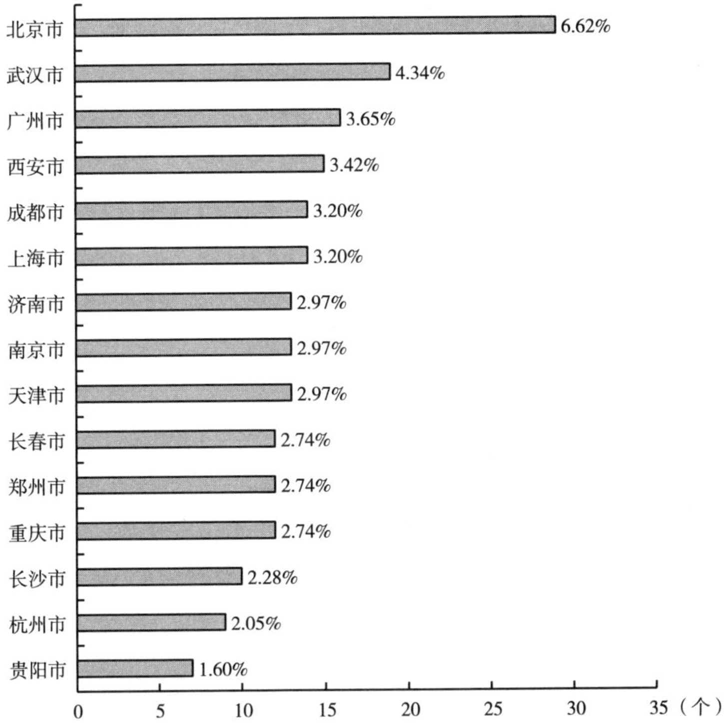

图 7－3　438 所 AI 大学主要分布城市

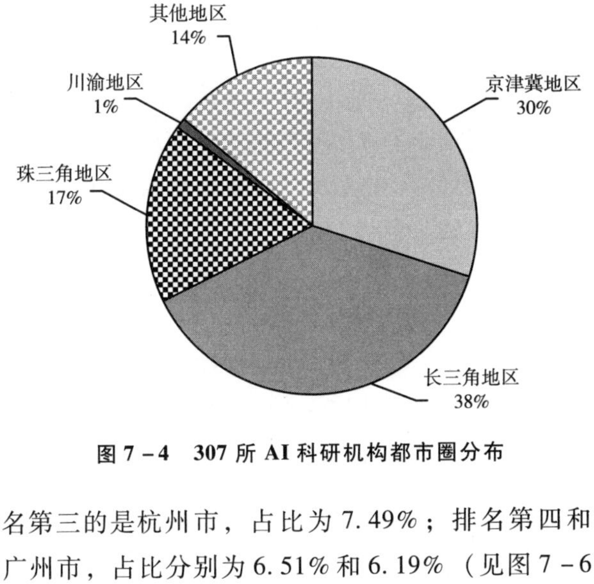

图 7－4　307 所 AI 科研机构都市圈分布

8.47%；排名第三的是杭州市，占比为 7.49%；排名第四和第五的分别是深圳市和广州市，占比分别为 6.51% 和 6.19%（见图 7－6）。

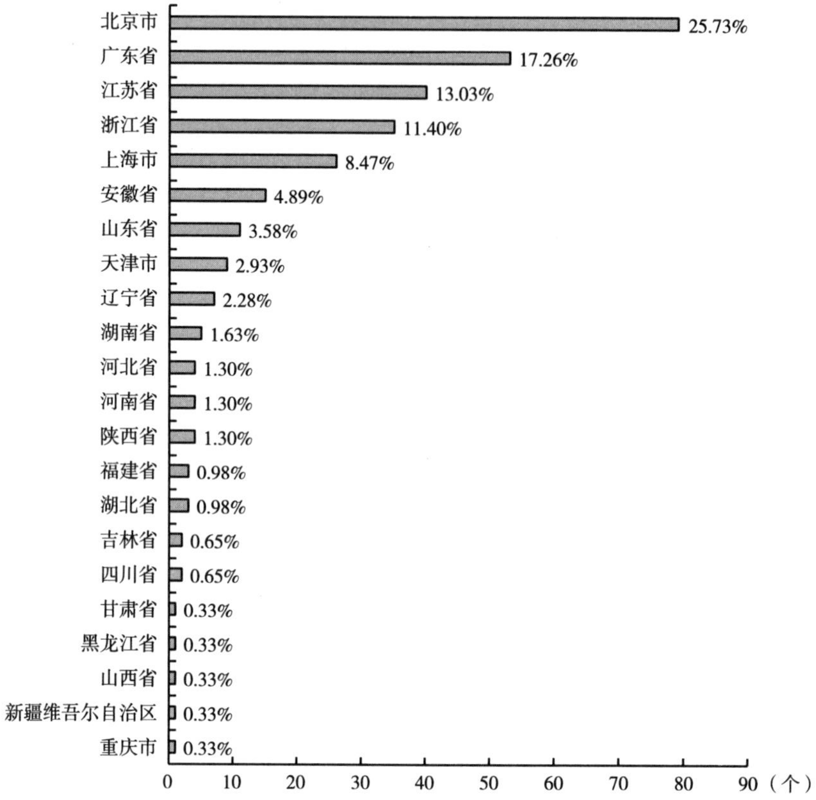

图 7－5　307 所 AI 科研机构省份分布

无论从 AI 大学还是从科研院所的分布看，深圳都属于科技创新资源匮乏的城市。但是依托产业基础雄厚的优势，深圳市通过人工智能头部企业与研究型大学和科研机构合作的方式，加快创新步伐，始终掌握人工智能科技创新和产业发展的前沿。

二、创新能力和路径

本章用各省份论文发表数和专利申请数作为评价区域人工智能产业创新能力的关键指标。图 7－7 和图 7－8 中的横轴代表论文发表数量，纵轴则代表专利申请数量。从两个维度的指标看，北京市在论文发表数量上排名第一，广东省在专利申请数量上排名第一。江苏省在论文发表和专利申请数量上都超过了上海市。

如图 7－8 所示，从城市创新能力看，在论文发表数量和专利申请数

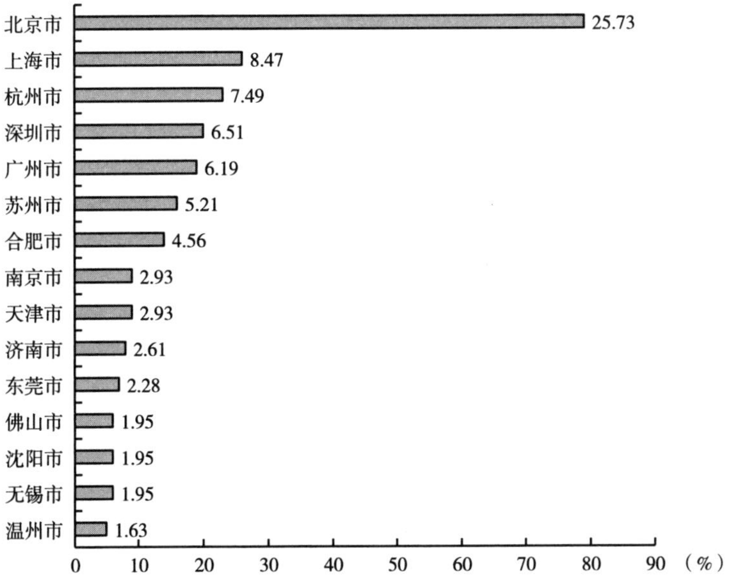

图 7－6　307 所 AI 科研机构主要分布城市

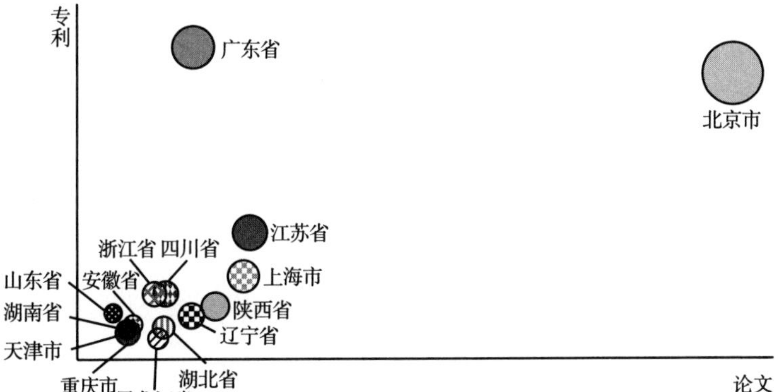

图 7－7　排名前二十的省份的技术创新能力

量上，北京市都遥遥领先，上海市则在论文发表数量上排名第二。深圳市在专利申请数量上排名第二，在论文发表数量上相对不足。与武汉市和西安市相比，杭州市和成都市的专利申请量排名更高。

在某种程度上，专利数代表区域产业的创新能力和市场竞争力，而论文数则代表区域的基础研究能力。从两个指标的组合情况看，北京市和深圳市都比较特殊。无论是论文发表还是专利申请北京市都排名前列，是基础研究和产业发展均衡的城市。与之相比，深圳市在专利申请数量上排名第二，仅次于北京市，而在论文发表数量上则排在二十个城市的最后。

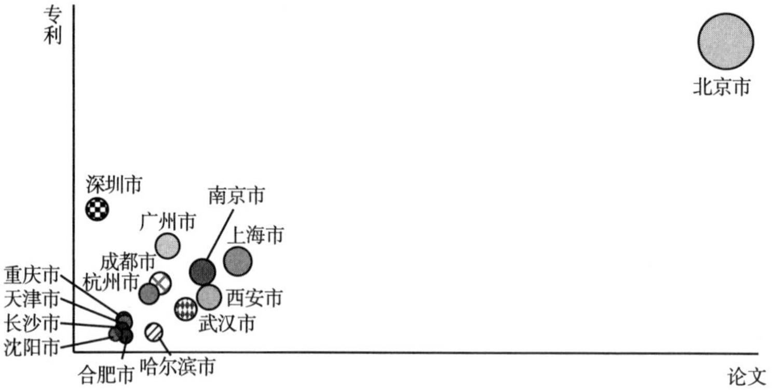

图 7－8　排名前二十的城市的技术创新能力

本章通过价值网络分析，考察深圳市在人工智能领域的科技创新和产业发展的特殊性。研究表明，与其他城市不同，在深科技创新过程中，深圳市是以应用为导向的。揭示深圳市人工智能科技创新和产业发展的内在逻辑，将对科技创新资源相对不足的地区提供借鉴价值。

第二节
深圳市人工智能科技产业创新生态的价值网络分析

一、样本筛选和数据采集

本章筛选出 316 家人工智能企业作为研究样本。样本企业包括包括三类：一是以华为和腾讯为代表的人工智能开发创新平台；二是以云天励飞和第四范式为代表的人工智能独角兽企业；三是以深信服务和神州数码为代表的网络安全等应用领域人工智能企业。

在确定样本库的基础上，本章通过实际调查和网络公开资料搜索和采集与样本节点存在技术合作、人力资本和投融资关系的关系节点和三个维度的数据。通过关系数据进行价值网络分析，考察深圳市人工智能科技创新和产业发展的动力和机制。

二、价值网络结构

从价值网络的结构看，深圳市人工智能产业创新生态是以华为和腾讯为核心的复杂网络结构。同时，中兴通讯、第四范式和中兴微电子构成了价值网络次级子系统（见图 7 -9）。

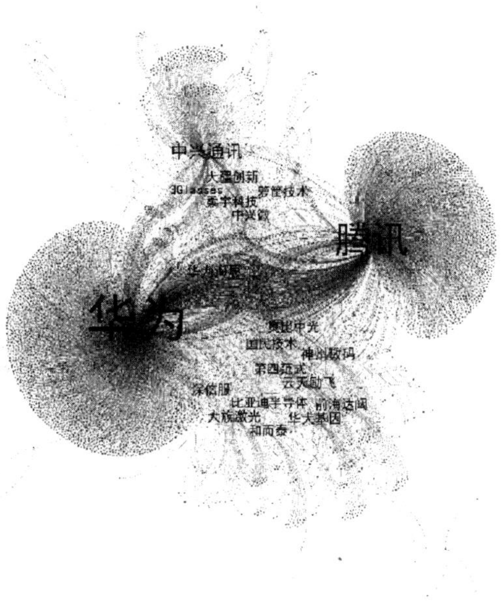

图 7 -9 深圳市人工智能科技产业创新生态价值网络图

价值网络的关系节点包括企业、政府、高校、科研院所和其他机构。其中，企业、政府、高校和科研院所是深圳人工智能科技创新和产业发展的主要力量，占比分别为 69.24%、15.73%、4.44%和 3.11%（见图 7 -10）。

如表 7 -1 所示，在度数中心度排名前十二的关系节点中有包括清华大学和北京大学在内的高校和科研院所，包括高通和微软在内的跨国公司，包括长安汽车和广汽集团在内头部汽车企业。从深圳市人工智能科技产业创新生态的结构看，高校、人工智能企业、跨国公司和传统产业龙头企业的协同创新，构成了深圳市人工智能深科技创新的基本特征。

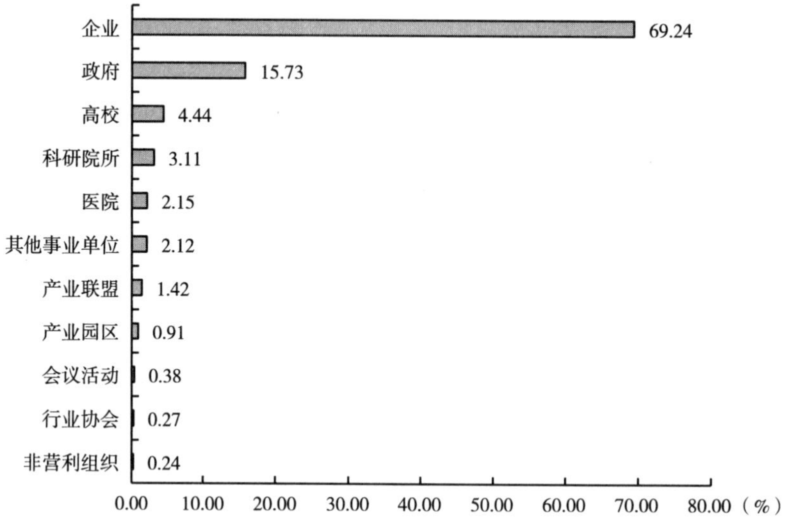

图 7－10 价值网络关系节点的类别分布

表 7－1 度数中心度排名前十二的关系节点

排序	节点名称	度数中心度
1	英特尔	49
2	中国信通院	38
3	清华大学	37
4	高通	37
5	微软	27
6	东华软件	21
7	英伟达	21
8	北京大学	21
9	南京大学	20
10	复旦大学	20
11	长安汽车	18
12	广汽集团	17

表 7－2 描述了 2015—2021 年价值网络结构性指标的变动情况。其中，平均聚类系数由 2015 年的 0.00002 增加到 2021 年的 0.8634，网络的平均路径长度则从 3.032 降低到 2.638。这说明，深圳市人工智能科技创新生态越来越向核心节点聚集。

表 7－2　　2015—2021 年价值网络结构性指标的变动情况

年份	节点数	边数	平均度	平均路径长度	网络直径	平均聚类系数	网络效率
2015	356	470	1.32	3.032	6	0.00002	0.318
2016	585	769	1.315	3.424	10	0.00001	0.332
2017	969	1385	1.429	3.263	8	0.00377	0.352
2018	1684	2543	1.51	3.211	8	0.00761	0.361
2019	2855	4521	1.584	2.945	8	0.01266	0.384
2020	5228	10914	2.088	2.636	7	0.08625	0.406
2021	5866	12847	2.19	2.638	7	0.08634	0.407

三、研发网络和生产网络的协同

为了揭示深圳市以应用为导向的深科技创新的内在逻辑，本章把技术合作关系划分为两类：一类是研究型大学和科研院所与企业之间的技术合作，构成研发网络[①]；另一类是企业之间的技术合作，构成生产网络[②]。如图 7－11 所示，在人工智能的早期发展阶段，企业之间的合作是人工智

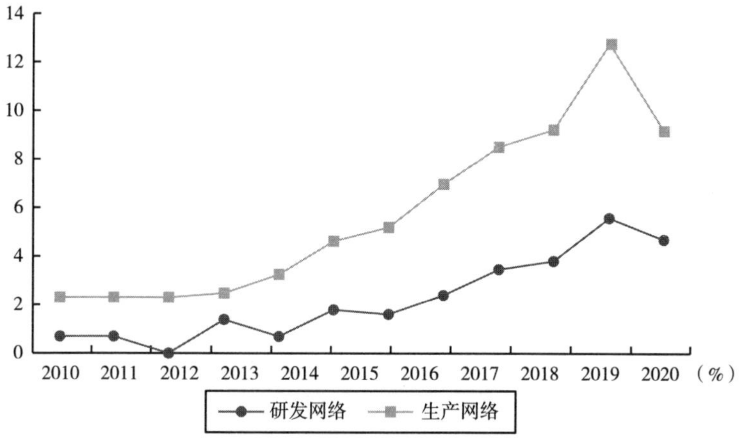

图 7－11　研发网络和生产网络的协同[③]

① 研发网络创新的聚焦在基础研究和根技术开发。

② 生产网络的创新聚焦于规模生产和应用。

③ 以研究型大学和科研院所对人工智能企业的技术合作指标作为研发网络，以其他企业对人工智能企业的技术合作指标作为生产网络。因为两个网络的新增边数差距较大，通过对数的处理更容易对比两个网络的变化趋势。

能科技产业发展的基础。随着人工智能技术创新，研究型大学和科研院所与企业之间的合作同样开始增强。在某种程度上，深圳市人工智能科技产业的发展是研究型大学、科研院所、人工智能企业和产业智能化转型企业协同创新的结果。在应用需求牵引下，研究型大学和科研院所逐步成为人工智能科技产业发展的重要支撑。

2014 年之前，研发网络和生产网络的发展都比较缓慢。2014 年之后，研发网络和生产网络都出现快速增长趋势。在创新过程中，基础研究、技术开发和规模应用的结合有利于企业和产业的深度创新，从而获得市场竞争优势（M. B. Jensen et al.，2007；N. Apanasovich，2016）[①②]。同时，研发和生产的反馈机制推动人工智能科技产业步入快速发展的轨道。基础研究和根技术创新是深科技创新发展的源泉。深科技创新是一个复杂过程，不仅需要基础研究和技术开发的支撑，同样需要规模应用的反馈。

四、基础研究和产业创新的融合发展

本章分别以华为、腾讯、大疆创新和云从科技为例，研究深圳人工智能深科技创新的基本特征。在四家企业中，华为和腾讯属于超级平台，而大疆创新和云从科技则属于新创业企业。

（一）华为

华为技术有限公司（简称“华为”）创立于 1987 年，是一个以代理香港交换机起步的中国民营企业。从经销商开始起步，在明确的创新战略引导下，华为通过长期的研发投入和不断的技术突破，逐渐成长为我国通信和人工智能领域的超级平台企业。

截至 2008 年，华为《专利合作条约》申请量达 1737 件，首次成为全球第一大国际专利申请公司。经过 30 多年的发展，华为已成为全球领先的 ICT（信息与通信）基础设施和智能终端提供商，拥有 19.5 万名员工，业务遍及 170 多个国家和地区，服务 30 多亿人口。目前，作为 5G 技术的引领者，华为已经成为掌握未来技术的国际一流通信企业。2021 年，在面临外

① Jensen，M. B.，Johnson，B.，Lorenz，E.，& Lundvall，B. A.（2007）. Forms of knowledge and modes of innovation. Research Policy，36，680 – 693.

② Apanasovich N. Modes of innovation：a grounded meta – analysis [J]. Journal of the Knowledge Economy，2016，7（3）：720 – 737.

界诸多不利因素下，华为实现销售收入人民币 6368 亿元，实现利润人民币 1137 亿元，净利润率达 17.9%。华为之所以能够表现出较强成长能力和市场竞争力，主要得益于长期对研发活动尤其是基础研究的投入。2021 年，华为的研发支出为 1427 亿元人民币，占销售收入的比重为 22.4%，在全球企业中位列第二。2021 年，华为在 ACM、IEEE 等高影响因子期刊、会议发表论文 867 篇，100 多位技术专家担任期刊和会议的审稿人。

图 7－12 描述了华为发展的历程和关键性事件。本章通过三个阶段的划分，分析华为如何通过加强基础研究逐步提高研发能力的过程。

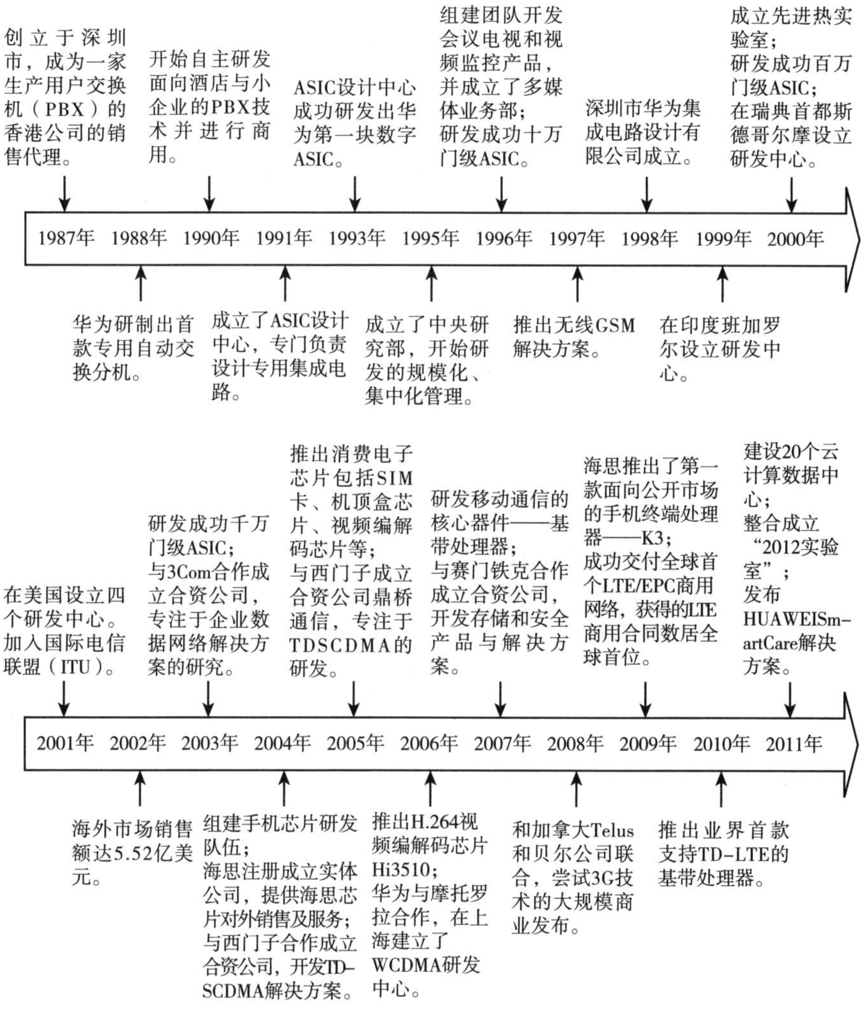

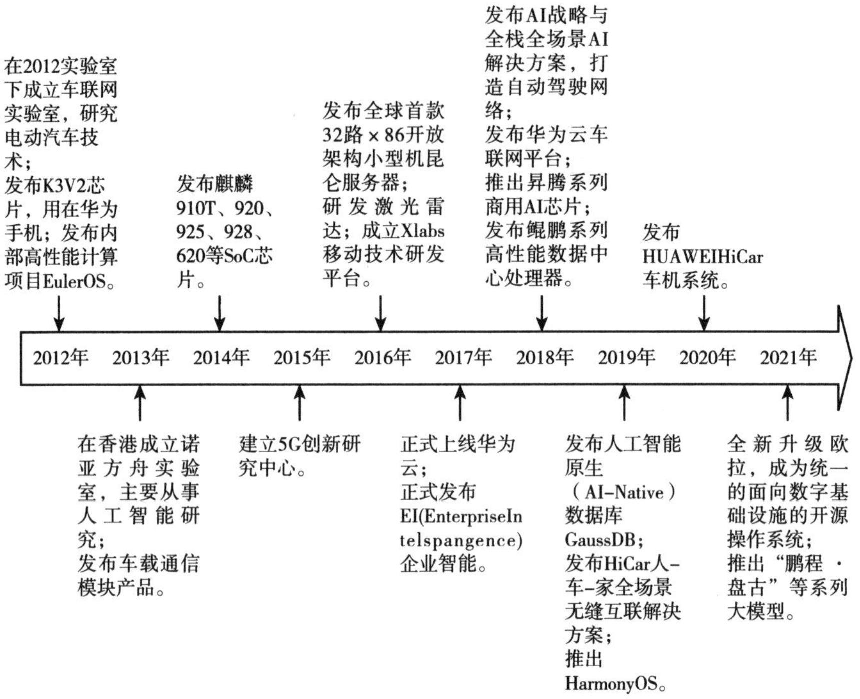

图 7－12　华为发展历程及关键性事件

第一阶段：从产品经销到自主研发（1987—1998 年）。

1987 年，华为创立于深圳市，成为一家生产用户交换机（PBX）的香港公司的销售代理。1988 年，华为研制出首款专用自动交换分机。1990 年，华为开始自主研发面向酒店与小企业的 PBX 技术并进行商用。1991 年，华为成立 ASIC 设计中心，专门负责设计“专用集成电路”（Application Specific Integrated Circuit，ASIC），成为海思的前身。1993 年，ASIC 设计中心成功研发出华为第一块数字 ASIC。1995 年 3 月，华为成立中央研究部，开始研发的规模化、集中化管理。中研部下设无线、交换机、智能等业务部，其中的基础研究部主要负责华为的芯片研发。1996 年，华为在研发上考虑向交换机以外的领域扩张，组建团队开发会议电视和视频监控产品，并成立多媒体业务部。1997 年，华为推出无线 GSM 解决方案。

华为通过代理香港厂商的交换机了解技术和市场需求，继而开始转向自主研发交换机。通过不断根据市场需求调整研发策略，华为获得了快速发展，同时积累了深厚的技术能力，为此后向更前沿的技术标准发起冲击打下坚实的基础。自 1995 年成立中央研究部，华为开始陆续建立跨国的研究体系。

第二阶段：构建全球研发体系（1999—2013 年）。

1999 年，华为在印度班加罗尔设立研发中心。2000 年，华为成立先进热实验室，目标是探索性能更高、能效更优、环境友好的创新散热技术，如高热密度芯片级散热、高功率两相热管技术、高能效液冷技术等。

2001 年，华为在美国设立四个研发中心，并加入国际电信联盟（ITU）。2003 年，华为与 3Com 合作成立合资公司，专注于企业数据网络解决方案的研究。2004 年，组建手机芯片研发队伍，海思成为独立实体。2004 年，华为与西门子合作成立合资公司，开发 TD - SCDMA 解决方案。2006 年，华为与摩托罗拉合作，在上海建立 WCDMA 研发中心。2009 年，华为海思推出第一款面向公开市场的手机终端处理器——K3。2010 年，华为推出业界首款支持 TD - LTE 的基带处理器，并能同时支持 LTEFDD 和 TD - LTE 双模工作。2011 年，华为整合成立“2012 实验室”。2012 年，华为开始进行汽车相关研究，在“2012 实验室”下成立“车联网实验室”，研究电动汽车技术。

2006 年，华为将 10% 的销售收入投入研发、10% 的研发经费投入预研，48% 的员工从事研发业务。自此之后，华为每年都保持将 10% 以上的销售收入投入研发。2010 年 3 月，华为创新研究计划（HIRP）面向全球发布，以创新的模式引导其他领域的思想和方法，合作攻克前沿科技难题。截至 2016 年底，全球有 2 位诺贝尔奖获得者、100 多位 IEEE 和 ACM 院士以及全球数千名专家学者参与 HIRP。HIRP 已覆盖全球 20 多个国家，300 多所高校，在全球范围内资助超过 1200 个创新研究项目。

第三阶段：基础研究引领发展（2014 年至今）。

2015 年，华为发布全球首款 32 路 ×86 开放架构小型机昆仑服务器。2016 年，华为成立 XLabs。XLabs 是集合运营商、技术提供商和业务合作伙伴的研发平台，探讨移动技术和互联的全新使用场景。2017 年，华为云正式上线。2018 年，华为发布 AI 战略与全栈全场景 AI 解决方案，在全云化网络基础上引入全栈全场景 AI 能力，打造自动驾驶网络。2019 年，华为发布自动驾驶行动网络解决方案。2020 年，华为推出 HUA-

WEIHiCar 车机系统。

在某次华为内部讲话上，华为常务监事透露，过去十多年来，华为与300多所高校开展了合作，建立了169个创新实验室。华为在其2021年年报中称“我们建立了86个基础技术实验室，扎根基础研究，建立相关的核心技术体系。”在华为可查的2006—2021年年报中，自2014年开始，华为均在年报中强调基础研究对企业发展的重要性。华为在2015年年报中写道：“华为在面向未来的基础研究和创新上持续加大投入，在ICT的热点前沿领域已取得丰硕成果，希望借助技术的创新突破来驱动产业的发展与商业模式成功。”

2019年，华为提出“创新2.0”概念，指出“‘创新1.0’是基于客户需求和挑战，是技术创新、工程创新，是产品与解决方案的创新，是从1到N的创新。核心是帮助客户和合作伙伴增强竞争力，帮助客户增加收益或降低成本，从而实现商业成功。”“‘创新2.0’是基于对未来智能社会的愿景假设，打破制约ICT发展的理论和基础技术瓶颈，是实现理论突破和技术发明的创新，是从0到1的创新。”

从发展历程可以看出，华为始终围绕核心技术创新进行发展，通过不断设立针对不同技术研发的专业实验室，实行内部创业，拓展企业的市场边界，发挥创新的规模效应。正如华为在2019年年度报告中所称：“面向未来，华为的创新将从基于客户需求的技术和工程、产品和解决方案的‘创新1.0’时代，迈向基于愿景驱动的理论。”关于愿景驱动，华为对此解释为：“我们从愿景假设出发，研究未来智能世界中人们在生活、工作、娱乐、保持健康等场景中可能遇到的问题，带着问题捕捉未来的技术方向和商业机会，去孵化新产业；同时在此基础上大胆假设，规划我们的技术要素。”类似于布什（Bush，1945）所称的以“好奇心”驱动的基础研究推动的技术创新。不过不同的是，华为的基础研究来源于市场的潜在需求（愿景），是有应用目的的基础研究。华为始终坚持技术创新驱动企业发展。2014年之后，华为强调基础研究对技术创新的引领作用，发挥以“2012实验室”为基础的研发动力。从图7-13中可以看出，华为与高校及科研院所的联合研发活动呈快速增加的态势。

相比于2000年前后创立的百度、阿里巴巴、腾讯等互联网企业的内部创新，华为的内部创业更多以基础研究和根技术研发为引领、技术创新为动力。百度、阿里巴巴、腾讯等在发展过程中进行的内部创业活动如糯

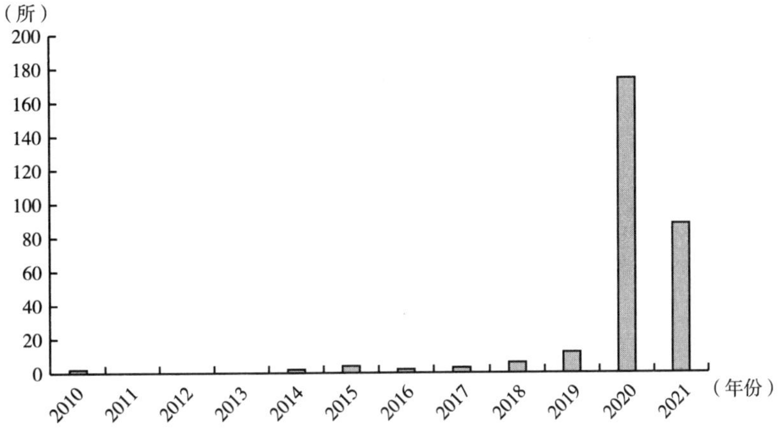

图 7－13　华为与高校及科研院所新增合作研发历年变动（2010—2021 年）

米网、百度外卖、淘宝、支付宝、微信、腾讯微博等都是基于已有技术进行的商业模式创新。第四次工业革命以来，百度、阿里巴巴、腾讯等都开始加强在基础研究引领的技术创新，产生了阿波罗自动驾驶平台、阿里云、腾讯觅影等核心技术产品。

（二）腾讯

深圳市腾讯计算机系统有限公司（简称“腾讯”）成立于 1998 年，总部位于中国深圳，2004 年于香港联合交易所上市。2008 年 6 月腾讯控股入选恒生指数成分股，成为首个入选香港重要成分股的中国互联网企业。2021 年，腾讯营收 5601 亿元人民币，同比增长 16%，归母净利润 2248 亿元人民币，同比增长 41%。

腾讯的发展历程大致可以划分为两个阶段（见图 7－14）：

第一阶段：商业模式创新阶段（1998—2010 年）。

1998 年 11 月，腾讯正式成立。1999 年 2 月，推出 QQ；4 月，推出移动电邮。2003 年 5 月，推出 QQ 邮箱；8 月，推出休闲游戏平台“QQ 游戏”；11 月，推出综合门户网站腾讯网。2005 年 5 月推出社交网络平台“QQ 空间”；7 月，推出在线音乐平台“QQ 音乐”。

自 1998 年腾讯成立到 2010 年腾讯云正式提供服务，这个时期是腾讯根据互联网技术和市场环境变化进行商业模式创新的演变时期。在这个时

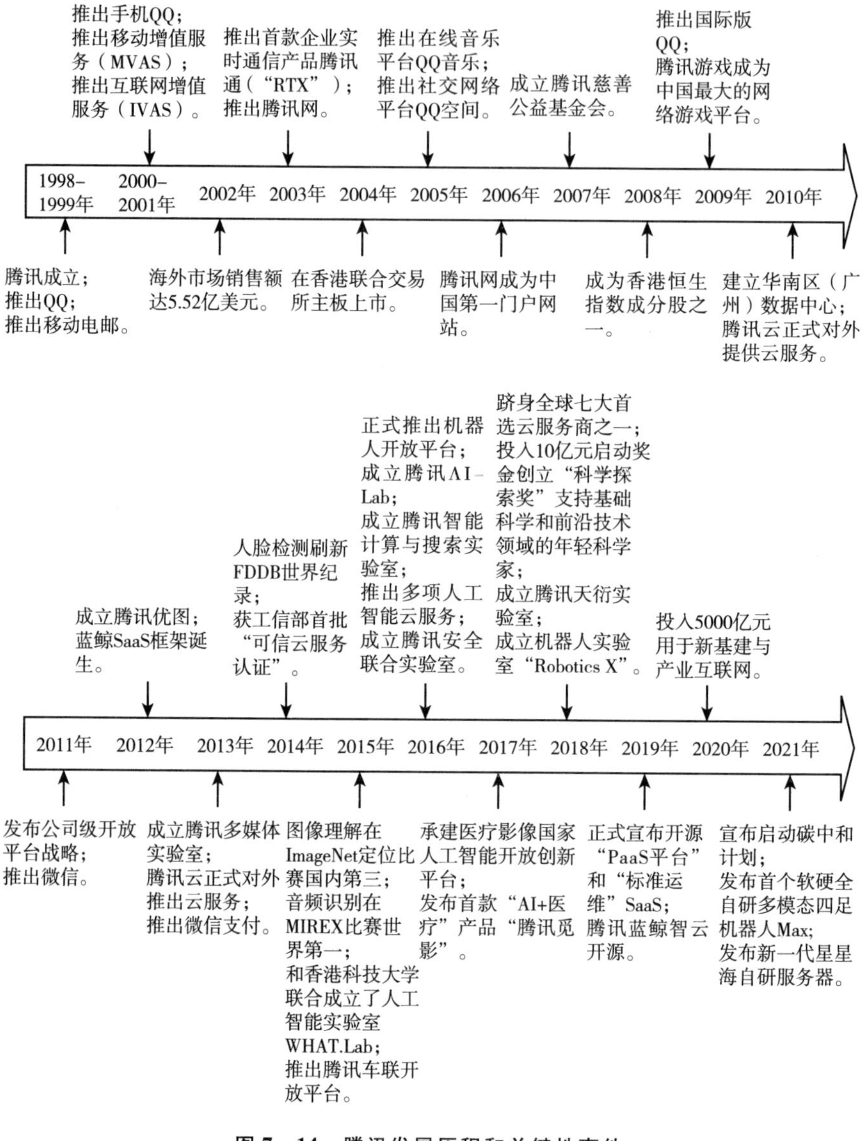

图 7－14　腾讯发展历程和关键性事件

期，腾讯主要基于互联网技术推出了一系列互联网产品和衍生产品，以即时通信和网络游戏为主要业务平台，同时涉及电子商务等。

第二阶段：深科技创新阶段（2011 年至今）。

2012 年，腾讯优图成立，分设在上海市与合肥市两地，专注于图像处理、模式识别、机器学习、数据挖掘等领域开展技术研发和业务落地。

2013年，成立腾讯多媒体实验室，专注于实时音视频通信、音视频编解码前沿算法研究、音视频国际标准、计算机视觉图像处理、端到端音视频质量评测。2013年9月，腾讯云正式对外推出云服务。2014年，人脸检测刷新FDDB世界纪录。2015年，微信和香港科技大学联合成立人工智能实验室WHAT. Lab。2016年，腾讯AI Lab成立，专注于人工智能的基础研究及应用探索，聚焦的基础研究包括计算机视觉、语音识别、自然语言处理和机器学习，并根据腾讯业务提出游戏、内容、社交及工具平台型AI四个应用方向。同年，腾讯智能计算与搜索实验室成立，主要研究领域为搜索技术、自然语言处理、数据挖掘。2016年7月，腾讯安全联合实验室成立，旗下涵盖科恩实验室、玄武实验室、湛泸实验室、云鼎实验室、反病毒实验室、反诈骗实验室、移动安全实验室七大实验室。

2017年，承建医疗影像国家人工智能开放创新平台；发布首款“AI+医疗”产品“腾讯觅影”，“腾讯觅影”聚合了腾讯公司内部包括腾讯AI Lab、优图实验室、架构平台部等多个顶尖人工智能团队的能力，运用了图像识别、大数据处理、深度学习等AI领先技术，与医学跨界融合研发而成，能够辅助医生进行疾病筛查和诊断，提高临床医生的诊断准确率和效率；车辆追踪准确率在KITTI中刷新世界纪录。2018年9月，腾讯天衍实验室成立，是一个专注于医疗人工智能的实验室。

腾讯已建立两大实验室矩阵——人工智能实验室矩阵和基于前沿科技的实验室矩阵。人工智能实验室矩阵通过开放平台及“产学研”合作交流聚力蓄能，打造面向未来的科技引擎，让前沿技术高效驱动产业发展。具体来说，包括致力于全面基础研究与应用的腾讯AI Lab-深圳及西雅图、基于视觉的腾讯优图、基于语音与自然语言理解WeChat AI四大实验室。基于前沿科技的实验室矩阵涵盖机器人、量子计算、5G、边缘计算、IoT和音视频技术等，打造面向未来的科技引擎，推动自主技术创新。

2021年腾讯研发投入达到518.8亿元，较2018年实现翻番，研发人员数量同比增长41%，新增研发项目超6000个。这三年间，腾讯累计研发投入已经超过1200亿元，年均增速超过30%。

自1998年腾讯成立至2012年前后腾讯优图的成立，腾讯前期阶段的创业活动主要围绕互联网技术的商业模式拓展，包括以QQ即时通讯平台为基础的QQ空间、QQ秀、QQ游戏等，成立腾讯微博、收购易迅网、投资京东等，都是依托互联网技术进行的商业模式的尝试。

2012 年以腾讯优图的成立为标志，腾讯的创业活动进入了一个新的时期。腾讯的研发投入和研发人员数量有了大幅提高，同时也加大对基础研究、基础科学的投入。从图 7－15 中可以看出，腾讯与高校及科研院所的联合研发活动呈快速增加的态势。

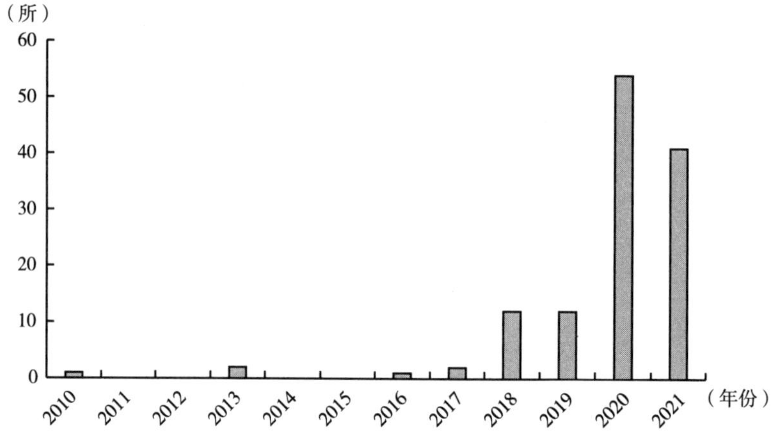

图 7－15 腾讯与高校和科研院所新增合作研发历年变动（2010—2021 年）

（三）大疆创新

深圳市大疆创新科技有限公司（简称“大疆创新”）成立于 2006 年，其创始人汪滔毕业于香港科技大学。2005 年，汪滔的本科毕业课题研究自行确定为遥控直升机的飞行控制系统。2006 年，汪滔继续留校攻读研究生课程，同时他和一起做毕业课题的两位同学正式创立大疆创新，在学校的支持下，研发生产直升机飞行控制系统。① 在其导师李泽湘的帮助下，汪滔建立了以香港科技大学同学为基础的研究团队。② 成立以来，大疆创新的业务从无人机系统拓展至多元化产品体系，包括无人机、手持影像系统、机器人教育、智能驾驶等多个领域。目前，大疆创新全球员工达

① 中华人民共和国科学技术部．把“飞翔梦”做到完美——记大疆创新科技有限公司董事长汪滔．https：//www. safea. gov. cn/ztzl/zmkjry/rwzf/wt/201506/t20150601_119771. html.

② 广州日报．每个创业者都是时代的网红．https：//baijiahao. baidu. com/s？ id = 1675583410053250904&wfr = spider&for = pc. 2020－08－21/2022－12－15.

14000 人，除深圳总部外，在北京、上海、西安、香港、东京、洛杉矶、旧金山、鹿特丹、法兰克福等地均设有办公室。

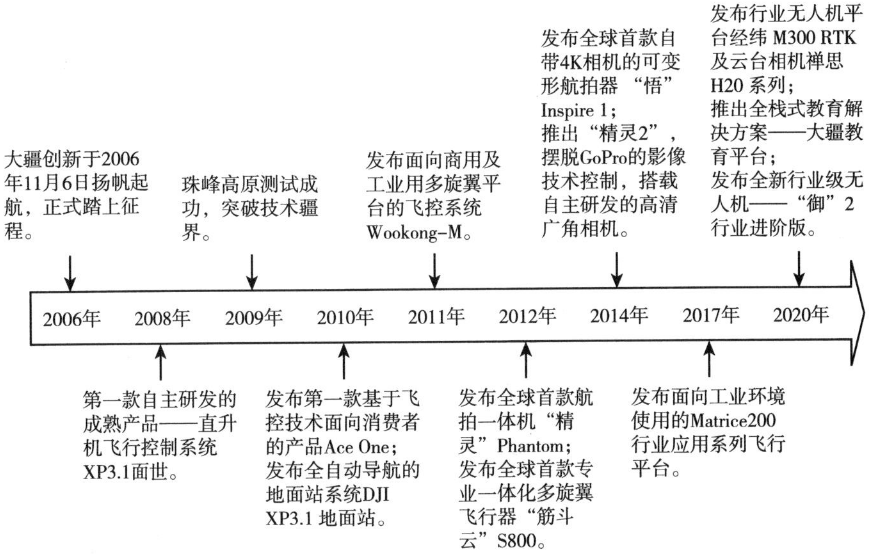

图 7－16　大疆发展历程及关键性事件

大疆创新的发展大致可以划分为两个阶段：

第一阶段：产品研发引领阶段（2006—2014 年）。

作为一个极端注重产品品质和技术研发的创始人，汪滔在公司创立的头两年一直专注于技术研发。直到 2008 年，大疆创新的第一款产品——较为成熟的直升机飞行控制系统 XP3. 1 才得以面市。出于对技术的执着，大疆创新产品创新的脚步从未停息，此后的每年都有新产品问世。2012 年，大疆创新推出到手即飞的世界首款航拍一体机“大疆精灵 Phantom1”，这一产品的面世，确立了大疆创新未来几年的市场地位。在“大疆精灵 Phantom1”面世以前，基于飞行器的空中摄像系统的震动非常大，这种震动直接导致摄像机拍到的视频非常摇晃，即使通过后期增稳软件调节也很难获得平稳图像。在此之前，这是一个困扰航拍飞行器的重大难题。从 2009 年开始，大疆创新就以独特的视角，大胆尝试了一种前所未有的增稳云台实现方案。最终大疆创新历时 2 年，成功研发出了称作“禅思”的增稳云台样机，能够将相机抖动成功控制在了 0. 04 度的范围内，引发了无人机航拍领域的革命，大大降低了航拍的成本，使得航拍进入了大众市场，同时也广受影视行业的欢迎，从此造就了大疆创新在这个领域的绝对优势。①

大疆创新起初的业务在于研发直升机的飞行控制系统，2010 年将研发重点转移到多旋翼无人机上，开启了颠覆性创新过程。与单旋翼直升机相比，多旋翼飞行器续航能力和承载能力较弱，但具有结构简单、造价低、操作门槛和维护成本低等特点，吸引了新的利基市场（好莱坞航拍市场）；2013 年，随着“到手即飞”属性的提高，逐渐满足了大众市场消费者航拍的需求。

第二阶段：技术研发为基础的平台发展阶段（2014 年至今）。

大疆创新的平台导向战略主要体现在产品平台化以及运营平台化两个方面：第一，在产品平台化方面，大疆创新在软件和硬件的层面都推出了开发者套件。其中，开源软件开发平台叫作 SDK，基于 SDK，客户可以开发更加适合自身需求的产品。在美国，就有一家三维建模公司，为“大疆精灵”开发出一个 APP 应用。用户安装以后，指挥无人机围绕一座大厦飞一圈，可以生成这座大厦的 3D 模型，这个应用在苹果 APP Store 售价大约 10 美元。在硬件方面，大疆创新则推出了经纬 M100 和 Guidance，分别是可灵活扩展的飞行平台以及视觉传感导航系统。第二，在平台化运营方面，大疆创新于 2014 年底上线了“大疆社区”，为全世界的航拍爱好者以及无人机应用开发者提供了一个共享、互动、交流的平台。其中值得注意的是“天空之城”板块，“天空之城”是“大疆社区”中为航拍爱好者提供的作品展示与交流平台。航拍爱好者在相互交流过程中，不断深入挖掘无人机在航拍过程中的潜力，并相互推广，形成一股推动产品和相关增值服务拓展的主要驱动力。

2015 年，大疆创新基于前期的技术和应用数据积累，研发了面向企业用户的工业级无人机，成立了行业应用事业部；主打以平台型产品为基础的增值服务创新，如大疆创新的农业植保机，一套用于解决农药喷洒问题的无人机。2015 年，大疆创新销售额达 60 亿元，占 70% 的国际市场份额，仅经历了五年时间，大疆创新迅速发展成国内消费级无人机的龙头企业。

---

① 王满四，周翔，张延平．从产品导向到服务导向：传统制造企业的战略更新——基于大疆创新科技有限公司的案例研究［J］．中国软科学，2018（11）：107－121．

相比 2000 年前后中国的互联网创业浪潮，以大疆创新为代表的本次创新浪潮具有明显的技术创新导向（见图 7－17）。大疆创新是基于创始人汪滔在学校的研究项目而创立的。大疆创新的董事李泽湘不仅是汪滔的导师，同时作为机器人与自动化领域专家，除了参与创办大疆创新外，还创办了固高科技。固高科技于 1999 年由香港科技大学的李泽湘、高秉强、吴宏三位机器人、微电子和运动控制领域的国际知名学者和专家所创办，是亚太地区首家拥有自主知识产权，专业从事运动控制及智能制造核心技术研究与开发的高科技企业。固高科技是国家级高新技术企业，广东省“产学研用”示范基地，“深港创新圈”装备制造核心技术平台，深圳市唯一的运动控制技术工程中心承担企业。

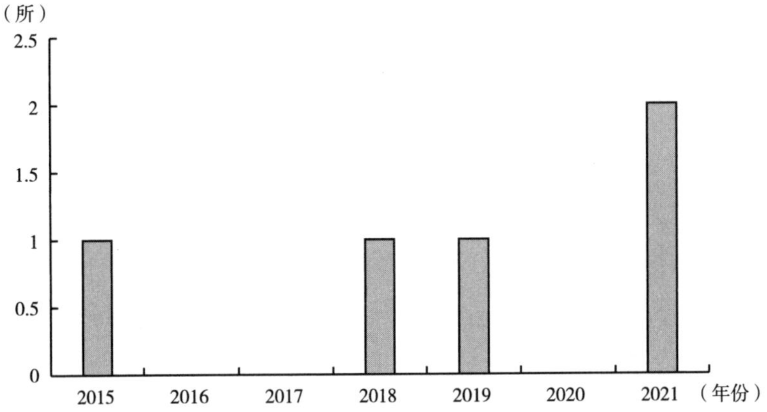

图 7－17　大疆创新与高校及科研院所新增合作研发历年变动（2015—2021 年）

大疆创新的研发活动主要依赖由初创时期香港科技大学同学组建的研究团队，同时注重与各个高校及科研院所的合作。

（四）云从科技

云从科技是一家孵化于中科院、专注于计算机视觉与人工智能的高科技企业。云从科技一方面凭借着自主研发的人工智能核心技术打造了人机协同操作系统，通过对业务数据、硬件设备和软件应用的全面连接，把握人工智能生态的核心入口，为客户提供信息化、数字化和智能化的人工智能服务；另一方面，云从科技基于人机协同操作系统，赋能智慧金融、智慧治理、智慧出行、智慧商业等应用场景，为更广泛的客户群体提供以人工智能技术为核心的行业解决方案。截至 2022 年 6 月，云从科技拥有专利 340 件，其中发明专利 150 件、实用新型专利 56 件、外观设计专利 134 件；累计获得计算机软件著作权 413 件。2019—2021 年研发费用占营业收入的比例分别为 56. 25% 、76. 59% 和 49. 67% , 2022 年上半年，研发费用占营业收入的比例为 65. 42% 。2022 年上半年，云从科技研发人员数量占公司总人数的比例为 53. 37% 。

如图 7 – 18 所示，从 2001 年开始，周曦博士一直致力于模式识别、智能识别等人工智能领域的技术研究。依托中国科学院的科研力量，2012 年周曦博士开始组建一支人脸识别的研发团队，并于 2014 年将人脸识别技术率先应用于中科院重庆绿色智能研究院。

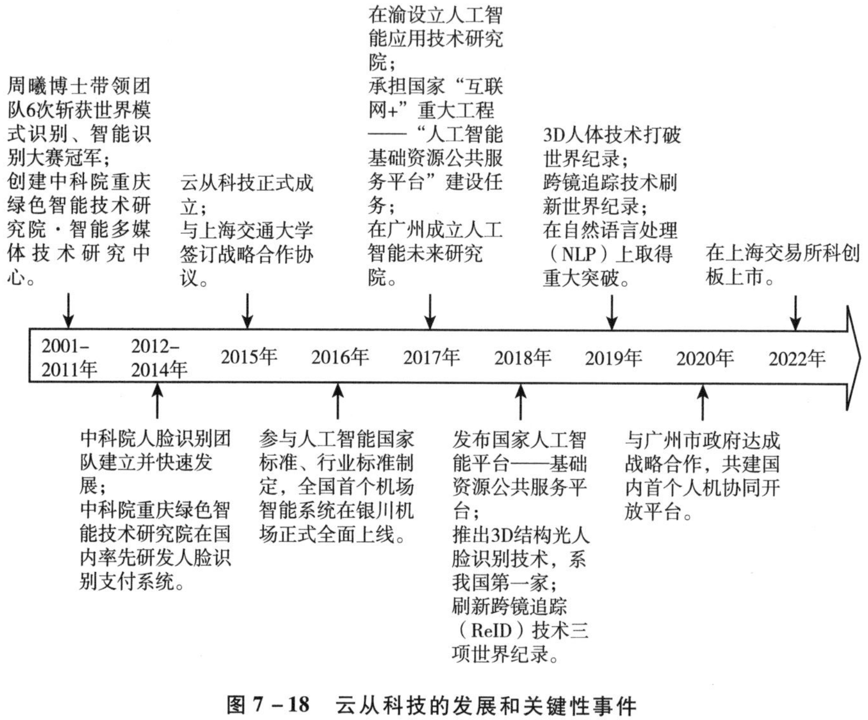

图 7 – 18 云从科技的发展和关键性事件

2015 年，云从科技正式成立。同年 11 月，云从科技与上海交通大学签订战略合作协议，成立联合实验室，针对人脸识别和图像识别等计算机视觉技术进行共同研发。

2017 年 3 月，国家发改委确定云从科技与百度、腾讯、科大讯飞，共同承担国家“互联网 +”重大工程——“人工智能基础资源公共服务平台”的建设任务。2018 年 1 月，国家发展改革委确定云从科技和公安部一所旗下的“北京中盾”承担国家“人工智能”重大工程——“高准确度人脸识别系统产业化及应用项目”的建设任务。2018 年 9 月，云从科技的“基于自研 SoC 芯片的高准确度人脸识别产业化应用”入选工信部人工智能与实体经济深度融合创新核心基础项目。2018 年 12 月 9 日，荣获中国智能科学技术最高奖——第八届吴文俊人工智能科技进步奖一等奖。

2022 年 5 月，云从科技登陆上海科创板市场，开启新的历史发展时期。

从图 7－19 中可以看出，云从科技与高校及科研院所的联合研发活动十分频繁。云从科技能够取得快速发展得益于周曦博士研究团队自 21 世纪初一直坚持的研究活动，依托中国科学院、上海交通大学等科研单位的研究资源，扎根于基础研究，仅成立 6 年有余就登陆上海科创板上市，获得高达 300 亿元市值。

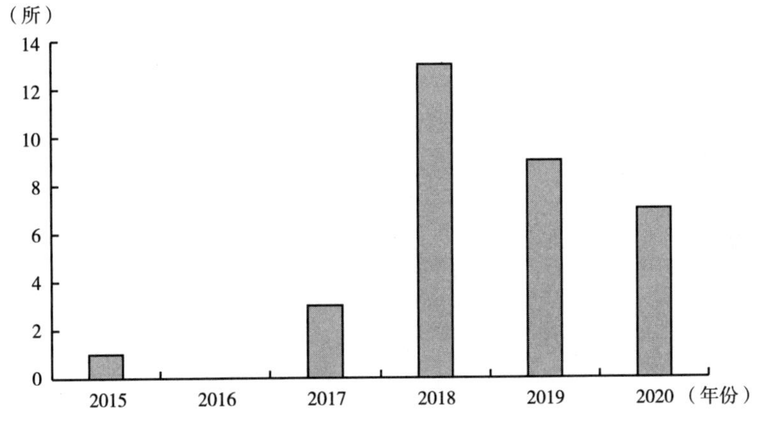

图 7－19　云从科技与高校及科研院所新增合作研发历年变动（2015—2020 年）

第八章

本地要素与成渝地区人工智能科技产业发展

作为第四次工业革命的核心引擎，人工智能是改变区域发展格局的重要变量。成渝都市圈是西部地区人工智能科技产业的策源地，对西部经济转型和高质量发展具有辐射带动作用。以成渝都市圈为例，本章通过研究西部地区人工智能科技产业形成和发展的内在机制，为新发展阶段的我国区域经济发展和科技创新中心建设提供借鉴。

第一节 问题的提出和研究设计

一、成渝是西部人工智能科技创新和产业发展的前沿

自1978年加速工业化进程以来，中国经济发展始终存在着区域差距。为了促进区域经济的协调发展，2000年前后国家提出西部大开发战略。2012年，国家提出创新驱动发展战略。科技创新成为影响区域经济发展格局的关键变化。《中华人民共和国国民经济和社会发展第十四个五年规划和

2035 年远景目标纲要》明确提出，支持北京市、上海市、粤港澳大湾区建设综合性国家科学中心并形成国际科技创新中心，鼓励有条件的地方建设区域科技创新中心。伴随着第四次工业革命的兴起，人工智能科技创新和产业发展成为中国科技创新中心建设和发展的关键内容和重要方向。

从目前的发展情况看，与工业化阶段相类似，在创新型国家建设过程中，创新的“极化”现象同样突出。尤其在人工智能科技创新和产业发展上，东中西部区域存在着严重不平衡现象。在新的发展阶段，工业化阶段形成的区域差异是否会延续甚至是扩大？是一个值得深入研究的理论和现实问题。

从创新“极化”的现状看，应用需求、创新资源、产业基础和政府政策，是人工智能科技产业区域聚集和发展的关键因素。到目前为止，我国人工智能企业主要集中在东部的京津冀、长江三角洲和珠江三角洲地区，北京市、上海市、杭州市和深圳市等城市成为人工智能科技产业发展的前沿。中西部地区在人工智能科技产业的发展上则相对落后。2022 年 6 月，人工智能发展战略研究院发布的《中国新一代人工智能科技产业区域竞争力评价指数（2022）》报告显示，京津冀地区、长三角地区、珠三角地区和成渝地区都市圈分别排在前四位。成渝成为西部区域人工智能产业发展最前沿的地区。

成渝是西部地区科技创新资源最丰富和创新能力最强劲的区域，在国家发展大局中具有独特而重要的战略地位。为了促进西部地区经济发展并尽可能缩短与东部沿海地区在新兴技术上的差距，在“增长极理论”指导下，2020 年 1 月召开的中央财经委员会第六次会议明确了成渝地区双城经济圈建设战略目标和战略定位。同年 10 月，经习近平总书记主持的中共中央政治局会议批准《成渝地区双城经济圈建设规划纲要》出台。立足双城经济圈建设国家战略，加快推动人工智能科技产业发展，促进新兴产业部门的形成与优化新兴技术与传统产业的融合是实现“两中心两地”目标的重要方法。

作为西部地区科技创新中心，成渝地区人工智能科技产业发展呈现欣欣向荣的发展态势。成渝地区国家级人工智能创新应用先导区、创新发展试验区和一体化算力网络枢纽节点的建设，本地高校及科研院开设的人工智能专业教育及开展的基础研究和应用研究等，都为城市圈集聚了丰富的创新资源。同时，电子信息、汽车制造、庞大人口规模和传统行业市场的转型需求等，也为人工智能科技产业落地提供了广阔的应用空间。政府出台的智慧城市清单和人工智能专项支持政策等为企业市场机会发现和创新环境建设提供支持。成渝地区人工智能科技产业发展的关键动力和机制在于以当地应用需求为牵引，充分利用当地的创新资源，激发创新创业活力。

作为西部地区的代表，成渝地区人工智能科技产业的发展不是源于东部地区的扩散，而是源于当地创新创业活动构成的本土人工智能产业生态建设与外部地区人工智能科技产业扩张的共同作用。开放型本地创新生态的形成和发展，是成渝地区人工智能科技产业发展的基础和条件。因此，成渝地区的人工智能科技产业不仅代表着西部地区的发展趋势，也为其他区域提供可借鉴的经验。

为了考察西部地区人工智能科技产业的发展，本章以成渝都市圈为例，研究西部地区人工智能科技创新和产业发展的决定因素和影响机制。基于价值网络分析，本章的研究表明，成渝都市圈人工智能科技产业的发展是以本地的创新和创业活动为主导的，高度开放的创新生态同样发挥着至关重要的作用。作为西部地区的重要科技创新中心，推动基于本地要素的“双创”活动，培育开放的创新生态系统，是发展人工智能产业集群的基本路径。

二、研究方法与设计

在成渝地区的人工智能科技产业发展过程中，包括本土企业的技术创新及产业化，以及外部节点在本土应用需求拉动下产生的连接，使得内外交互中的本土创新资源得到不断深化，进而产生对人工智能技术应用的正反馈，使得作为通用目的技术的人工智能在扩散上更加广泛。多元主体相互作用构成的非线性创新模式以复杂网络的形式得以表现①。一方面从价值创造的角度来看，企业及其他创新主体之间的合作创新表现为价值网络的形成和演化过程②，另一方面由于创新主体间的频繁互动以及协作关系的越发密切，使得互补性创新资源的利用效率得到提升，创新模式逐渐转

① 刘刚，杜爽．我国人工智能科技产业发展动力机制的区域比较研究——基于北京市、杭州市和深圳市智能企业样本的价值网络分析［J］．社会科学辑刊，2021（01）：107－117．

② Doloreux D, Turkina E. New path creation in the artificial intelligence industry: regional preconditions, new actors and their collective actions, and policies [J]. Regional Studies, 2021, 55 (10-11): 1751-1763.

变为网络创新[①]，这种多元主体间的互动关系在价值网络分析方法中可以抽象为网络中边的建立过程[②]。因此，价值网络分析方法的使用可以为本章研究成渝地区人工智能科技产业的形成及发展提供有效帮助。

本章选择了210家成渝地区人工智能样本企业。如图8－1所示，210家样本企业成立时间跨度相对较大，最晚的是成立于2021年的车路通科技（成都）有限公司，主要从事汽车零部件研发及智慧网联汽车和智能交通解决方案。最早的是成立于1993年的四川长虹电器股份有限公司，主营家用电器制造及销售。

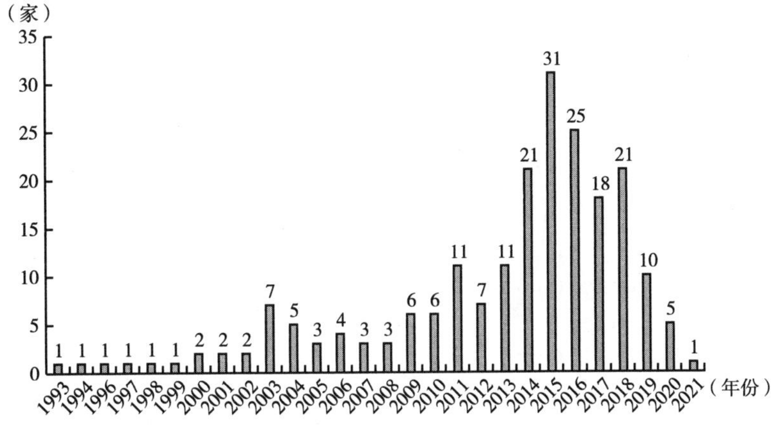

图8－1　210家成渝地区人工智能样本企业成立时间分布

人工智能具有通用目的属性，能够引领第四次工业革命。在新兴产业形成的研究中，部分学者根据企业与新兴技术的关系将企业进入新兴产业的方式分为嫁接、裂变和融合三种[③④]，其中嫁接是指企业依赖新兴技术直接进入全新领域，裂变是将传统产业与新兴技术相结合的传统产业的新分支，而融合则兼具嫁接与裂变两种方式，注重新兴技术在传统产业上的

① 陈其荣．技术创新的哲学视野［J］．复旦学报（社会科学版），2000（01）：14－20＋75.

② 喻科．产学研合作创新网络特性及动态创新能力培养研究［J］．科研管理，2011，32（02）：82－87＋105.

③ 刘刚，刘捷．网络空间产业生态发展和乡村振兴［J］．马克思主义与现实，2021（06）：90－98.

④ 孙理军，张蔓，高倩．战略性新兴产业要素禀赋、技术创新能力与产业发展质量的关系［J］．科技管理研究，2022，42（09）：1－7.

全面应用。在人工智能的技术产业化过程中同样存在以上进入方式，由于人工智能技术的通用目的属性特征可以使其在一个或多个领域进行场景赋能，在国内学者的研究中也有将这两类企业同归于产业数字化部门①。因此，考虑到人工智能技术的变革不仅使得新创企业从区域创新生态系统中孵化，同时也催生了传统产业部门中的非初创企业利用智能技术升级现有生产及组织模式，本章结合中国人工智能经济数据库将样本企业进一步细分为初创企业与非初创企业。如图 8－2 所示，64.76% 的成渝地区人工智能样本企业是非初创企业，初创企业占比为 35.24%，其在成立之初便定位为人工智能技术和产品服务提供商。

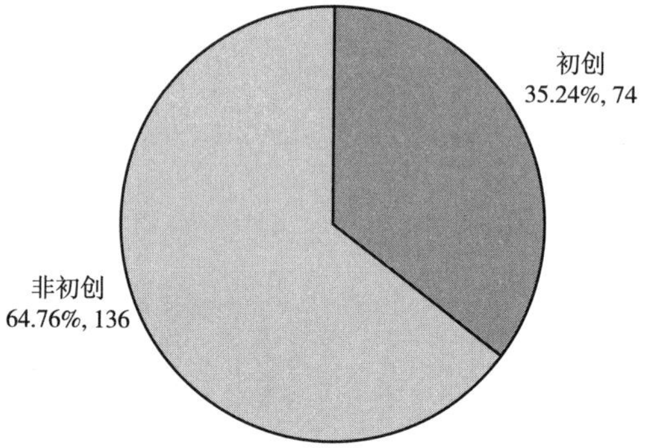

图 8－2　210 家成渝地区人工智能样本企业类型分布

为了更细致地观察成渝地区内部人工智能技术对区域创新生态系统中创新创业活动的冲击，以初创企业及 6 年内转型的非初创企业为子样本，进一步得到其创建时间并绘制数量，如图 8－3 所示。显然 2015 年是人工智能初创企业的建立峰值，并且在 2015 年前后，企业创建数量都保持较高水平。实际上，人工智能上升为国家发展战略，并成为各地重要产业发展重心的时间为 2017 年及之后。因而，成渝地区在人工智能产业的发展中，政策引导并非人工智能企业创新创业高潮的主要诱因。人工智能技术本身的相对成熟使得其能够成为企业的核心能力，以及伴随着数字经济的发展带来的越来越发广阔的企业及政府数字化转型市场需要成为产业发展的关键。

① 王开科，吴国兵，章贵军．数字经济发展改善了生产效率吗［J］．经济学家，2020（10）：24－34.

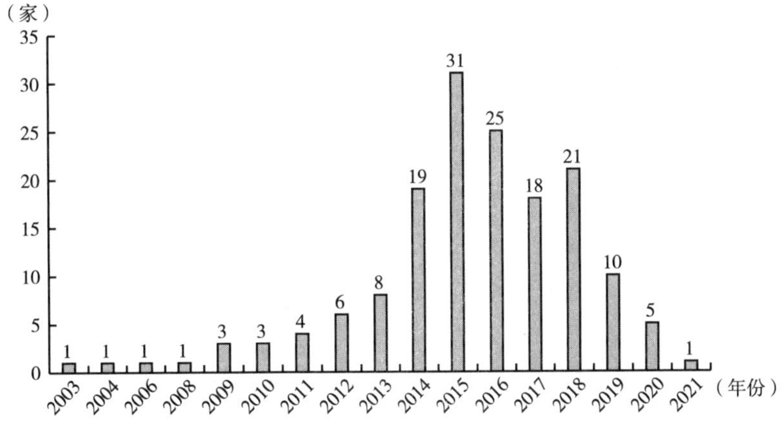

图 8－3　成渝地区人工智能子样本企业创立时间分布

本章样本数据来源结合中国新一代人工智能发展战略研究院中国智能经济样本库及相关人工智能产业白皮书的重点成渝地区人工智能企业。社会网络研究中对于数据的主流分类方式包括关系数据和属性数据。在研究成渝地区人工智能科技产业的形成与发展中同样进行上述两类数据的采集①，为更真实的表征产业动态演化过程，对属性数据和关系数据进行了多种维度的信息标注。

第二节　成渝地区人工智能科技产业发展

一、产业基础

2017 年，国务院颁布《中国新一代人工智能发展规划》，提出我国人工智能科技产业发展从技术创新到基础理论研究再到全面应用的阶段目标，标志着人工智能科技写入国家战略。作为我国西南地区经济增长极的成渝，积极借助人工智能科技产业发展推动双城经济圈建设，在政

① 数据采集的截止时间为 2023 年 3 月 1 日。

策环境、企业布局、区域创新支持等领域已经形成了良好的产业发展基础。

就现阶段取得的成果而言，重庆市2022年在制造业积极开展“一链一网一平台”示范点，建成国家级工业互联网数字化转型促进中心，新建智能化改造项目1407个，智能工厂新增22个，数字化车间改造完成160个，推动市内企业“上云”超1.3万家，数字经济核心产业增加值超2000亿元[①]。在专项领域应用中，重点推进汽车及电子产业形成创新集群，已经实施完成了世界级智能网联汽车产业集群发展规划。成都市截至2021年共有人工智能企业597家，整体产业规模达413.9亿元[②]，智慧蓉城重点建设工作全面启动，智慧城市系统稳步推进，成功落地中西部唯一的全球IPv6辅根服务器。

产业政策方面，从发展规划到实施方案，从专项政策到需求清单，成渝地区政府为人工智能科技产业发展环境的持续优化出台了层次丰富和细节完善的政策措施。成都市政府2018年出台《成都市人民政府办公厅关于推动新一代人工智能发展的实施意见》[③]，并从2019年起每三年制定阶段性的产业发展规划，在应用领域如智慧城市也编制了详细计划，即《成都市“十四五”新型智慧城市建设规划》[④]。重庆市政府在人工智能科技产业发展中聚焦智能制造和智能网联汽车领域，两个领域分别出台《重庆市发展智能制造实施方案（2019—2022年）》、[⑤]《重庆市加快新能源和智能网联汽车产业发展若干政策措施（2018—2022年）》。[⑥] 国家级

---

① 重庆市人民政府．重庆市人民政府工作报告（2023年）[EB/OL].(2023-01-20)[2023-03-15]. https://wap.cq.gov.cn/zwgk/zfxxgkml/zfgzbg/202301/t20230120_11529181.html.

② 数据来源为《成都市新一代人工智能产业发展规划（2022—2025）》。

③ 成都市人民政府．成都市人民政府办公厅关于推动新一代人工智能发展的实施意见（已废止）[EB/OL].(2018-05-29)[2023-03-06]. http://cdxjj.chengdu.gov.cn/xjjfzw/c001004003/2020-06/09/content_cb4162cc1d9342ab9d7ac91e50742a73.shtml.

④ 成都市人民政府．成都市“十四五”新型智慧城市建设规划[EB/OL].(2022-06-16)[2023-03-06]. http://www.chengdu.gov.cn/chengdu/c147315/2022-06/16/content_d52e2370ee2d4415b379c82c68f1911a.shtml.

⑤ 重庆市人民政府．重庆市人民政府关于印发重庆市发展智能制造实施方案（2019—2022年）的通知[EB/OL].(2018-12-20)[2023-03-06]. https://www.cq.gov.cn/zwgk/zfxxgkml/szfwj/xzgfxwj/szf/201812/W020230221678315348252.pdf.

⑥ 重庆市人民政府．重庆市人民政府办公厅关于印发重庆市加快新能源和智能网联汽车产业发展若干政策措施（2018—2022年）的通知[EB/OL].(2018-12-14)[2023-03-06]. https://www.cq.gov.cn/zwgk/zfxxgkml/szfwj/xzgfxwj/szfbgt/201812/t20181221_8837665.html.

人工智能创新发展试验区、创新应用先导区在成渝两城先后获批建立。同时，成都市推出“四张清单”，为人工智能科技产业发展中的供需双方搭建促进合作的资源共享平台。政策的出台为成渝地区人工智能科技企业提供了优渥的成长环境。

企业布局方面，成都市和重庆市是成渝双城经济圈中的核心两城，在政策助力及本地科创资源的支持下，成渝地区已经在各自的高新技术产业开发区中形成人工智能科技产业集群，通过孕育本土以及引入外部人工智能科技企业等方式实现企业从数量到质量再到规模上的飞速发展。紫光华智数字工程、瑞声智能制造产业园、华为鲲鹏计算产业生态重庆中心、海康威视重庆基地等先后在重庆市落地建设。同时，成渝地区积极引进外部地区先进人工智能企业如海康威视、商汤科技、百度 Apollo 等分公司或者在产业园区的落户，为成渝地区人工智能科技产业发展带来了战略性投资。

区域创新支持方面，在算力数据设施上成渝地区建有全国一体化大数据中心枢纽节点，同时成都人工智能计算中心、重庆人工智能创新中心等为西南地区提供高强度人工智能算力。在高校及科技创新平台上，四川大学、电子科技大学、重庆大学、西南交通大学等先后开设“人工智能”专业，中科院成都分院、中科院重庆绿色智能技术研究院等在深度学习、深度神经网络基础理论研究中处于国内领先水平，四川航天技术研究院以及中科成都分院旗下的子公司等在应用领域方向技术研究如航空交管、信息智能分析等为成渝地区乃至全国提供了技术和人才支持。

二、产业结构

（一）技术类别

如图 8－4 所示，成渝地区人工智能产业的技术合作类别中，大数据与云计算占比为 60.00% 排名第一；排名第二的是计算机视觉，占比为 34.76%；排名第三的是物联网技术，占比为 20.95%。

在成渝地区人工智能产业发展的过程中，涌现出包括四方伟业、云翼科技、誉存科技和撼地数智等在内的本土云计算与大数据服务商。其中，四方伟业是我国知名的大数据企业，排名 2021 年中国大数据企业 50 强，在大数据和人工智能专利领域拥有核心专利超过 100 件。同时，成渝地区

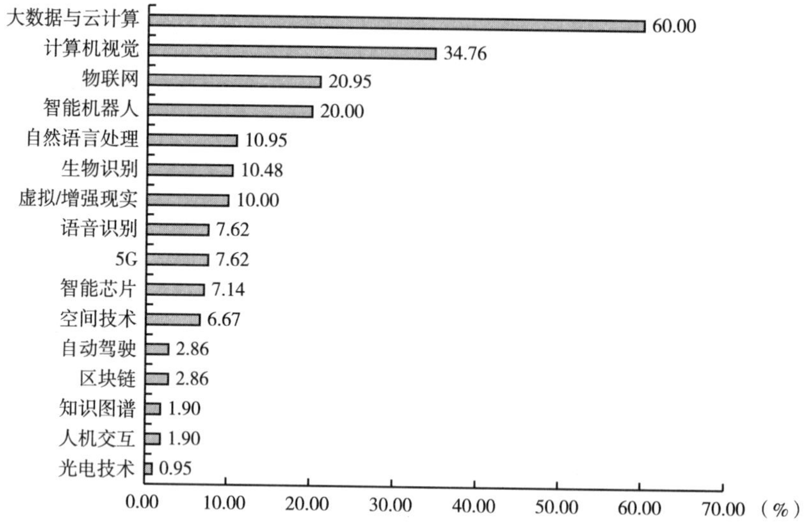

图 8－4 210 家成渝地区人工智能企业技术合作的技术类别分布

积极联合外部优秀大数据企业在当地成立公司。例如，飞象工业互联网是由重庆市政府与阿里云计算在南岸区共同建立的工业互联网平台，在融合阿里巴巴等多个平台如销售平台、金融平台和物流平台等能力的基础上为区域内企业提供数字转型的方案。

在计算机视觉领域，成渝地区目前聚集了包括数之联、星时代宇航科技、成都商汤和重庆中科云从在内的人工智能企业。其中，数之联是一家成立于 2012 年的以计算机视觉技术为核心的人工智能产品及系统方案服务商，多次与国家级部门如国土资源检测、中级人民法院等在智慧农林监测、智慧法院大脑解决方案等方面进行合作。

（二）应用领域

如图 8－5 所示，在 210 家成渝人工智能企业技术合作的应用领域排名中，智慧城市排名第一，占比为 25.71%；智能政务排名第二，占比为 20.00%；企业智能管理、智能教育、智能硬件和智能交通分别排名第三、第四、第五和第六，占比分别为 19.05%、17.62%、16.19% 和 16.19%。

作为人工智能应用领域重要方向之一的智慧城市建设，同样是成渝地区人工智能科技产业发展的重点，不仅在《成都市智慧城市建设行动方案（2020—2022）》中提到“打造面向未来的智慧城市”，同时也利用城

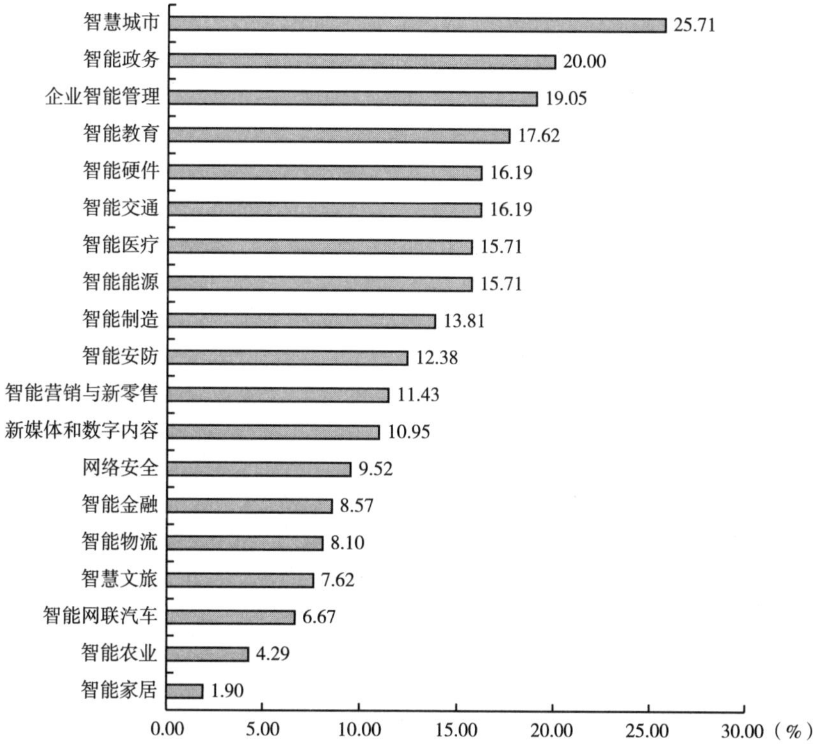

图 8－5　210 家成渝地区人工智能样本企业的应用领域分布

市清单为相关企业提供应用落地的试验田。目前，在成渝地区人工智能科技产业圈中诞生了思晗科技、智胜集成和中科信息等智慧城市企业。其中，思晗科技以物联网技术为主面向智慧城市提供专业的解决方案，尤其在无线传感器网络技术领域经过多年技术积累已经拥有众多自主产权产品；而智胜集成是由川投集团与四川川大智胜软件股份有限公司依托四川大学人才及科研优势成立的技术企业，在智慧城市方向如城市管理与民生服务等提供从感知层到应用层的整体解决方案，已在成都市成华区建有“城市大脑”。

同时，成渝地区在智能政务方面出现了包括久远银海和索贝数码在内的相关企业。其中，久远银海的智慧医疗保障信息平台、智慧公积金项目等不仅在成渝地区多地实现应用，同时也在其他城市如烟台市、深圳市的智能政务中发挥力量。在企业智能管理的应用中，猪八戒网作为重庆本土企业目前也已经服务超过 10 万家企业，自 2015 年提出“数字海洋＋钻井平台”模式转型后针对企业雇主提供包括品牌营销、工商财税、科技咨询等覆盖企业经营全生命周期的500多种产品服务，不仅使企业自身业务得到拓展，同时对于猪八戒网的企业用户来说成套打包的解决方案也更有利于企业的智能化管理。

（三）技术层次

从210家人工智能企业的技术层次分布看，应用层企业数量排名第一，共129家，占比为61.43%；技术层企业排名第二，共计57家，占比为27.14%；基础层企业排名第三，共计24家，占比为11.43%（见图8-6）。

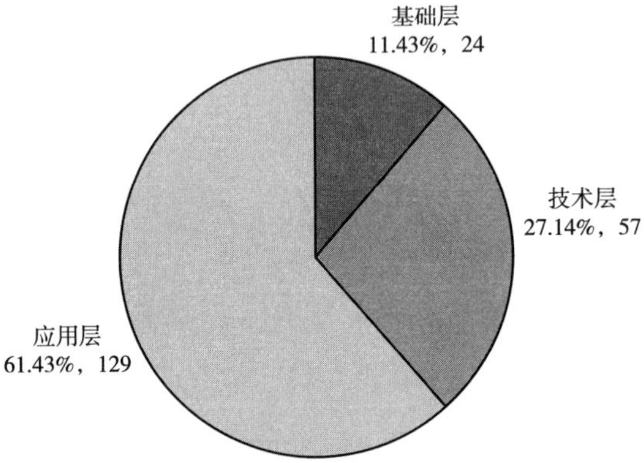

图8-6 210家成渝地区人工智能样本企业的技术层次分布

基础层企业以智能芯片、智能传感器和数据算力服务等为重点研发方向，是人工智能科技产业发展的基础，决定了产业发展的速度；技术层企业的核心技术为计算机视觉、自然语言处理、语音识别和知识图谱等，是人工智能技术得以商业化的核心，决定了产业发展的质量；应用层企业数量众多，归因于企业在进行人工智能技术创新时多数是以获取经济利益为主要目标，而面向特定领域进行智能软硬件或者系统解决方案的成本相对较小，尤其在利用大数据与云计算技术对企业和政府进行管理赋能上的门槛较低，成为了成渝地区乃至全国范围内的人工智能企业的重点方向，其他包括智慧医疗、智能网联汽车、智能制造和智慧城市类，都在一定程度上对技术层企业所研发的技术进行了集成，因此应用层企业的数量决定了人工智能科技产业发展的规模。

成渝地区目前已经集聚了以启英泰伦、四方伟业、川大智胜、振芯科技为代表的基础层企业；以考拉悠然、晓多科技、重庆中科云从等为代表的技术层企业；以川仪股份、猪八戒网、桑瑞思、诺比侃科技为代表的应用层企业。

（四）股东构成

如图 8－7 所示，从投资机构的数量分布看，外部投资机构相对较高，占比为 60.32%，超过成渝本土投资机构；从投资金额看，外部投资机构占比超过 70.00%。因而，外部投资是成渝地区人工智能科技产业资本的重要来源。

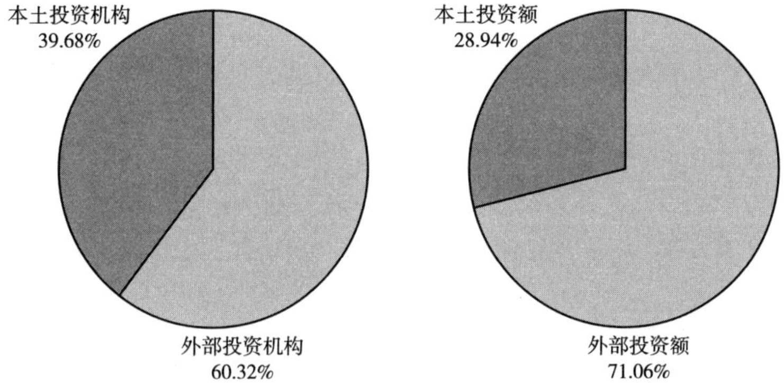

图 8－7　210 家成渝地区人工智能投资情况

百度、深圳云天励飞、商汤科技、旷视科技等科技领军企业纷纷前往成渝地区参与当地的人工智能科技产业生态建设。一方面，成渝地区在国家战略中得到支持，“成渝双城经济圈”和“东数西算”、成都和重庆的国家新一代人工智能创新发展试验区、西部首个国家人工智能创新应用先导区、成都超算中心等不仅使本地在人工智能产业发展中能够拥有扎实的数字基建支撑，同时也为产业持续高速发展提供政策利好。

（五）人力资本

1. 前期工作经验

从成渝地区人工智能样本企业主要人员的整体工作经历分布看，拥有外部工作经历的核心人力资本占比为32.28%；拥有本地工作经验的核心人力资本占比为67.72%。与京津冀、长江三角洲和珠江三角洲地区而言，成渝地区人工智能企业核心人力资本外部工作经验占比相对较高（见图8－8）。

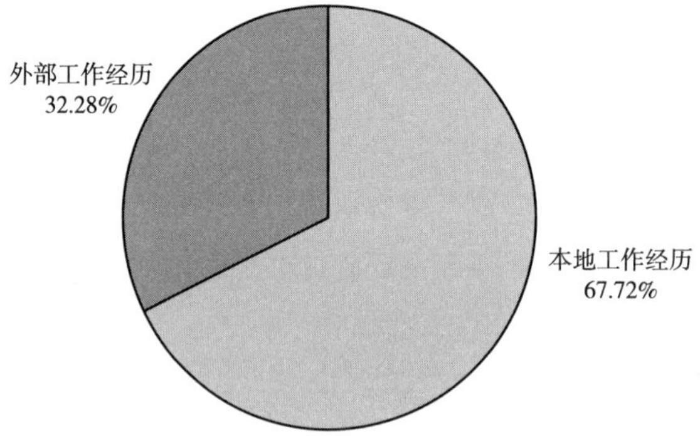

图8－8　210家成渝地区人工智能样本企业主要人员的工作经历分布

2. 前期学习经历

如图8－9所示，成渝地区人工智能科技企业核心人力资本的本地学习经历占比为53.42%；外部学习经历的占比为46.58%。本地的高校和科研院所是成渝地区人工智能企业核心人力资本的前期学习经验的来源方。

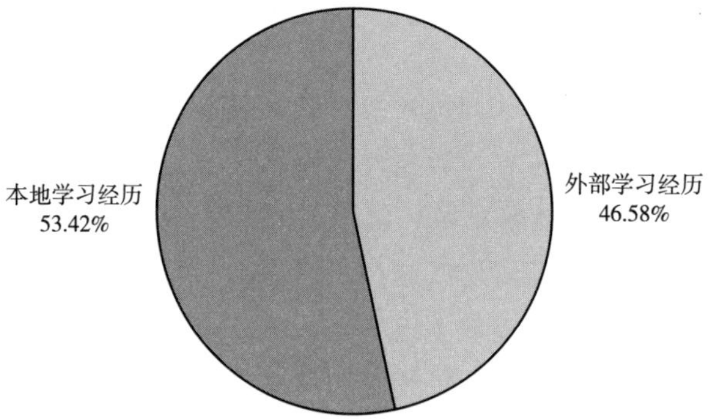

图8－9　210家成渝地区人工智能样本企业主要人员的学习经历分布

第三节 成渝地区人工智能科技产业价值网络分析

一、价值网络的结构

将采集到210家成渝地区人工智能样本企业的技术合作关系数据输入Gephi0.10.0社会网络分析软件中，得到2124个节点和3523条边的成渝地区人工智能科技产业价值网络拓扑结构图，如图8－10所示。①

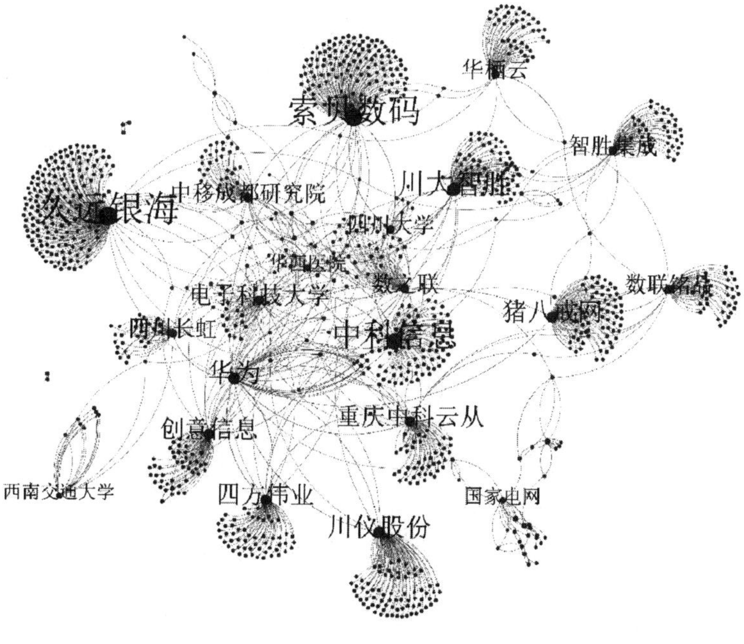

图8－10　成渝地区人工智能科技产业价值网络拓扑结构图

成渝地区人工智能科技产业发展中，形成了以久远银海、索贝数码、

---

① 为了更直观地观察成渝地区人工智能科技产业价值网络结构中的关键节点与整体分布，结构图中仅保留度数中心度排名前二十的节点。

川大智胜、猪八戒网、四方伟业、川仪股份、创意信息和中科信息为中心的企业簇群。本土高校和科研院所如西南科技大学、电子科技大学和四川大学是区域人工智能科技产业发展中不可或缺的组成部分。

表 8－1 列出了成渝地区人工智能科技产业价值网络结构性统计指标。价值网络的平均为度为 1.659，网络直径为 14，图密度为 0.001，平均聚类系数为 0.002，平均路径长度为 5.517。从统计指标来看，成渝地区人工智能科技产业创新主体之间的联系有待加强。

表 8－1　　价值网络的结构性统计指标

统计指标	样本节点	关系节点	关系数	平均度	网络直径	图密度	平均聚类系数	平均路径长度
数值	210	1914	3523	1.659	14	0.001	0.002	5.517

如图 8－11 所示，从成渝地区人工智能产业价值网络度数中心度分布来看，“极核”特征突出，核心节点在价值网络中占据较高的度数中心度，成为人工智能产业中的领头企业。同时，整体呈现“幂律”分布特性，是成渝地区人工智能产业发展中的重要组成部分，尽管单个小节点的合作量较少，但是小节点的数量之多足够影响产业发展结构。

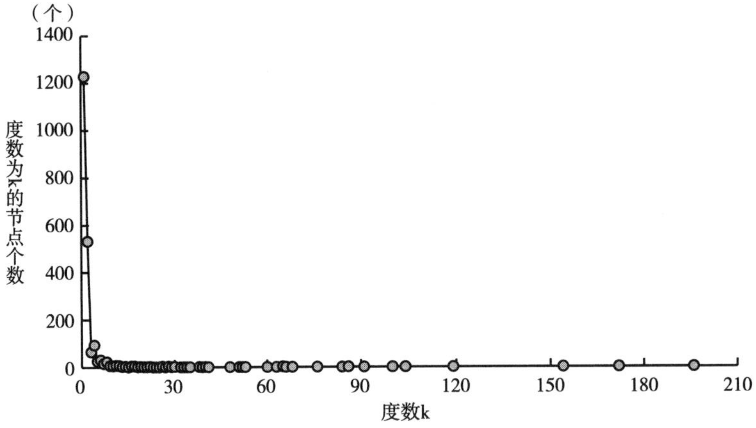

图 8－11　成渝地区人工智能科技产业价值网络节点的度数中心度分布

价值网络中度数中心度排名前十五样本节点的入度、出度和度数情况如表 8－2 所示。其中，久远银海—医疗保障信息平台、索贝数码—融媒体中心信息平台、中科信息—烟草工艺大数据监测和川大智胜—机场管控系统等企业—产品是成渝地区人工智能科技产业的特色，关系数超过100，并且呈现出较为明显的出度占比较高的特性，在成渝地区人工智能产业经济发展中具有较强的主导作用。

表8－2　成渝地区人工智能科技产业价值网络排名前十五的样本节点

节点名称	入度	出度	度数
四川久远银海软件股份有限公司	15	181	196
成都索贝数码科技股份有限公司	29	143	172
中科院成都信息技术股份有限公司	35	119	154
四川川大智胜软件股份有限公司	24	95	119
重庆川仪自动化股份有限公司	12	88	100
猪八戒股份有限公司	24	67	91
成都四方伟业软件股份有限公司	15	71	86
创意信息技术股份有限公司	31	55	86
重庆中科云从科技有限公司	17	67	84
成都数之联科技股份有限公司	18	50	68
四川川大智胜系统集成有限公司	15	51	66
成都数联铭品科技有限公司	17	48	65
中移（成都）信息通信科技有限公司	22	43	65
四川长虹电器股份有限公司	37	28	65
成都华栖云科技有限公司	7	56	63

将关系节点所在地区分为成渝地区内部和外部，排名前十的内部和外部关系节点度数分布情况如表8－3所示。其中，本地关系节点中的大学是成渝地区人工智能科技产业发展中的重要技术支撑者。

表8－3　成渝地区人工智能科技产业价值网络排名前十的关系节点

外部关系节点	度数	本土关系节点	度数
华为技术有限公司	104	电子科技大学	76
国家电网有限公司	34	四川大学	60
中国移动通信集团有限公司	17	四川大学华西医院	40
上海集成电路研发中心有限公司	16	西南交通大学	28
曙光信息产业股份有限公司	14	国网四川省电力公司	12
北京航空航天大学	11	中国电信股份有限公司四川分公司	12

续表

外部关系节点	度数	本土关系节点	度数
阿里云计算有限公司	8	国网重庆市电力公司电力科学研究院	12
杭州海康威视数字技术股份有限公司	8	成都轨道交通产业技术研究院有限公司	10
浪潮集团有限公司	8	国能大渡河流域水电开发有限公司	10
北京旷视科技有限公司	8	成都市大数据集团股份有限公司	9

首先，外部关系节点出现华为、阿里云等在人工智能产业拥有通用性解决方案的人工智能开放创新平台企业，对区域人工智能科技产业发展具有深刻影响。平台企业是我国人工智能科技产业发展的关键主导者，通过网络空间搭建以及核心技术研发等表现出强大的产业驱动能力。在成渝地区人工智能科技产业发展过程中，平台企业的接入为区域提供创新资源及智能场景方案。作为技术集成服务商的企业在通用化解决方案上拥有丰富经验和成熟能力，与区域应用场景的结合过程一方面可以加速人工智能与实体经济融合的步伐，另一方面则借助互动产生的外溢推动本地要素升级，避免区域技术创新体系在升级过程中原地踏步。

其次，关系节点排名靠前的海康威视、旷视科技等是国内知名计算机视觉技术服务商，它们响应西部地区政策以及应用场景而进入成渝地区，面向智慧城市领域提供成熟的解决方案。通过与本地智能企业的合作开发，不仅能够满足智慧城市系统构建的技术要求，同时也为本土技术积累提供了重要素材。

最后，国家电网、中国移动等为成渝地区人工智能科技产业建设提供网络空间基础设施，电力能源与通信网络是智能产业发展的坚实底座。同时，具有“山城”之称的重庆市在水电转型中具有巨大应用空间，成都市的“智慧蓉城”计划则对数据传输提出新要求，国家电网、通信运营商分别与成渝本土企业共同基于政策导向和产业基础延展而来的应用场景进行项目合作，实现产业升级和智慧治理目标。

二、区域创新生态系统的开放性

人工智能科技产业虽然已经成为我国各地经济发展的重要方向，受产业结构、地方创新资源要素和政策因素影响，区域之间差异明显。与京津冀、长三角和珠三角地区相比，成渝地区仍然存在相当大的差距。接下来，通过210家成渝人工智能企业技术合作关系节点的内部和外部分布，进一步分析区域创新系统的开放性。

（一）关系节点类型

1. 地区内部关系节点类型

如图8－12所示，从成渝内部地区关系节点的类别来看，排名第一的是企业类关系节点，占比为45.11%；政府类型关系节点排名第二，占比为24.66%。这说明，成渝地区人工智能企业与本土企业的技术合作关系最为频繁。同时，当地政府是重要技术合作对象。

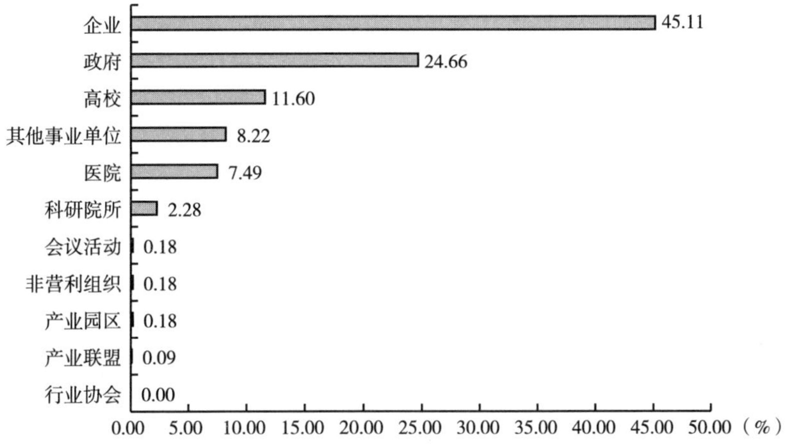

图8－12 成渝地区内部关系节点类型分布

通过积累开放应用场景，地方政府在人工智能科技产业的发展中发挥重要作用。以成都市为例，从2019年3月起至今已经连续发布包括《政府需求清单》《政府供给清单》《企业协作清单》和《企业能力清单》在内的十四批城市机会清单，聚焦于将应用场景项目化和指标化，并随着技术以及经济产业的发展逐渐调控清单重点，从第一批的智慧城市再到第十四批的先进制造，可以看出当地政府对于人工智能科技产业发展不仅高度重视而且积极推动相关企业之间的良好互动。

2. 地区外部关系节点类型

如图8－13所示，从外部地区关系节点的组织类别分布来看，企业技术合作关系同样排名第一，占比为60.16%；排名第二的是政府类关系节点，占比为15.77%。从两组数据的比较看，成渝地区企业和政府的技术合作更为活跃。

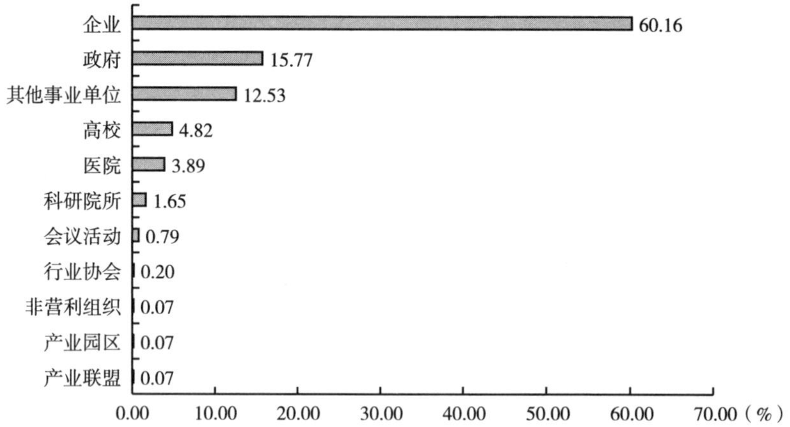

图 8－13　成渝地区外部关系节点类型分布

（二）技术类别

1. 地区内部技术类别

如图8－14所示，从成渝内部地区关系节点的技术合作的类别分布看，大数据与云计算排名第一，占比为45.66%；排名第二的是计算机视

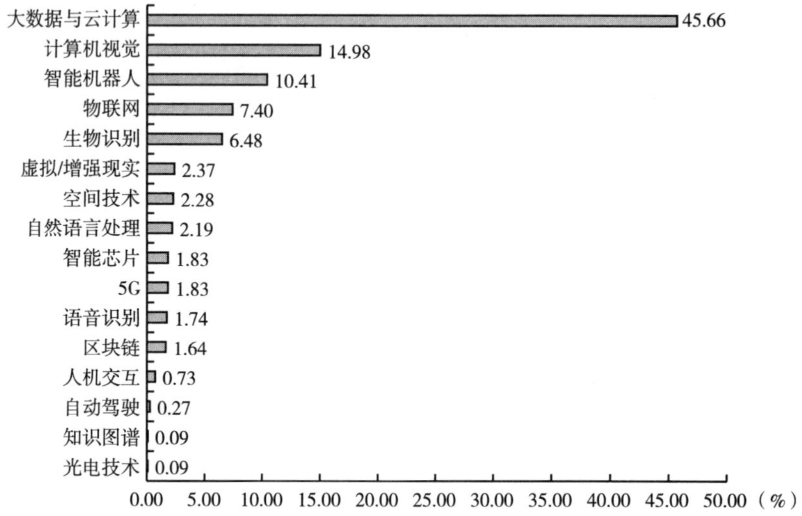

图 8－14　成渝地区内部技术合作的技术类别分布

觉，占比为 14.98%；排名第三的是智能机器人，占比为 10.41%；排名第四和第五的分别是物联网、生物识别，占比分别为 7.40% 和 6.48%。

2. 地区外部技术类别

如图 8-15 所示，从成渝外部地区关系节点的技术合作类别看，排名第一的是大数据与云计算，占比为 53.30%；排名第二的是计算机视觉，占比为 10.70%；排名第三、第四和第五的是物联网、智能机器人和虚拟/增强现实，占比分别为 9.05%、6.01% 和 4.10%。

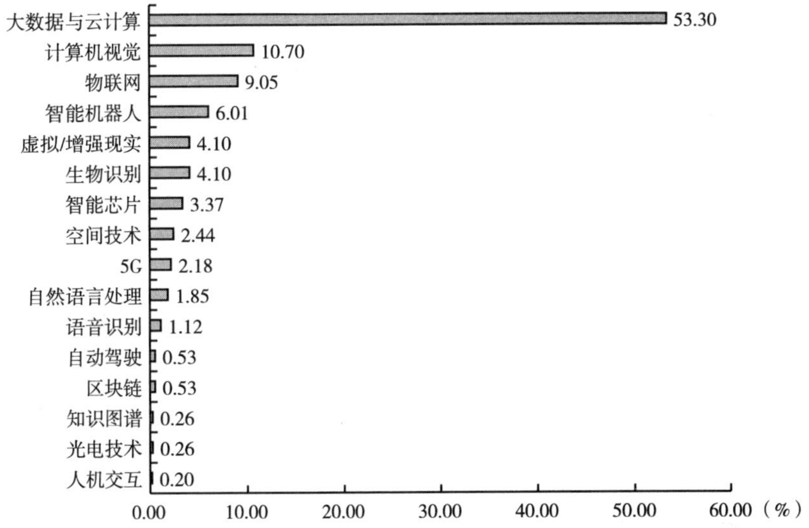

图 8-15　成渝地区外部技术合作的技术类别分布

（三）应用领域

1. 地区内部应用领域

如图 8-16 所示，从成渝内部地区技术合作的应用领域占比排名来看，智慧城市排名第一，占比为 11.11%；排名第二的是智能政务，占比为 10.81%；排名第三、第四和第五的分别是智能医疗、智能教育和智能制造，占比分别为 9.48%、8.66% 和 8.36%。

2. 地区外部应用领域

如图 8-17 所示，从成渝外部地区技术合作关系应用领域占比排名来看，排名第一的是新媒体和数字内容，占比为 13.30%；排名第二的是智

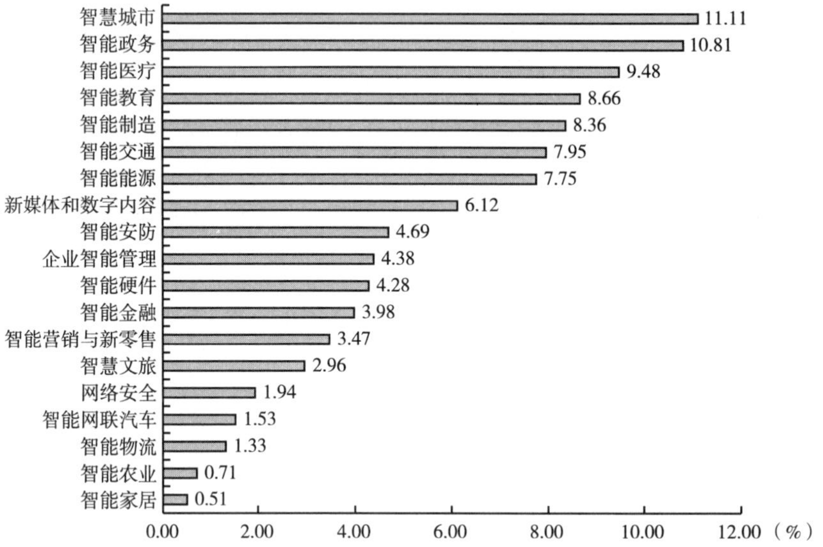

图 8－16 成渝地区内部技术合作的应用领域分布

能制造，占比为 9.52%；排名第三、第四和第五的分别是智能政务、智慧城市和智能教育，占比分别为 9.38%、7.49% 和 7.19%。

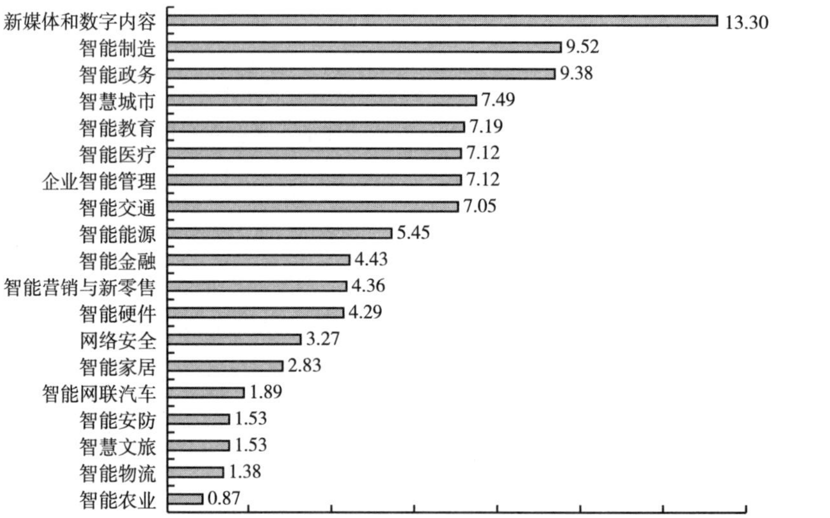

图 8－17 成渝地区外部技术合作的应用领域分布

内外部技术合作关系应用领域存在较大的差异。其中，新媒体和数字内容在内部地区排名第八，而在外部地区则排名第一。同时，智慧城市在内部排名第一，在外部地区则排名第四。内部和外部技术合作应用领域的差异说明，成渝地区人工智能产业具有自身的比较优势。

（四）技术合作的动态演化

1. 动态价值网络

如图 8－18 所示，从时间维度上观察成渝内外部地区技术合作关系占比变化情况，可以看出 2006—2009 年本土人工智能场景开发占据产业生态的主导地位。自 2010 年后，成渝企业与外部的合作逐渐增长，2015 年达到巅峰，占比高达 75.00%。

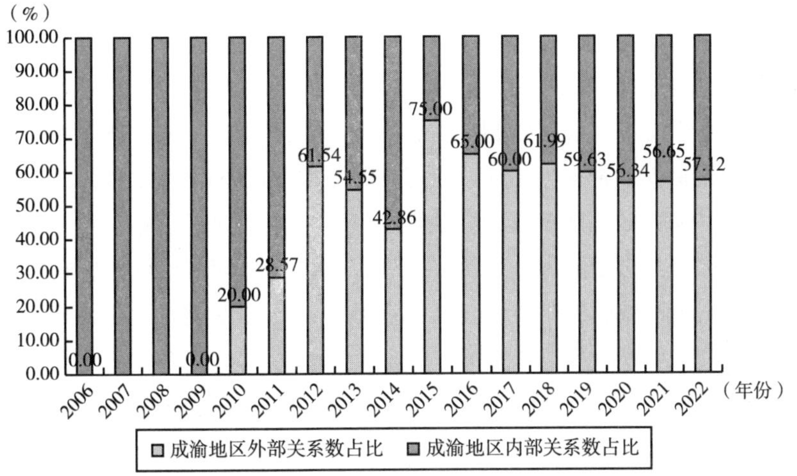

图 8－18　210 家成渝地区人工智能样本企业内外部技术合作关系数的年度分布

如图 8－19 所示，从 210 家成渝地区人工智能科技产业的技术输入与技术赋能来看，2006 年样本节点的技术输入和技术赋能关系都是 1 项，到 2022 年分别增长为 140 项和 510 项，技术赋能关系不仅在数量上而且在增速上都远超技术输入关系。从技术输入和赋能关系数量的变化情况看，成渝地区在人工智能科技创新和产业发展上都属于区域创新中心。

在对技术赋能的分析中以“企业—企业”的技术合作关系为基础，如图 8－20 所示，从成渝地区人工智能样本企业应用技术开发场景所处的具体行业分布来看，无论是在成渝内部地区还是在成渝外部地区，第一产

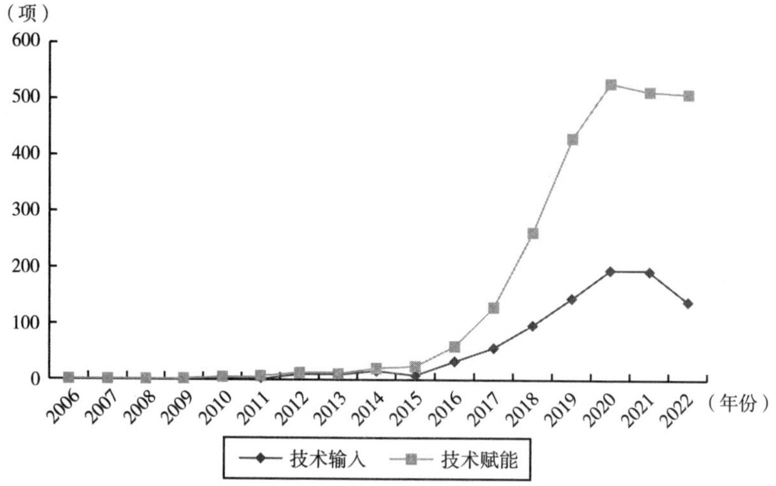

图 8－19 210 家成渝地区人工智能科技产业的技术输入与技术赋能变化

业占比都不足 1%。我国在农业传感器及感知装备的缺乏以及小农户数字化基础设施建设不完善等限制着整体智慧农业的发展，而在样本中以智慧农业为主营业务的企业有农商通和鱼鳞图等，其合作对象多为政府及高校。同时，包括对内部节点的赋能和对外部节点的赋能，第三产业的数字化专业占比排名均位列第一，第二产业占比排名分别为第二名和第三名，三次产业在各地域中的赋能占比排名保持一致。但是通过比较三次产业赋能占比可以发现，内部地区的第三产业赋能占比为 74.24%，外部地区的第三产业占比为 66.83%，显然内部地区在三次产业的融合升级中更加侧重于

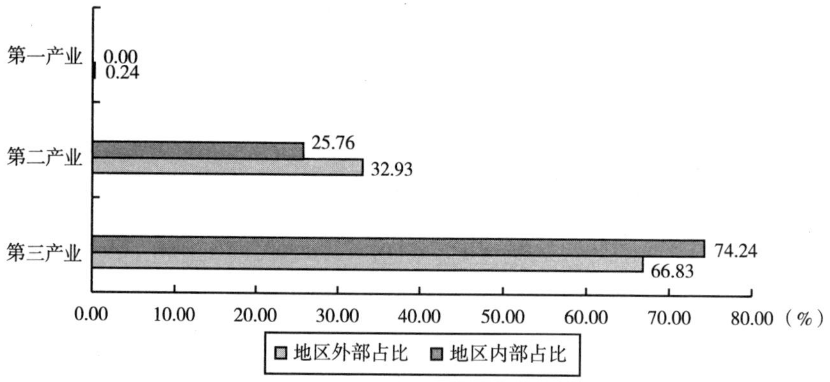

图 8－20 成渝地区人工智能产业和三次产业部门技术互动关系分布

第三产业。在内外的三次产业占比中，内部地区第二产业占比为25.76%，外部地区第二产业占比为32.93%，即使是拥有同样技术能力的样本企业在面对内部市场与外部市场时，技术的不成熟会使得企业在市场容量较大的外部更容易存活。

如图8－21所示，在样本企业对二次产业细分领域的内外部应用占比分布中，制造业和电力、热力、燃气及水生产和供应业明显同时处于排名靠前的位置。尤其是电热燃气供应业，其关系节点如国家电网及国能大渡河流域水电开发有限公司等都在成渝地区人工智能科技产业价值网络中占据较高的度数中心度。重庆市复杂的水域环境不仅产生了大量的应用需求，同时也在智能技术的应用过程中提升了人工智能产业在该领域上的独特优势。

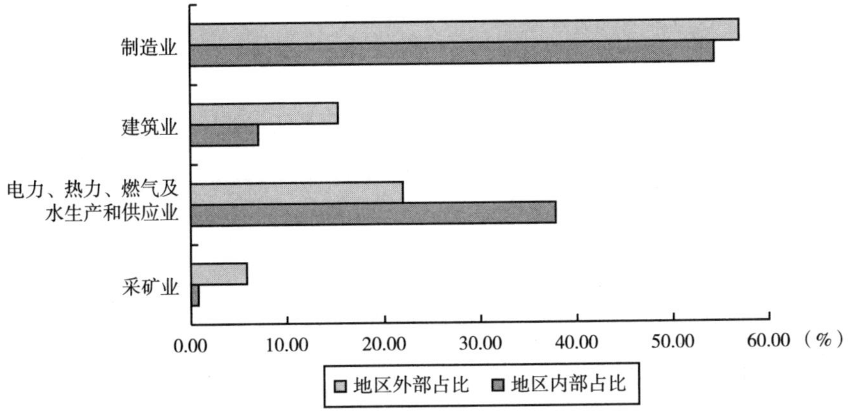

图8－21　成渝地区人工智能产业和第二产业各部门技术互动关系分布

如图8－22所示，在内部地区成渝地区汽车制造和航空装备制造等的优势实际上已经部分转化为样本企业的数字工厂以及自动化控制等制造智能化的转型能力，如在关系节点中从成都飞机工业（集团）有限责任公司到上海飞机制造有限公司的合作。样本企业对成渝地区本土汽车制造业的赋能应用要高于对外部地区汽车制造业的应用占比，这表明汽车制造业和汽车零部件制造业的数字化改造仍处于探索阶段，还未在汽车制造业形成足够的优势，印证本土产业结构与人工智能产业方向上的耦合性。

2. *创新创业活动的技术来源*

为进一步观察成渝地区人工智能科技产业技术来源变化情况，对成渝

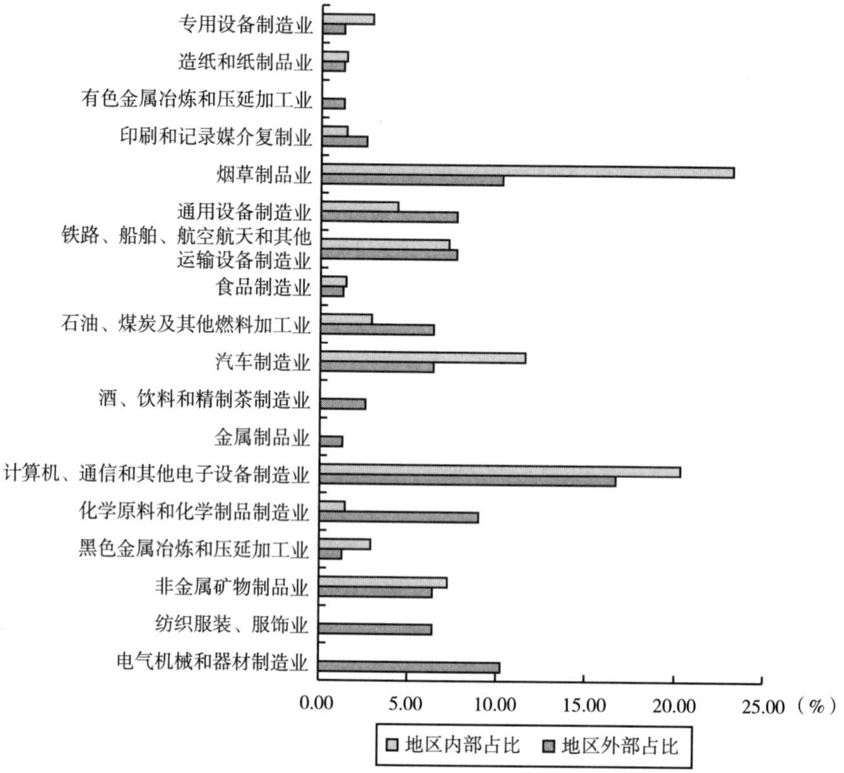

图 8-22　成渝地区人工智能产业和制造业各部门技术互动关系分布

地区内部和外部关系节点的输入能力分年度进行统计，其中输入能力为技术输入占技术合作关系之比。

如图 8-23 所示，在 2006—2011 年，内部输入能力较强，结合图中技术合作关系占比变化情况可以知道 2010 年及 2011 年虽然有技术合作但以对外的技术赋能为主，在 2012 年内部与外部的技术输入能力持平，随后在 2013 年达到外部关系节点对本土人工智能科技产业发展技术助力的最高点。在 2015 年，成渝内部人工智能科技企业创业高潮，而此时外部技术输入能力处于自 2012 年后的最低水平，因此可以说明创业高潮并非来自外部企业技术注资成立的分公司，而是基于本土市场需求和自身创新能力的地方初创企业。在 2016 年后，成渝地区内部与外部在对本土人工智能科技产业发展的技术输入上相差无几，二者共同促进产业生态建设。

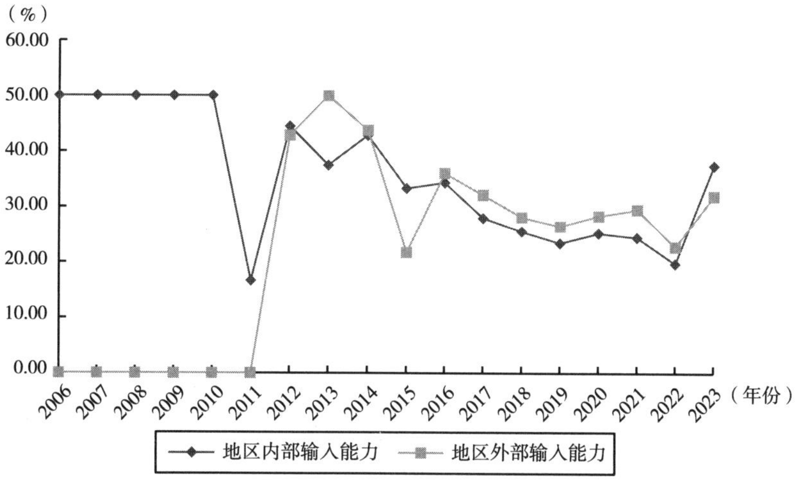

图8－23　210家成渝地区人工智能样本企业内外部技术输入的年度分布

在对样本企业进行初创—非初创企业分类的基础上，结合对样本节点技术输入的关系节点所在地的年度分布情况进行统计并得到图8－24。从图8－24中可以看出，在成渝地区人工智能科技产业的不同阶段中，区域内外部关系节点扮演着不同作用。在人工智能技术还未产业化的萌芽期，成渝地区初创企业与非初创企业的技术输入来源均以本土其他创新主体为主，说明起始阶段无论是内部地区还是外部地区都是在利用各自地区内部创新资源进行技术创新研究的落地。在人工智能产业成长期，区域外部出现的领先人工智能技术创新企业实施向成渝地区的扩散战略，技术输入中本土关系节点占比显然比早期低。

由于技术本身并不成熟，因此在企业向外寻求合作的过程中同一地理空间上的本土创新主体是技术积累的主要来源，并且技术创新高度的不确定性也使在该领域上能够进行研发的多为非初创企业，这些非初创企业有着较为雄厚的资本支撑着对新兴技术的创新投入。随着技术本身的发展以及下游应用反馈而来的创新提升，包括本土样本企业与外部企业型技术创新主体开始利用现有的应用领域赋能技术进行对外的扩张，并且两种扩张在企业类型上表现出明显的异质性。非初创企业在受到外部地区技术输入冲击后尽管表现出内部区域技术输入占比断崖式下滑，但是随着时间发展这种冲击不断降低，并且非初创企业的内部区域技术输入占比趋势有抬头迹象。初创企业的成立时间多数集中在外部地区已经向成渝地区本土扩散的阶段，在合作伙伴选择上的限制相对较低，对于本土整体产业结构中的众多企业并不如非初创企业熟悉，因而表现出对外部关系节点技术输入上的亲近，因此内部关系节点对初创企业的技术输入占比逐年下滑。

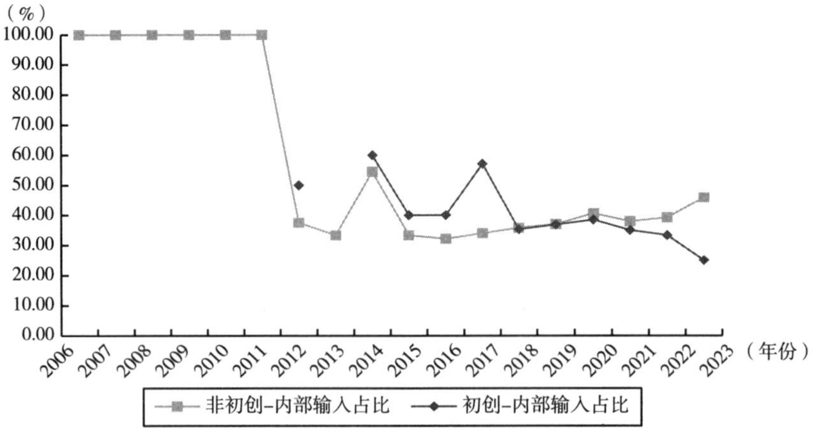

图 8－24　210 家成渝地区人工智能样本企业内外部技术输入的年度分布

从初创企业与非初创企业的技术输入中可以认识到，人工智能技术创新推动形成的产业化过程中，企业进入新兴产业的方式包括从当地创新资源中创业孵化以及现有产业结构中创新部门的分化，创新及创业活动通过新旧企业交替推动人工智能科技产业动态演化。在萌芽期和成长期，技术输入的来源表现出不同特征，萌芽阶段在本地创新资源支撑和应用场景需求下与外部地区几乎不分先后地推进人工智能技术商业化，然后内外部资源要素上的差异使得产业化进程不一，外部产业扩散利用与本地要素的连接影响本土人工智能科技产业发展。

第四节
理论模型和逻辑分析

一、理论模型

本地要素是区域创新生态系统的重要组成部分，与以往研究中将创新要素划分为创新主体要素、创新环境要素和创新资源要素不同①②③，在本章中本地要素是指内生于区域创新主体的政府政策、应用场景和创新资源。其中，应用场景是本轮技术革命中智能技术与市场需求相结合的具体情景。

在创新资源概念的界定上，本章结合研究主题进行了重新定义，国内外学者普遍认为创新资源要素是指由创新主体进行配置的客体对象④⑤，主要指人力资本、金融资本、物资资本和知识要素，考虑到人才是劳动、知识与技术的载体⑥，本章将创新资源要素定义为流动在人才中的知识与技术资源。

在区分不同创业行为的研究中，创新创业是指创新要素驱动的新知识与新市场的创造与发现⑦⑧，强调新生创业行为⑨，而“熊彼特创新理论”更多侧重于以企业为主体的创新商业化过程⑩。结合以上两种观点，本章认为创新创业是技术创新与市场机会的组合，创新主要指新产品商业化，而创业则是指新企业组织的创立。

以成渝地区人工智能科技产业发展为例，考察本地要素对区域人工智能科技产业的驱动机制，本章提出一个基本的区域产业发展模型，如图 8 -25 所示。其中，左右两个虚线框分别表示本地要素与外部要素，由

---

① Cooke P. Regional innovation systems: competitive regulation in the new Europe [J]. Geoforum, 1992, 23 (3): 365 -382.

② 刘新艳，陈圻，张新婷．创新要素对新兴产业的牵引分析［J］．科技进步与对策，2011，28（24）：50 -54.

③ 卢涛，周寄中．我国物联网产业的创新系统多要素联动研究［J］．中国软科学，2011（03）：33 -45.

④ 凌峰，戚湧，朱婷婷．战略性新兴产业创新要素供给体系与协同机制［J］．科技进步与对策，2016，33（22）：56 -63.

⑤ Mukim M. Does agglomeration boost innovation? An econometric evaluation [J]. Spatial Economic Analysis, 2012, 7 (3): 357 -380.

⑥ 许继琴．产业集群与区域创新系统［M］．北京：经济科学出版社，2006.

⑦ Pérez - Luño A, Wiklund J, Cabrera R V. The dual nature of innovative activity: How entrepreneurial orientation influences innovation generation and adoption [J]. Journal of business Venturing, 2011, 26 (5): 555 -571.

⑧ Aldrich H. Organizations evolving [M]. Sage, 1999.

⑨ Arenius P, Minniti M. Perceptual variables and nascent entrepreneurship [J]. Small business economics, 2005, 24: 233 -247.

⑩ 詹·法格伯格，戴维·莫利，理查德·纳尔逊．牛津创新手册［M］．浙江：浙江大学出版社，2009.

于本章以本土产业发展为重点研究对象，故对区域外部要素的其他组成部分进行了简化和省略。

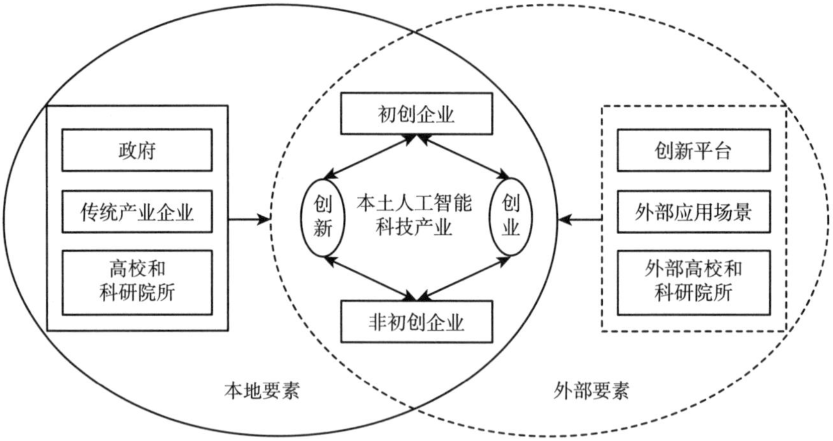

图 8－25　成渝地区人工智能科技产业发展的基本模型

在区域创新生态系统中，政府、传统产业企业、高校和科研院所既是智能技术的主要赋能对象，又是政策支持和创新资源供给的主体。由政府政策、应用场景和创新资源构成的本地要素是创新和创业活动的首要动力。创新创业活动既推动初创企业孵化和非初创企业转型，同时又作为初创企业与非初创企业参与人工智能产业建设的主要形式，初创企业与非初创企业组成本土人工智能科技产业。

开放的区域创新生态系统下，人工智能科技产业在本地要素与外部要素的结合下得到进一步激活，外部创新扩散是区域产业发展的另一重要动力。为了区分本土人工智能科技产业发展过程中驱动因素的先后顺序，分别使用实线的本地要素框和虚线的外部要素框。

二、逻辑分析

（一）本地要素对创新创业活动的影响机制

首先，政府通过政策颁布对创新创业活动提供支持。政府扶持和培育新兴产业的方式主要是以支持创新创业活动为主，包括产业规划、专项发展方案、税收优惠、人才引进等。产业规划为区域创新资源集聚方向提供指引；专项发展方案展现政府对新兴产业的积极态度，有利于营造良好的创新氛围，提高创新创业活动内生动力；税收优惠降低创新创业活动初期对于新兴技术应用研发的高额成本，形成正向的投资激励；人才引进则是政府主动承担开放区域创新生态系统构建者的体现，通过引进外部人才打破内部技术素材组合的地理约束。此外，在高质量发展和经济转型目标下，政府同样是网络空间基础设施建设的主要投资者，数据中心建设以及算力网络搭建等是人工智能科技产业发展的重要前提。

其次，应用场景需求对创新创业活动的牵引作用。人工智能技术的通用属性意味着其在广阔市场中存在应用空间。人民日益增长的美好生活需要推动着消费市场中对新产品和新服务的需求，生产者市场中传统产业企业对于劳动替代、生产效率提高产生的新工艺需求，政府主体对资源有效配置、经济增长和居民幸福感提升存在的新治理方式需求等构成了人工智能技术应用的重要场景，如智慧家居、智能制造和智慧政务等。技术创新源自对经济问题的解决诉求，应用场景的市场规模影响着创新创业活动主体的预期收益以及创业可行性。

最后，创新资源是创新创业活动的供给对象。技术创新是知识与技术的再组合①，创业行为是对市场机会的发现与开发。人才是技术、知识与市场经验的载体，同时是区域创新生态系统的适应性个体，具有技术学习、模仿和创新能力以及经验积累、总结和应用的行为惯性。因而人才是创新创业活动的主体，基于自身创新资源而推动创新创业活动。高校和科研院所则是人才进行专业知识学习和基础理论研究的主要组织，市场经验则来自过往的工作经历。

（二）创新创业活动与人工智能产业形成

创新创业活动是技术产业化的核心力量。新兴产业形成的标志是出现新的分工方式或者新的商业模式，而本质上则是创新创业活动结果。人工智能科技产业之所以能够成为新兴产业并从互联网产业中分化，必然是能够输出满足市场需求的具有代表性的新产品。而这种产品作为企业的重要目标是以技术创新为支撑的，正是这种新产品的产生导致对原有的劳动力分工产生了更加精细化的需求②，这种需求在技术创新初期尤其是在单个

① 洪银兴．论创新驱动经济发展战略［J］．经济学家，2013（01）：5-11．

② 陈刚．新兴产业形成与发展的机理探析［J］．理论导刊，2004（02）：40-42．

企业内进行的技术创新时并未形成规模效应，而随着单个企业因技术创新推出的新产品或者新服务成功在市场上获得认可时，由于市场的创新开拓能够极大地获得先导者身份所带来的经济利益，甚至脱离原有的产业链位置。此时其他企业通过模仿创新尝试进入新市场，对于新技术产生的精细劳动分工需求迅速扩大，对原有的分工结构真正产生影响，使得新分工出现。传统分工层次意味着技术工人或者人力资本所掌握的经验知识与技术素材相对于新兴技术表现出一定的落后性，而成规模的需求与相对短缺的供给促使人力资源要素的支付报酬飞速增长，加剧了向新分工的涌入。在创新创业—产品获得市场认可—生产要素流动—新分工出现的传导机制下，新兴产业从区域创新生态系统中萌芽。

初创企业与非初创企业是区域人工智能科技产业部门的主要组成，同时也是创新创业活动的结果与行为主体。专用技术与通用技术之间的关系与新技术对旧技术替代而产生的对抗性关系不同，人工智能技术在下游应用过程中，能够为现有技术积累异质创新资源所构成的技术素材，从而增加专用技术创新的再组合数量，实现对专用技术的升级。而人工智能技术则在场景应用中获得海量的专有数据，为算法改进提供更多可能。因此，异质性技术创新资源的占有者必然是人工智能企业进行技术创新应用过程不可忽视的重要力量。在人工智能技术变革是跨学科、跨产业的复杂创新这一命题下，企业内部创新资源越发显得相对不足，创新创业迫切需要来自多元创新主体的互补性资源要素来保障自身能够拥有相当广阔的创新资源范围，因而产生了在人工智能科技产业发展过程中始终贯穿的多元主体互动。

在不同的组织类型中如高校和科研院所，不同的地理空间上如成渝地区内部市场与成渝地区外部市场，这些主体占据着异质性的技术创新资源，是企业扩大自身技术创新素材库的潜在来源。为了使潜在性进一步转化为现实，企业通过创新合作获取异质互补的创新资源，保证能够产生较多的知识与技术再组合。同时将再组合中所产生的风险与创新收益与合作伙伴共担，既缓释了企业自身面对技术创新不确定性时产生的约束，也使因预期创新收益存在而更为有效地联合和保护技术创新。

（三）高度开放的区域创新生态系统

政府政策、应用场景和创新资源内生于区域创新生态系统，由本土主体要素中的政府、传统产业企业、高校和科研院所提供。不同的区域创新生态系统在这三者中存在明显差异。

技术创新理论中对于技术创新发生地并未有直接解释，但是技术创新所需的知识与技术则来自基础理论研究和区域市场应用研究，在地理环境及经济发展的历史进程中，我国形成了区域创新资源分布不均衡现象。区域外部相对来说有着更为广阔的市场空间以及科技创新资源，因此尽管同处于人工智能经济时代，技术创新的区域不平衡也仍然存在。从第二次和第三次工业革命和现实经验来看，在特定技术创新中总是存在着某个地域或者某个行业的首先发展，并且在技术之间的比较上，某区域并不总是在所有技术中都处于前沿，这可以解释为技术创新应用上的比较优势，人工智能具有复杂技术体系，并不是单一技术，因而就成渝地区的人工智能科技产业而言，这种差异使得其可以是技术使能者也可以是技术赋能者。因此，在开放的区域创新生态系统中，比较优势是本土创新主体能够进行内外互动的前提和条件，成渝地区除接受来自外部地区的技术输入外，同时也进行着对外部的技术赋能。

在前面理论研究和实证分析的基础上，本章提出后发地区发展人工智能产业的政策建议。

首先，提升本土创新资源培育速度。积极培育本土创新资源，孵化更多创新主体，支持本土企业对新技术的应用。在以企业为出发点通过互动合作构建的企业创新网络中出现的高校和科研院所不仅通过教育为企业提供了人力资本，同时也在联合研发中为企业输送了大量的知识要素，而这种知识要素所具有的公共品特性对于区域新兴产业是有利的。企业不仅是创新成果最直接的需求方，同时也是产业发展中重要的创新主体，鼓励企业进行人工智能技术的应用不仅是推动区域产业发展最有效的方式，而且在转型升级过程中出现的智能化需求也能进一步带动技术服务型企业的创新，形成人工智能科技产业的核心竞争力。

其次，拓宽区域创新生态系统边界。建立更开放的创新网络，重视外来创新主体在本土的合作应用。成渝地区双城经济圈位处西部中心，在发展本土人工智能科技产业的同时应该发挥西部增长极的辐射作用，带动周边地区实现人工智能科学技术的应用落地，早日取得科技革命新成果。在与全国范围内其他地区人工智能科技企业的竞争中优化自身创新网络，缩短集聚创新资源的路径，扩大在国家创新体系中的影响力。重视人工智能科技产业的开放生态网络建设，紧抓人工智能技术发展契机，吸引东部及中部地区前来合作，以开放创新平台为例，其技术应用能力处于上游水平，显然能够成为本土企业创新的学习对象，另外其拥有的丰富创新资源也吸引着其他企业入驻本地，这对形成本土产业集群是有利的。

最后，推动人工智能产业集群建设。多措并举加速创新主体在区域空间上的集聚，形成对外辐射能力较强的智能产业集群。围绕本土应用场景构建特色产业集群，引导创新创业活动与多元主体互动在地理位置上的邻近，在本土创新资源相对不足的情况下，借助集群创新氛围及知识与技术的外溢促进本土技术体系积累，改善内部创新资源的分散状况，高效利用内外创新资源在特色智能产业上的聚集。

第九章

中国新一代人工智能科技产业区域竞争力评价指数（2022 年）

第一节
研究设计和指标体系

一、研究方法与设计

（一）研究方法

在研究中，我们把人工智能科技产业的发展看作是一个复杂适应系统。区域人工智能科技产业兴起和发展是包括企业、大学和非大学科研机构、投资者、链接者和政府在内的多元创新主体相互联系和作用过程中的涌现现象。多元创新主体互动所形成的创新生态系统是区域人工智能科技产业活力和竞争力的基础。从创新生态系统的视角，本章从产业基础和发展环境两个方面的企业能力、学术生态、资本环境、国际开放度、链接能力和政府响应能力 6 个维度构建指标体系，评价中国新一代人工智能科技产业的区域发展潜力和竞争力水平。

（二）样本数据库

基于创新生态系统的视角，本章构建了包括2200家人工智能企业、5272个投资者（投资机构和非投资机构）[①]、303所AI大学和123家非大学科研机构、781家产业联盟、在中国境内召开的总计2162场会议、31个省份自治区出台的657项相关政策和1823家人工智能产业园区规划建设情况等在内的中国智能经济样本库。[②]

通过实际调查和大数据相结合的方法采集数据，并建立样本数据库。样本数据库的数据包括两类：属性数据和关系数据。属性数据是指包括人工智能企业在内的创新主体的成立时间、所属地区和销售收入等方面的信息；关系数据则是指样本企业与其他节点发生的关系和互动规则方面的信息。

二、指标体系

如表9－1所示，人工智能科技产业区域竞争力评价指标体系中的6项一级指标和10项二级指标分别为：企业能力方面的企业规模和企业创新能力；学术生态方面的AI大学和非大学科研机构创新能力；资本环境方面的融资和投资；国际开放度方面的核心人力资本开放度和技术开放度；链接能力的链接者和政府响应能力的政府响应。在二级指标之下，再从数量和质量两个维度设立相应的24项三级指标。

表9－1 人工智能科技产业区域竞争力评价指标体系及其权重

一级指标	权重	二级指标	权重	三级指标	权重
企业能力	0.4368	企业规模	0.2045	企业数量	0.1782
				企业平均估值/市值	0.0263
		企业创新能力	0.2323	企业平均专利数	0.1304
				基础和技术层企业数	0.0629
				技术赋能关系数	0.0390

① 投资者的样本来自2200家企业关系数据中作为关系节点的投资方，包括投资机构和非投资机构。

② 本章数据采集时间截至2021年12月。其中，会议是指在中国境内召开的人工智能类会议。政策指各地政府出台的规划、实施意见和行动计划政策信息，来自各省份自治区和重点城市的政府官网。产业联盟包括国家和地方成立的与人工智能相关的产业联盟组织，主要根据网络公开数据筛选。

续表

一级指标	权重	二级指标	权重	三级指标	权重
学术生态	0.2127	AI 大学创新能力	0.1084	AI 大学数	0.0607
				平均国内论文数	0.0040
				平均国际论文数	0.0146
				平均专利数	0.0291
		非大学科研机构创新能力	0.1042	机构数	0.0607
				平均国内论文数	0.0072
				平均国际论文数	0.0072
				平均专利数	0.0291
资本环境	0.1865	融资	0.1383	融资关系数	0.0195
				融资额	0.1188
		投资	0.0482	投资关系数	0.0482
国际开放度	0.0776	核心人力资本开放度	0.0294	前期国际学习经验	0.0091
				前期国际工作经验	0.0203
		技术开放度	0.0481	国际技术输入关系数	0.0438
				国际技术赋能关系数	0.0043
链接能力	0.0512	链接者	0.0512	会议数	0.0085
				产业联盟数	0.0427
政府响应能力	0.0352	政府响应	0.0352	产业园区数	0.0293
				出台政策数	0.0059

（一）企业能力

在企业能力评价中，选择了企业规模和企业创新能力 2 项二级指标和 5 项三级指标。其中企业规模指标由人工智能企业数量、企业平均估值/市值 2 项三级指标构成（见表 9－1）。

企业数指标使用 2200 家人工智能企业在各地区的分布情况进行测度。企业平均估值/市值指标用各区域有效样本企业的平均估值/市值进行测度。

企业创新能力指标包括 3 项三级指标：企业平均专利数、基础和技术层①企业数和技术赋能关系数。

① 人工智能基础层和技术层企业是指提供包括大数据、云计算、边缘计算和智能芯片在内的基础技术和包括核心算法在内的核心技术企业。与应用层企业相比，基础层和技术层企业具有更强的创新和辐射带动能力。

企业平均专利数指标用各区域有效样本企业的平均专利数进行测度。企业层次指标使用各区域基础层和技术层样本企业的数量进行测度。企业技术赋能关系数指标则用各区域样本企业技术关系中的赋能关系数进行测度。

（二）学术生态

学术生态包括2项二级指标和8项三级指标。2项二级指标分别为AI大学创新能力和非大学科研机构创新能力。

AI大学创新能力指标包括4项三级指标，分别为AI大学数、平均国内论文数、平均国际论文数和平均专利数。非大学科研机构创新能力指标包括4项三级指标，分别为机构数、平均国内论文数、平均国际论文数和平均专利数。相关指标由本章选取的303所AI大学和123所非大学科研机构在各区域的实际分布数测度，发表论文总数由各区域有效样本的论文总数测度，拥有专利总数由各区域有效样本的专利总数测度。

（三）资本环境

资本环境包括2项二级指标和3项三级指标。2项二级指标分别为融资和投资指标。

融资指标包括融资关系数和融资额2项三级指标。投资指标包括投资关系数1项三级指标。其中，投、融资关系数量指标由2200家样本企业各区域投融资关系总数测度，而企业融资额指标用各区域有效样本企业的融资总额进行测度。

（四）国际开放度

国际开放度测度的是区域人工智能科技产业发展中的国际资源整合能力，设置了2项二级指标分别为核心人力资本开放度和技术开放度。

核心人力资本开放度包括2项三级指标：前期国际学习经验和前期国际工作经验。技术开放度包括2项三级指标：国际技术输入关系数和国际技术赋能关系数。前期国际学习经验和工作经验、国际技术输入和赋能数指标主要用2200家样本企业人力资本和技术关系数据的区域分布进行测度。

（五）链接能力

链接者是一类特殊的创新主体和活动，它通过把包括企业、开发者、大学、非大学科研机构和政府在内的多元创新主体连接起来，促进多元创新主体之间的合作与交流，是智能科技和经济发展的黏合剂和催化剂。区域链接者的活跃程度往往反映一个区域智能经济创新和发展的活力。链接者评价指标包括会议数和产业联盟数 2 项三级指标。会议数指标用区域内举办的智能会议的数量测度，产业联盟指标则用区域产业联盟的数量测度。

（六）政府响应能力

政府响应能力指标测度的是政府在区域人工智能科技产业发展中的积极引领和推动作用。政府响应能力指标包括 2 项三级指标：产业园区数和出台政策数。产业园区数是用近年来各地方规划和建设的人工智能相关产业园的数量进行测度。

（七）数据计算

人工智能科技产业区域竞争力综合评分的统计计算方法包括三个步骤：

1. 确定各级指标权重

本章采用层次分析法计算各级指标权重，优点在于符合系统性原则，简洁实用，所需定量信息较少，只需将同一层次的指标进行两两比较，即可得出最终结果。本章采用 yaahp 软件（版本 12.1）构建层次模型，输入判断矩阵，权重计算结果见表 9－2。

表 9－2　一致性检验

区域竞争力	企业能力	学术生态	资本环境	国际开放度	链接能力	政府响应能力
0.0514	0.0297	0.0351	0.0370	0.0438	0.0000	0.0000

各级指标的一致性比例均在 0.1 以下，表明通过了一致性检验，权重设置较为合理。

2. 标准化处理

为了消除各指标量纲影响，本章借鉴联合国开发计划署人类发展指数

（Human Development Index，HDI）的最小值—最大值方法，对各指标进行标准化处理。单项指标得分值的计算公式如下：

$$X'_{ij} = \frac{X_{ij} - MinX_{ij}}{MaxX_{ij} - MinX_{ij}} \times 100$$

其中，X_{ij} 为第 i 个省份的第 j 个指标的得分，X 为指标值。需要注意的是，按照上述计算方法，本章计算的指数值更多地表示同一时期不同区域创新水平的相对差距和排序情况。

3. 测算得分

根据确定的三级指标权重和单项指标得分计算出二级指标的评分，并根据二级指标的权重计算出一级指标的评分，根据一级指标的权重计算出产业区域竞争力的总评分。根据综合评分和分项指标评分情况，编制中国新一代人工智能科技产业区域竞争力指数排名。

第二节 人工智能科技产业区域竞争力总体评价指数

一、综合排名情况

表 9-3　2018—2022 年人工智能科技产业区域竞争力评价指数排名情况（不包含港、澳、台地区）

省份	综合排名（括号内为得分）				
	2022 年	2021 年	2020 年	2019 年	2018 年
北京市	1（83.0）	1（82.4）	1	1	1
广东省	2（69.5）	2（65.5）	2	2	2
上海市	3（33.1）	3（36.0）	3	3	4
浙江省	4（28.1）	4（27.6）	4	4	3
江苏省	5（26.5）	5（24.4）	6	5	5
山东省	6（21.4）	6（23.4）	5	9	6
四川省	7（16.9）	7（14.8）	8	6	11
安徽省	8（15.4）	8（13.8）	9	12	7

续表

省份	综合排名（括号内为得分）				
	2022 年	2021 年	2020 年	2019 年	2018 年
辽宁省	9（15.4）	10（12.2）	7	8	13
湖南省	10（12.4）	9（13.6）	10	13	16
重庆市	11（12.3）	14（9.9）	16	15	12
湖北省	12（11.7）	13（11.4）	13	7	8
陕西省	13（10.7）	15（9.4）	12	11	18
福建省	14（10.1）	12（11.9）	15	17	10
天津市	15（10.1）	11（11.9）	11	10	9
河南省	16（9.5）	16（8.1）	19	18	19
黑龙江省	17（8.9）	17（8.1）	14	16	15
吉林省	18（7.1）	18（7.9）	17	14	20
山西省	19（6.6）	22（4.6）	21	23	23
新疆维吾尔自治区	20（6.5）	24（3.2）	24	25	21
广西壮族自治区	21（6.0）	23（4.3）	25	26	28
江西省	22（5.7）	20（5.1）	22	22	22
河北省	23（5.7）	19（6.3）	18	19	17
贵州省	24（3.3）	21（4.8）	26	21	14
云南省	25（3.0）	25（3.2）	20	24	25
甘肃省	26（2.7）	26（2.1）	23	20	24
内蒙古自治区	27（2.3）	27（1.2）	27	27	26
青海省	28（0.7）	29（0.5）	29	29	29
宁夏回族自治区	29（0.7）	30（0.4）	31	29	30
海南省	30（0.7）	28（0.6）	28	28	27
西藏自治区	31（0.4）	31（0.1）	30	29	31

从 2022 年中国人工智能科技产业区域竞争力总体评价指数来看，北京市、广东省、上海市、浙江省、江苏省和山东省六个省份是我国人工智能科技产业发展的第一梯队，六个省份的综合得分分别为 83.0、69.5、33.1、28.1、26.5 和 21.4。其中，北京市和广东省的竞争优势更为突出，在全国省份中遥遥领先。此外，四川省、安徽省、辽宁省、湖南省、重庆市和湖北省在我国人工智能科技产业发展的第二梯队中处于引领地位，综合评分分别为 16.9、15.4、15.4、12.4、12.3 和 11.7。

从 2021 年与 2022 年省份竞争力综合排名的对比情况来看，我国人工智能科技产业区域竞争力排名前十名的省份变化不大，北京市、广东省、上海市、浙江省、江苏省、山东省、四川省、安徽省、辽宁省和湖南省稳居人工智能科技产业区域竞争力前十强。其中，2022 年的前八名省份与 2021 年完全一致，辽宁省则在 2022 年上升一个位次，升至第九位。

在 2022 年度中排名第 11—20 名的省份中，组内变化相对较大。其中，重庆市、湖北省、陕西省、山西省和新疆维吾尔自治区相较于 2021 年排名上升，福建省和天津市排名出现了小幅下降，河南省、黑龙江省和吉林省保持平稳态势。在排名第 21—31 名的省份中，广西壮族自治区、青海省和宁夏回族自治区排名实现了进步，云南省、甘肃省、内蒙古自治区和西藏自治区排名与去年相同，江西省、河北省、贵州省和海南省排名出现了不同幅度的下降。

对 2018—2022 年的排名情况进行五年对比分析，北京市、广东省、上海市、浙江省、江苏省和山东省始终稳定在全国前十名，其中北京市、广东省、上海市、浙江省、江苏省始终处于全国前六名。在过去五年中，北京市一直位于人工智能科技产业区域竞争力综合排名榜首，在学术生态、资本环境和国际开放度方面具有绝对优势。广东省在最近五年中均位列综合排名第二名，在企业能力、链接能力和政府响应能力方面具有绝对优势。上海市的综合排名在 2018 年位列全国第四名，2019 年起上升并稳定在全国第三名，企业能力、资本环境和国际开放度方面具有相对优势。浙江省在 2018 年位居第三名，2019—2022 年稳定在第四名。政府响应能力是浙江省的优势所在，同时在企业能力和国际开放度方面也位于第一梯队。

江苏省的综合排名较为稳定，2020 年排名第六名，其余年份稳定在全国第五名，在政府响应能力、学术生态、链接能力、资本环境等一级指标评价中具有相对优势。山东省 2018—2022 年的综合排名分别为第六名、第九名、第五名、第六名和第六名。从一级指标看，山东省在链接能力、企业能力、政府响应能力方面占优。此外，四川省、辽宁省和湖南省于 2019 年和 2020 年跻身全国前十，并在此后几年得以保持；安徽省在过去五年中只在 2019 年位列全国第十二名，其余年份位次相对稳定，均位于全国前十之列。

二、分项评价指数排名情况

（一）企业能力评价指数排名情况

2022 年，企业能力评价指数排名前十名的省份分别是广东省、北京市、上海市、浙江省、山东省、江苏省、辽宁省、安徽省、湖南省和重庆市，企业能力评价指数评分分别为 39.5、35.7、15.2、12.8、10.4、8.2、7.4、7.4、5.8 和 4.9（见表 9－4）。

表 9－4　2018—2022 年企业能力评价指数排名情况（不包括港、澳、台地区）

省份	企业能力评价指数排名（括号内为得分）				
	2022 年	2021 年	2020 年	2019 年	2018 年
广东省	1（39.5）	1（37.7）	2	2	2
北京市	2（35.7）	2（31.6）	1	1	1
上海市	3（15.2）	3（15.4）	4	4	4
浙江省	4（12.8）	5（12.5）	5	3	3
山东省	5（10.4）	4（13.9）	3	8	5
江苏省	6（8.2）	6（7.4）	6	5	7
辽宁省	7（7.4）	11（4.6）	9	15	10
安徽省	8（7.4）	9（6.3）	10	10	6
湖南省	9（5.8）	7（7.4）	7	12	13
重庆市	10（4.9）	13（3.7）	16	14	12
福建省	11（4.6）	8（6.7）	8	11	8
新疆维吾尔自治区	12（4.6）	24（0.7）	20	20	18
四川省	13（4.5）	14（3.6）	12	9	9
河南省	14（4.2）	15（2.4）	19	16	19
山西省	15（3.8）	19（2.0）	15	22	17
湖北省	16（3.7）	12（4.3）	13	6	11
陕西省	17（2.6）	21（1.3）	17	13	19
广西壮族自治区	18（2.4）	23（0.7）	23	23	19
天津市	19（2.4）	10（5.3）	11	7	15

续表

省份	企业能力评价指数排名（括号内为得分）				
	2022 年	2021 年	2020 年	2019 年	2018 年
吉林省	20（2.0）	17（2.1）	23	23	19
黑龙江省	21（2.0）	20（2.0）	14	21	16
江西省	22（1.9）	22（1.3）	23	23	19
河北省	23（1.7）	18（2.1）	18	17	19
贵州省	24（1.3）	16（2.2）	21	19	14
西藏自治区	25（0.3）	30（0.0）	23	24	22
云南省	26（0.3）	27（0.2）	23	23	19
内蒙古自治区	27（0.1）	28（0.1）	23	23	19
宁夏回族自治区	28（0.1）	25（0.3）	23	24	21
海南省	29（0.1）	26（0.3）	22	18	19
甘肃省	30（0.1）	29（0.0）	23	23	19
青海省	31（0.0）	31（0.0）	23	24	20

在 2018—2022 年，企业能力评价指数排名始终稳定在前十名的省份分别是广东省、北京市、上海市、浙江省、山东省、江苏省和安徽省。其中，广东省企业能力评价指数始终保持在前列位置，2018 年、2019 年和 2020 年均排名第二名，2021 年和 2022 年排名上升至第一名，在企业估值和企业专利数量方面具有绝对优势。北京市企业能力评价指数排在前两位，在企业数量、企业层次和技术赋能上具有绝对优势。上海市企业能力评价指数排名略有上升，2018 年、2019 年和 2020 年均排名第四名，2021 年和 2022 年排名上升至第三名，并且在企业数量和企业层次指标上具有较明显优势。浙江省企业能力评价指数排名始终保持在第一梯队，在企业估值和技术赋能指标上表现较为突出。山东省在企业专利数量指标中排在靠前位置。江苏省在企业数量、企业估值、企业层次和技术赋能等方面具有比较优势。安徽省在企业专利数量指标上优势相对突出。

（二）学术生态评价指数排名情况

2022 年，学术生态评价指数排名前十的省份分别是北京市、四川省、江苏省、广东省、上海市、辽宁省、浙江省、陕西省、山东省和安徽省。学术生态评价指数评分分别为 17.9、10.1、9.9、8.0、7.9、7.0、6.9、6.8、6.6 和 6.3（见表 9－5）。

表 9－5　2018—2022 年学术生态评价指数排名情况（不包括港、澳、台地区）

省份	学术生态评价指数排名（括号内为得分）				
	2022 年	2021 年	2020 年	2019 年	2018 年
北京市	1（17.9）	1（18.4）	1	1	1
四川省	2（10.1）	3（9.4）	9	7	5
江苏省	3（9.9）	2（9.7）	2	3	2
广东省	4（8.0）	7（7.0）	6	5	13
上海市	5（7.9）	4（7.7）	3	2	3
辽宁省	6（7.0）	9（6.5）	8	4	11
浙江省	7（6.9）	5（7.3）	4	9	9
陕西省	8（6.8）	6（7.2）	5	6	6
山东省	9（6.6）	8（6.6）	11	16	16
安徽省	10（6.3）	11（5.5）	13	12	15
重庆市	11（6.1）	16（4.1）	15	10	10
黑龙江省	12（5.8）	10（5.8）	10	13	7
湖北省	13（5.8）	12（5.5）	12	14	4
天津市	14（5.3）	14（4.9）	14	15	12
湖南省	15（4.6）	15（4.3）	16	11	8
吉林省	16（4.4）	13（5.3）	7	8	14
河南省	17（4.2）	17（4.1）	20	19	19
福建省	18（3.2）	18（3.0）	18	18	20
江西省	19（3.0）	19（2.8）	22	21	18
广西壮族自治区	20（2.9）	21（2.8）	25	27	24
河北省	21（2.8）	20（2.8）	19	20	24
云南省	22（2.4）	22（2.5）	17	23	22
山西省	23（2.1）	24（2.0）	23	22	21
新疆维吾尔自治区	24（1.7）	23（2.4）	24	26	23
贵州省	25（1.7）	25（1.7）	25	24	24
甘肃省	26（1.6）	26（1.6）	21	17	17
内蒙古自治区	27（1.1）	27（0.8）	25	25	24

续表

省份	学术生态评价指数排名（括号内为得分）				
	2022 年	2021 年	2020 年	2019 年	2018 年
青海省	28（0.4）	28（0.4）	25	29	25
海南省	29（0.0）	29（0.0）	25	28	24
宁夏回族自治区	29（0.0）	29（0.0）	25	29	26
西藏自治区	29（0.0）	29（0.0）	25	29	27

在 2018—2022 年，学术生态评价指数排名始终稳定在前十名的省份分别是北京市、四川省、江苏省、上海市、浙江省和陕西省。其中，北京市学术生态评价指数始终保持在首位，在机构数量和平均国际论文数量指标上具有绝对优势；四川省学术生态评价指数排名上升势头明显，在平均国际论文数量和平均专利数量指标上优势相当突出；江苏省学术生态评价指数排名始终保持在前三名位置，在 AI 大学数量指标上具有绝对优势，在平均专利数量指标上具有明显优势；上海市学术生态评价指标排名始终保持在前五名位置，在机构数量指标上优势相对突出，在 AI 大学数量和平均国际论文数量指标上具有明显优势；浙江省在机构数量指标上优势突出，在平均专利数量和平均国际论文数量指标上具有明显优势；陕西省在平均国际论文数量指标上优势突出，在机构数量指标上具有明显优势。

（三）资本环境评价指数排名情况

2022 年，资本环境评价指数排名前十的省份分别是北京市、广东省、上海市、江苏省、浙江省、天津市、山东省、福建省、四川省和湖北省。资本环境评价指数评分分别为 18.7、8.0、5.0、2.8、2.6、1.3、0.8、0.8、0.6 和 0.5（见表 9－6）。

表 9－6　2018—2022 年资本环境评价指数排名情况（不包括港、澳、台地区）

省份	资本环境评价指数排名（括号内为得分）				
	2022 年	2021 年	2020 年	2019 年	2018 年
北京市	1（18.7）	1（18.6）	1	1	1
广东省	2（8.0）	2（7.3）	4	4	4
上海市	3（5.0）	3（6.3）	2	2	2

续表

省份	资本环境评价指数排名（括号内为得分）				
	2022 年	2021 年	2020 年	2019 年	2018 年
江苏省	4（2.8）	5（2.7）	5	5	5
浙江省	5（2.6）	4（2.7）	3	3	3
天津市	6（1.3）	12（0.3）	7	7	6
山东省	7（0.8）	8（0.6）	9	6	9
福建省	8（0.8）	6（0.8）	6	10	14
四川省	9（0.6）	9（0.4）	12	12	16
湖北省	10（0.5）	7（0.6）	8	8	15
安徽省	11（0.3）	10（0.3）	10	11	8
湖南省	12（0.3）	11（0.3）	13	9	13
甘肃省	13（0.3）	29（0.0）	23	22	17
吉林省	14（0.3）	25（0.0）	23	22	17
辽宁省	15（0.2）	13（0.3）	11	14	7
重庆市	16（0.2）	14（0.2）	14	15	11
河北省	17（0.2）	16（0.1）	20	17	17
江西省	18（0.2）	19（0.1）	23	22	9
贵州省	19（0.1）	15（0.2）	15	13	12
黑龙江省	20（0.1）	22（0.1）	17	22	17
新疆维吾尔自治区	21（0.1）	21（0.1）	19	18	17
陕西省	22（0.1）	17（0.1）	16	16	17
河南省	23（0.1）	18（0.1）	22	21	17
海南省	24（0.1）	20（0.1）	21	20	17
西藏自治区	25（0.1）	29（0.0）	23	23	20
广西壮族自治区	26（0.0）	23（0.0）	23	22	17
内蒙古自治区	27（0.0）	28（0.0）	23	22	17
山西省	28（0.0）	24（0.0）	18	19	17
云南省	29（0.0）	26（0.0）	23	22	17
宁夏回族自治区	30（0.0）	27（0.0）	23	23	19
青海省	31（0.0）	29（0.0）	23	23	18

在 2018—2022 年，资本环境评价指数排名始终稳定在前十名的省份分别是北京市、广东省、上海市、江苏省、浙江省和山东省。其中，北京

市资本环境评价指数始终保持在首位，在投资关系数、融资关系数和融资额等指标具有绝对优势。广东省资本环境评价指数排名略微上升，2018年、2019年和2020年排名第四，2021年和2022年排名上升至第二，在投资关系数、融资关系数和融资额指标上具有明显优势。上海市资本环境评价指数排名始终保持在前三位置，在投资关系数、融资关系数和融资额指标上具有明显优势。江苏省资本环境评价指数排名略微保持上升趋势，2018年、2019年、2020年和2021年排名第五，2022年排名上升至第四，在投资关系数和融资额指标上优势较为突出。浙江省资本环境评价指数排名始终保持在前五位置，在融资关系数指标上优势突出，在投资关系数指标上具有明显优势。山东省资本环境评价指数排名始终保持在前十名，在投资关系数和融资关系数指标上具有比较优势。

（四）国际开放度评价指数排名情况

从2022年国际开放度评级指数排名看，前十名分别是北京市、广东省、上海市、浙江省、江苏省、四川省、福建省、湖北省、天津市、山东省，评分分别是7.7、6.1、3.1、2.1、0.9、0.3、0.3、0.2、0.2和0.2（见表9－7）。

表9－7 2018—2022年国际开放度评价指数排名情况（不包括港、澳、台地区）

省份	国际开放度评价指数排名（括号内为得分）				
	2022年	2021年	2020年	2019年	2018年
北京市	1（7.7）	1（7.7）	1	1	1
广东省	2（6.1）	2（6.6）	2	3	3
上海市	3（3.1）	3（3.2）	4	4	2
浙江省	4（2.1）	4（2.1）	3	2	4
江苏省	5（0.9）	5（0.9）	5	7	5
四川省	6（0.3）	9（0.2）	11	15	14
福建省	7（0.3）	7（0.2）	10	6	7
湖北省	8（0.2）	6（0.2）	15	14	6
天津市	9（0.2）	12（0.2）	7	9	8
山东省	10（0.2）	11（0.2）	12	8	10
辽宁省	11（0.2）	8（0.2）	6	10	15
安徽省	12（0.2）	10（0.2）	9	5	11

续表

省份	国际开放度评价指数排名（括号内为得分）				
	2022 年	2021 年	2020 年	2019 年	2018 年
重庆市	13（0.1）	13（0.1）	8	11	9
湖南省	14（0.1）	14（0.1）	14	12	12
新疆维吾尔自治区	15（0.1）	23（0.0）	16	17	17
河南省	16（0.1）	19（0.0）	16	17	17
贵州省	17（0.1）	15（0.1）	16	17	16
河北省	18（0.1）	16（0.0）	16	16	17
广西壮族自治区	19（0.0）	17（0.0）	16	17	17
海南省	20（0.0）	18（0.0）	16	13	17
陕西省	21（0.0）	20（0.0）	13	17	13
江西省	22（0.0）	25（0.0）	16	17	17
黑龙江省	23（0.0）	21（0.0）	16	17	17
吉林省	24（0.0）	22（0.0）	16	17	17
内蒙古自治区	25（0.0）	27（0.0）	16	17	17
西藏自治区	25（0.0）	27（0.0）	16	18	20
宁夏回族自治区	27（0.0）	23（0.0）	16	18	19
山西省	28（0.0）	26（0.0）	16	17	17
云南省	29（0.0）	27（0.0）	16	17	17
甘肃省	29（0.0）	27（0.0）	16	17	17
青海省	29（0.0）	27（0.0）	16	18	18

在 2018 年至 2022 年这五年中，北京市、广东省、上海市、浙江省、江苏省、福建省稳定在前十名。北京市一直位居第一名从未改变，广东省的位次在 2020 年由第三名上升至第二名，并持续至今。上海市、浙江省位次变化略有起伏，但是一直保持在前四名之内，属于国内开放程度很高的省份。

具体到三级指标，北京市前期国际学习经验、前期国际工作经验、国际技术输入关系数方面具有绝对优势。广东省在国际技术赋能关系数指标中排名首位。深圳市企业平均估值排名第一。上海市、浙江省、江苏省则在各项三级指标中表现均衡，表现出与本地区一级指标排名的高度一致性。福建省在前期国际学习经验、前期国际工作经验 2 项三级指标中具有比较优势，2022 年福建省国际开放度排名指数排名第八，但是前期国际学习经验、前期国际工作经验均排名第六。

（五）链接能力评价指数排名情况

从 2022 年链接能力评价指数排名看，前十名分别是广东省、山东省、江苏省、北京市、浙江省、四川省、福建省、湖北省、上海市、湖南省，评分依次为 4.6、2.6、2.5、2.3、1.9、1.1、1.1、1.1、1.0 和 1.0（见表 9－8）。

表 9－8　2018—2022 年链接能力评价指数排名情况（不包括港、澳、台地区）

省份	链接能力评价指数排名（括号内为得分）				
	2022 年	2021 年	2020 年	2019 年	2018 年
广东省	1（4.6）	2（3.6）	2	2	2
山东省	2（2.6）	7（0.8）	5	6	8
江苏省	3（2.5）	4（1.4）	4	5	5
北京市	4（2.3）	1（5.1）	1	1	1
浙江省	5（1.9）	5（1.2）	6	4	4
四川省	6（1.1）	9（0.6）	11	11	12
福建省	7（1.1）	10（0.6）	15	15	20
湖北省	8（1.1）	17（0.2）	14	14	9
上海市	9（1.0）	3（2.3）	3	3	3
湖南省	10（1.0）	8（0.7）	10	9	14
安徽省	11（0.9）	12（0.5）	8	7	11
陕西省	12（0.8）	16（0.2）	17	17	14
河北省	13（0.7）	14（0.4）	13	25	23
黑龙江省	14（0.7）	19（0.1）	16	13	10
河南省	15（0.6）	13（0.5）	12	12	13
内蒙古自治区	16（0.6）	26（0.0）	24	22	23
山西省	17（0.5）	18（0.2）	19	16	17
辽宁省	18（0.5）	15（0.3）	20	20	17
海南省	19（0.4）	25（0.0）	25	23	21
江西省	20（0.4）	19（0.1）	22	18	23

续表

省份	链接能力评价指数排名（括号内为得分）				
	2022 年	2021 年	2020 年	2019 年	2018 年
天津市	21（0.4）	11（0.5）	9	8	7
吉林省	22（0.3）	23（0.0）	23	20	17
重庆市	23（0.3）	6（0.9）	7	10	6
宁夏回族自治区	24（0.3）	28（0.0）	27	28	25
广西壮族自治区	25（0.3）	27（0.0）	21	26	23
甘肃省	26（0.2）	23（0.0）	27	27	23
云南省	27（0.2）	22（0.1）	26	24	21
贵州省	28（0.1）	21（0.1）	18	18	14
青海省	29（0.1）	29（0.0）	29	28	24
新疆维吾尔自治区	30（0.1）	29（0.0）	29	27	23
西藏自治区	31（0.0）	29（0.0）	29	28	26

在 2018 年至 2022 年这五年中，稳定排在前十名的省份有广东省、山东省、江苏省、北京市、浙江省、上海市。具体而言，广东省在前四年保持在第二名的位次上，2022 年升至第一。山东省位次波动较大，但是成长速度惊人，前四年位于第五名或者第五名之外，2022 年冲至全国第二名。江苏省排名稳中有进，逐步从第五名升至第四名，再升至今年的第三名。北京市排名出现了下滑，前四年排名第一位，今年下降至第四位。浙江省位次变化不大，稳定在第四、第五名。

具体到三级指标，广东省的人工智能产业联盟数量排在全国首位。山东省同样在产业联盟数量上排名领先。江苏省在产业联盟数量与会议数量方面实力均衡。北京市在会议数量方面具有绝对优势，排名全国首位。浙江省在产业联盟数量上具有比较优势；上海市在人工智能会议数量指标上位列前茅。

（六）政府响应能力评价指数排名情况

从 2022 年政府响应能力评价指数排名看，前十名分别是广东省、江苏省、浙江省、上海市、山东省、北京市、重庆市、天津市、湖南省、甘肃省，评分依次为 3.2、2.2、1.7、0.8、0.7、0.7、0.6、0.6、0.6 和 0.5（见表 9－9）。

表 9-9 2018—2022 年政府响应能力评价指数排名情况（不包括港、澳、台地区）

省份	政府响应能力评价指数排名（括号内为得分）				
	2022 年	2021 年	2020 年	2019 年	2018 年
广东省	1（3.2）	1（3.2）	1	1	2
江苏省	2（2.2）	2（2.3）	2	2	1
浙江省	3（1.7）	3（1.8）	4	3	3
上海市	4（0.8）	4（1.3）	6	5	4
山东省	5（0.7）	5（1.3）	3	7	9
北京市	6（0.7）	8（0.9）	10	10	5
重庆市	7（0.6）	10（0.8）	9	18	12
天津市	8（0.6）	14（0.7）	15	11	7
湖南省	9（0.6）	12（0.8）	13	15	21
甘肃省	10（0.5）	21（0.4）	22	17	24
湖北省	11（0.4）	16（0.6）	14	8	9
内蒙古自治区	12（0.4）	25（0.2）	26	26	23
黑龙江省	13（0.4）	26（0.2）	27	27	18
陕西省	14（0.4）	19（0.5）	17	22	21
安徽省	15（0.4）	7（0.9）	5	6	6
四川省	16（0.4）	15（0.6）	11	16	12
河南省	17（0.3）	6（0.9）	8	9	16
广西壮族自治区	18（0.3）	13（0.7）	12	12	24
河北省	19（0.3）	9（0.8）	7	4	8
宁夏回族自治区	20（0.3）	31（0.0）	31	29	26
青海省	21（0.3）	29（0.1）	29	29	25
福建省	22（0.2）	17（0.5）	20	18	18
江西省	23（0.2）	11（0.8）	16	14	15
海南省	24（0.1）	27（0.1）	28	28	24
山西省	25（0.1）	24（0.3）	24	25	24
吉林省	26（0.1）	22（0.4）	23	23	18
辽宁省	27（0.1）	23（0.3）	19	13	12
西藏自治区	28（0.1）	30（0.1）	30	29	27
云南省	29（0.1）	20（0.4）	18	24	24
新疆维吾尔自治区	30（0.0）	28（0.1）	25	20	16
贵州省	31（0.0）	18（0.5）	21	21	11

在 2018 年至 2022 年这五年中，稳定排在前十名的省份有广东省、江苏省、浙江省、上海市、山东省、北京市。具体而言，广东省、江苏省、浙江省、上海市的总体变化不大，山东省从 2018 年的第九名升至今年的第五名。北京市排名有起伏，但仍旧排名靠前。

具体到三级指标，广东省的人工智能产业园区数量位居第一名。江苏省也在产业园区建设中表现突出，位列前茅。浙江省在出台政策数量方面表现出绝对优势。上海市在产业园区数量上实力较强，而政策出台方面有待进一步提升。北京市在产业园区数量方面具有比较优势。

第三节
四大经济圈人工智能科技产业区域竞争力评价指数排名情况

一、综合排名情况

依据企业能力、学术生态、资本环境、国际开放度、链接能力、政府响应能力 6 项一级指标的排名情况，本节对四大经济圈人工智能科技产业区域竞争力进行综合评价。表 9－10 中列出了四大经济圈的总体评分与排名情况。其中，长三角地区总评分为 103.0，位列四大经济圈首位，而京津冀地区 98.7 位列第二名，珠三角地区 69.5 位列第三名，川渝地区 29.2 位列第四名。可以看出，四大经济圈的综合排名相较 2021 年没有发生变化，区域竞争力格局趋于稳定。

表 9－10　2018—2022 年四大经济圈人工智能科技产业区域竞争力评价指数排名情况

经济圈	综合排名（括号内为得分）				
	2022 年	2021 年	2020 年	2019 年	2018 年
长三角地区	1（103.0）	1（101.9）	2	2	2
京津冀地区	2（98.7）	2（100.5）	1	1	1
珠三角地区	3（69.5）	3（65.5）	3	3	3
川渝地区	4（29.2）	4（24.7）	4	4	4

从 2018—2022 年四大经济圈综合排名变化情况来看，珠三角地区与

川渝地区始终保持在第三名和第四名，相较而言，综合排名第一名和第二名的竞争较为激烈，京津冀地区与长三角地区在2020年后交换了区域竞争力排名，长三角地区从位列第二名上升到位列第一名。从6项一级指标总体得分来看，长三角地区的人工智能企业分布相较于京津冀地区更为分散，众多经济发达的地级市为了通过数字化和智能化推动经济转型和发展，纷纷出台人工智能相关的政策规划并建设人工智能产业园区，在政府政策响应能力方面位列四大经济圈的首位，此外相比2021年更加重视国际开放度和链接能力方面的稳效提升，在两项指标排名上均有所上升。

京津冀地区综合评分与长三角地区相差不大，在资本环境和国际开放度方面位列四大经济圈首位，企业能力和学术生态方面均排名第二，是创新生态系统最为完善和富有活力的区域。京津冀地区的政府响应能力指标则位列四大经济圈的第三位。

珠三角地区在国际开放度上位列第三，相比2021年下降一名，政府响应能力方面位列第二名，而其余的四项一级指标都相对落后，尤其在学术生态方面，珠三角地区得分低于京津冀地区、长三角地区和川渝地区。与京津冀地区、长三角地区和川渝地区相比，学术生态是制约珠三角地区人工智能科技产业发展的关键因素。

川渝地区作为我国西部人工智能科技产业的聚集地，近年来正在加大力度发展数字经济和人工智能科技产业，其主要优势在于拥有相对较好的学术生态基础（仅次于京津冀地区和长三角地区，优于珠三角地区）。与其他三大经济圈相比，川渝经济圈需要在企业能力、资本环境、国际开放度、链接能力和政府响应能力方面有所加强。

二、分项评价指数排名情况

（一）企业能力评价指数排名情况

如表9-11所示，在企业能力指标排名方面，长三角地区得分43.6位列第一名，京津冀地区得分39.7位列第二名，珠三角地区得分39.5位列第三名，而川渝地区在该指标上与其他经济圈相比存在着较为明显的差距，得分仅有9.4。相较2021年企业能力指标排名而言，2022年各地区排名没有发生改变。

表 9－11　2018—2022 年四大经济圈人工智能科技产业企业能力评价指数排名情况

经济圈	企业能力评价指数排名（括号内为得分）				
	2022 年	2021 年	2020 年	2019 年	2018 年
长三角地区	1（43.6）	1（41.6）	3	2	3
京津冀地区	2（39.7）	2（39.0）	1	1	1
珠三角地区	3（39.5）	3（37.3）	2	3	2
川渝地区	4（9.4）	4（7.3）	4	4	4

企业能力评价指数下设企业规模和企业创新能力 2 项二级指标。其中企业规模二级指标包含 2 项三级指标：人工智能企业数量、企业估值/市值。企业创新能力二级指标包含 3 项三级指标：企业平均专利数、基础和技术层企业数和技术赋能关系数。从分项指标的排名情况看，京津冀地区在基础和技术层企业数方面保持相对领先地位，持续多年夺得该指标第一名；在企业数量和技术赋能关系数方面具有累积优势，仅在 2021 年稍显弱势从第一名下降到第二名；在企业估值/市值方面 2020 年及 2021 年连续两年第一名，但在本年度该指标由珠三角地区取得第一名。珠三角地区在企业平均专利数方面在 2022 年之前一直位列第一，但在 2022 年该指标由长三角地区取得第一名。川渝地区在企业能力方面的多项三级指标的连年统计中均处于相对落后的地位。

（二）学术生态评价指数排名情况

如表 9－12 所示，在学术生态指标排名方面，长三角地区得分 31.0 位列第一名，京津冀地区得分 26.0 位列第二名，川渝地区得分 16.2 位列第三名，珠三角地区得分 8.0 位列第四名，相对其他地区而言珠三角地区在学术生态上处于弱势地位。四大经济圈的学术生态指标相较 2021 年，2022 年的排名没有发生变化。

学术生态评价指数下设 AI 大学创新能力和非大学科研机构创新能力 2 项二级指标。其中 AI 大学创新能力二级指标包含 4 项三级指标：AI 大学数、平均国内论文数、平均国际论文数和平均专利数。从 AI 大学创新能力分项三级指标的排名情况看，长三角地区在 AI 大学数和平均专利数保持相对领先地位，持续多年夺得该指标第一名；在平均国内和平均国际论文数方面具有一定优势，历经多年努力，于 2021 年取得两项指标的第一名。

表 9－12 2018—2022 年四大经济圈人工智能科技产业学术生态评价指数排名情况

经济圈	学术生态评价指数排名（括号内为得分）				
	2022 年	2021 年	2020 年	2019 年	2018 年
长三角地区	1（31.0）	1（30.2）	1	2	2
京津冀地区	2（26.0）	2（26.1）	2	1	1
川渝地区	3（16.2）	3（13.5）	3	3	4
珠三角地区	4（8.0）	4（7.0）	4	4	3

非大学科研机构创新能力二级指标包含 4 项三级指标：机构数、平均国内论文数、平均国际论文数和平均专利数。从非大学科研机构创新能力分项三级指标的排名情况看，京津冀地区整体表现较为优秀，机构数排名第一，同时平均国内论文数和平均国际论文数也排名前列。

（三）资本环境评价指数排名情况

如表 9－13 所示，在资本环境指标排名方面，京津冀地区得分 20.1 位列第一名，长三角地区得分 10.7 位列第二名，珠三角地区得分 8.0 位列第三名，川渝地区得分 0.8 位列第四名。从历年排名情况看，四大经济圈的资本环境竞争格局较为稳定。

表 9－13 2018—2022 年四大经济圈人工智能科技产业资本环境评价指数排名情况

经济圈	资本环境评价指数排名（括号内为得分）				
	2022 年	2021 年	2020 年	2019 年	2018 年
京津冀地区	1（20.1）	1（19.0）	1	1	1
长三角地区	2（10.7）	2（12.1）	2	2	2
珠三角地区	3（8.0）	3（7.3）	3	3	3
川渝地区	4（0.8）	4（0.6）	4	4	4

资本环境评价指数下设融资和投资 2 项二级指标。其中投资二级指标包含 1 项三级指标：投资关系数。融资二级指标包含 2 项三级指标：融资关系数和融资额。从分项指标的排名情况看，京津冀地区在投资关系数、融资关系数和融资额均保持相对领先地位，多年夺得该指标排名第一。四大经济圈在资本环境下设的三级指标中，历年排名中基本保持不变。

（四）国际开放度评价指数排名情况

如表 9－14 所示，在国际开放度指标排名方面，京津冀地区得分 8.0 位列第一名，长三角地区得分 6.3 位列第二名，珠三角地区得分 6.1 位列第三名，川渝地区得分 0.4 排名第四名，相对于其他地区而言川渝地区在国际开放度上处于劣势地位。四大经济圈的国际开放竞争格局较为稳定，仅在 2021 年长三角地区与珠三角地区交换了第二名和第三名位置，但在 2022 年整体排名重新恢复到过往状态。

表 9－14　2018—2022 年四大经济圈人工智能科技产业国际开放度评价指数排名情况

经济圈	国际开放度评价指数排名（括号内为得分）				
	2022 年	2021 年	2020 年	2019 年	2018 年
京津冀地区	1（8.0）	1（7.9）	1	1	1
长三角地区	2（6.3）	3（6.4）	2	2	2
珠三角地区	3（6.1）	2（6.6）	3	3	3
川渝地区	4（0.4）	4（0.4）	4	4	4

国际开放度评价指数下设核心人力资本开放度和技术开放度 2 项二级指标。其中核心人力资本开放度二级指标包含 2 项三级指标：前期国际学习经验和前期国际工作经验。技术开放度二级指标包括 2 项三级指标：国际技术输入关系数和国际技术赋能关系数。从分项指标的排名情况看，京津冀地区在前期国际学习经验、前期国际工作经验和国际技术输入关系数保持相对领先地位，持续多年夺得该指标第一名。珠三角地区在国际技术赋能关系数的历年排名中占优。川渝地区在国际开放度方面仍有上升空间。

（五）链接能力评价指数排名情况

如表 9－15 所示，在链接能力指标排名方面，长三角地区得分 6.3 位列第一名，珠三角地区得分 4.6 位列第二名，京津冀地区得分 3.4 位列第三名，川渝地区得分 1.5 位列第四名，相对于其他地区而言川渝地区在链接能力方面处于劣势地位。与其他一级指标相比，四大经济圈链接能力评价指数的历年排名波动较大，长三角地区、珠三角地区、京津冀地区均曾取得过链接能力的第一名。其中京津冀地区在 2021 年和 2020 年连续两年排名第一名，但在 2022 年由长三角地区竞得第一名。

表 9-15 2018—2022 年四大经济圈人工智能科技产业链接能力评价指数排名情况

经济圈	链接能力评价指数排名（括号内为得分）				
	2022 年	2021 年	2020 年	2019 年	2018 年
长三角地区	1（6.3）	2（5.4）	2	1	2
珠三角地区	2（4.6）	3（3.6）	3	3	3
京津冀地区	3（3.4）	1（6.0）	1	2	1
川渝地区	4（1.5）	4（1.6）	4	4	4

链接能力评价指数下设链接者 1 项二级指标。其中链接者又包括 2 项三级指标：会议数和产业联盟数。从分项指标的排名情况看，长三角地区在会议数和产业联盟数方面保持相对领先地位，在近年的排名中多次取得第一名。京津冀地区紧跟长三角地区并且曾在 2020 年会议数排名第一名，在 2021 年产业联盟数排名第一名。珠三角地区和川渝地区在链接能力方面仍需向其他经济圈学习。

（六）政府响应能力评价指数排名情况

如表 9-16 所示，在政府响应能力指标排名方面，长三角地区得分 5.1 位列第一名，珠三角地区得分 3.2 位列第二名，京津冀地区得分 1.6 位列第三名，川渝地区得分 1.0 位列第四名，相对于其他地区而言川渝地区在政府响应能力上处于劣势地位。四大地区的政府响应能力竞争格局较为稳定，历年情况基本没有变化。

表 9-16 2018—2022 年四大经济圈人工智能科技产业政府响应能力评价指数排名情况

经济圈	政府响应能力评价指数排名（括号内为得分）				
	2022 年	2021 年	2020 年	2019 年	2018 年
长三角地区	1（5.1）	1（6.3）	1	1	1
珠三角地区	2（3.2）	2（3.2）	2	2	3
京津冀地区	3（1.6）	3（2.4）	3	3	2
川渝地区	4（1.0）	4（1.4）	4	4	4

政府响应能力评价指数下设政府响应 1 项二级指标。其中，政府响应包括 2 项三级指标：产业园区数和出台政策数。从分项指标的排名情况看，长三角地区在产业园区数和出台政策数方面保持相对领先地位，在近年的排名中多次取得第一名。珠三角地区在产业园区数方面排名紧随长三角地区之后，在连年排名中牢牢占据第二名；但在出台政策数量方面仍有提升空间。京津冀地区在产业园区数方面多年排名第三名；在出台政策数方面得益于政治中心带来的优势排名较为占优。川渝地区在政府响应能力方面仍需进一步提升。

第四节
中国人工智能科技产业城市竞争力评价指数

一、综合排名情况

如表 9－17 所示，从 2022 年中国人工智能科技产业城市竞争力评价指数来看，北京市、深圳市、上海市、杭州市和广州市综合得分最高，分别为 81.0、41.0、32.1、22.0 和 19.7，构成了我国人工智能科技产业发展的第一梯队。佛山市、成都市、珠海市和南京市综合得分分别为 15.4、14.5、14.3 和 14.0，紧跟在前五个城市之后，排第六名至第九名，仍然具有较强的产业竞争力。武汉市、济南市和天津市紧随其后，综合得分为 9.8、9.5 和 9.4，排第十名到十二名。

从 2021 年与 2022 年城市竞争力综合排名的对比情况来看，在排名最高的前五个城市中，北京市在两年中均排名第一。深圳市在 2022 年实现了对上海市的超越，从排名第三上升至第二。上海市则下降一个位次降至第三名。杭州市和广州市排名保持稳定，分别位列第四名和第五名。就其他城市来说，相较于 2021 年，佛山市、成都市、武汉市、济南市、合肥市、重庆市、哈尔滨市和无锡市排名均有所上升，其中济南市和合肥市分别上升九个和六个位次，上升幅度明显，佛山市、哈尔滨市和无锡市是排名前二十的新晋城市。此外，珠海市和西安市排名相较 2021 年没有变化，但南京市、天津市、长沙市、青岛市和苏州市排名分别下降两名、一名、两名、四名和两名，2021 年位于前二十名之列的东莞市、宁德市和沈阳市在 2022 年下降至二十名以后。

表 9－17　2019—2022 年中国人工智能科技产业城市竞争力评价指数排名情况

综合排名（括号内为得分）							
2022 年		2021 年		2020 年		2019 年	
排名	城市	排名	城市	排名	城市	排名	城市
1	北京市（81.0）	1	北京市（78.9）	1	北京市	1	北京市
2	深圳市（41.0）	2	上海市（35.6）	2	上海市	2	深圳市
3	上海市（32.1）	3	深圳市（35.4）	3	深圳市	3	上海市
4	杭州市（22.0）	4	杭州市（21.2）	4	杭州市	4	杭州市
5	广州市（19.7）	5	广州市（18.5）	5	青岛市	5	南京市
6	佛山市（15.4）	6	东莞市（15.5）	6	东莞市	6	广州市
7	成都市（14.5）	7	南京市（13.3）	7	广州市	7	成都市
8	珠海市（14.3）	8	珠海市（12.9）	8	南京市	8	武汉市
9	南京市（14.0）	9	成都市（12.4）	9	郑州市	9	天津市
10	武汉市（9.8）	10	宁德市（9.9）	10	成都市	10	沈阳市
11	济南市（9.5）	11	天津市（8.5）	11	天津市	11	合肥市
12	天津市（9.4）	12	武汉市（8.4）	12	合肥市	12	西安市
13	合肥市（9.0）	13	青岛市（8.2）	13	西安市	13	长春市
14	重庆市（8.8）	14	长沙市（8.2）	14	重庆市	14	重庆市
15	西安市（8.7）	15	西安市（7.8）	15	沈阳市	15	济南市
16	长沙市（8.6）	16	苏州市（7.7）	16	武汉市	16	长沙市
17	青岛市（8.2）	17	重庆市（7.6）	17	宁德市	17	苏州市
18	苏州市（8.0）	18	沈阳市（7.4）	18	长春市	18	哈尔滨市
19	哈尔滨市（7.0）	19	合肥市（7.2）	19	济南市	19	常州市
20	无锡市（6.9）	20	济南市（7.2）	20	哈尔滨市	20	青岛市

对 2019—2022 年的排名情况进行四年对比分析，北京市、深圳市、上海市、杭州市、广州市、成都市和南京市一直位于全国人工智能科技产

业城市竞争力前十名之列。其中，北京市在最近四年始终占据城市竞争力榜首之位，就其一级指标来看，企业能力、学术生态、资本环境和国际开放度始终位居全国榜首。深圳市在 2019 年综合排名第二，2020 年和 2021 年下降至第三名，2022 年重新上升至第二名，从一级指标来看，深圳市在政府响应能力、链接能力、企业能力、国际开放度方面表现突出。上海市的综合排名在 2019 年位列第三名，在 2020 年和 2021 年上升至全国第二名，2022 年下降一个位次至全国第三名，从一级指标来看，上海市的学术生态、资本环境和国际开放度在最近两年排名稳定，分别为第三名、第二名和第三名，企业能力、链接能力和政府响应能力分位列全国第四名、第四名和第二名，相较 2021 年分别下降一名、下降两名和下降一名。杭州市的综合排名在最近四年保持平稳，均为全国第四名，在资本环境、国际开放度和政府响应能力等一级指标评价中优势明显。广州市的城市竞争力综合排名在 2019 年位列全国第六名，并在 2020 年下降一个位次至第七名，2021 年实现名次上升，位列全国第五名，并在 2022 年维持第五名。从其一级指标来看，资本环境和国际开放度是其优势所在。成都市的人工智能科技产业城市竞争力指数在近四年在全国分别位列第七名、第十名、第九名和第七名，值得关注的是，成都市在学术生态方面实力超群，是城市人工智能优势所在。南京市的人工智能科技产业城市竞争力指数排名在最近四年分别为第五名、第八名、第七名和第九名，在学术生态、资本环境、国际开放度方面具有相对优势。

二、分项评价指数排名情况

（一）企业能力评价指数排名情况

如表 9－18 所示，从 2022 年中国人工智能科技产业城市竞争力企业能力评价指数来看，企业能力排名前五名的城市分别是北京市、深圳市、佛山市、上海市、珠海市，评分分别为 31.6、19.5、14.4、13.2 和 11.8。二级指标中，企业规模指标评分排名前五名的城市分别是北京市、深圳市、上海市、杭州市、广州市，评分分别为 19.3、11.1、8.4、6.0 和 5.7；企业创新能力指标评分排名前五的城市分别是佛山市、北京市、珠海市、深圳市、上海市，评分分别为 13.1、12.3、10.3、8.5 和 4.8。

表 9 - 18　2019—2022 年中国人工智能科技产业城市竞争力企业能力评价指数排名情况

企业能力评价指数排名（括号内为得分）							
2022 年		2021 年		2020 年		2019 年	
排名	城市	排名	城市	排名	城市	排名	城市
1	北京市（31.6）	1	北京市（28.9）	1	北京市	1	北京市
2	深圳市（19.5）	2	深圳市（18.0）	2	上海市	2	深圳市
3	佛山市（14.4）	3	上海市（13.6）	3	深圳市	3	上海市
4	上海市（13.2）	4	东莞市（13.1）	4	杭州市	4	杭州市
5	珠海市（11.8）	5	珠海市（11.9）	5	青岛市	5	常州市
6	杭州市（9.8）	6	宁德市（9.5）	6	东莞市	6	武汉市
7	广州市（9.7）	7	杭州市（8.5）	7	广州市	7	天津市
9	济南市（4.5）	8	广州市（8.0）	8	南京市	8	济南市
10	南京市（3.2）	11	青岛市（4.1）	9	郑州市	9	广州市
11	苏州市（3.0）	13	苏州市（2.7）	11	成都市	10	南京市
12	青岛市（2.9）	14	南京市（2.6）	12	天津市	11	成都市
14	合肥市（2.7）	15	长沙市（2.5）	13	合肥市	12	青岛市
15	成都市（2.7）	17	成都市（2.4）	14	西安市	13	苏州市
16	长沙市（2.6）	18	济南市（2.3）	15	重庆市	14	合肥市
17	武汉市（2.1）	19	天津市（2.2）	17	沈阳市	15	长沙市
18	重庆市（2.0）	22	合肥市（1.9）	18	武汉市	16	西安市
22	天津市（1.5）	23	武汉市（1.8）	22	宁德市	18	重庆市
25	无锡市（1.2）	28	沈阳市（1.4）	27	长春市	23	沈阳市
26	西安市（1.1）	29	重庆市（1.3）	32	济南市	37	哈尔滨市
28	哈尔滨市（0.7）	45	西安市（0.6）	52	哈尔滨市	49	长春市

注：每年的城市排名是综合排名，单项排名则可能不连贯，（下同）。

2019 年至 2022 年连续四年企业能力评价排名稳定在前十名的城市有北京市、深圳市、上海市、杭州市、广州市。具体到 5 项三级指标，北京市企业数量、基础和技术层企业数和技术赋能关系数均排名第一名。深圳市企业平均估值排名第一名。上海市在企业数量、基础和技术层企业数、技术赋能关系数 3 项三级指标上具有比较优势；杭州市在企业数量、企业平均估值、基础和技术层企业数、技术赋能关系数 4 项三级指标上实力更为突出。广州市在企业数量、基础和技术层企业数、技术赋能关系数 3 项三级指标中排名相对占优。

（二）学术生态评价指数排名情况

如表 9－19 所示，在 2022 年中国人工智能科技产业城市竞争力学术生态评价指数方面，学术生态排名前五名的城市分别是北京市、成都市、上海市、南京市和西安市，评分分别为 17.7、9.7、7.7、6.9 和 6.1。学术生态的二级指标中，AI 大学创新能力指标评分排名前五的城市分别是北京市、南京市、上海市、成都市和西安市，评分分别为 9.0、6.8、6.6、6.0 和 5.8；非大学科研机构创新能力指标评分排名前五的城市分别是北京市、成都市、深圳市、重庆市和长春市，评分分别为 8.8、3.7、2.2、2.0 和 1.8。

表 9－19　2019—2022 年中国人工智能科技产业城市竞争力学术生态评价指数排名情况

学术生态评价指数排名（括号内为得分）							
2022 年		2021 年		2020 年		2019 年	
排名	城市	排名	城市	排名	城市	排名	城市
1	北京市（17.7）	1	北京市（16.9）	1	北京市	1	北京市
2	成都市（9.7）	2	成都市（7.9）	2	上海市	2	上海市
3	上海市（7.7）	3	上海市（7.0）	3	长春市	3	长春市
4	南京市（6.9）	4	西安市（6.1）	4	西安市	4	沈阳市
5	西安市（6.1）	5	南京市（6.0）	5	南京市	5	西安市
6	杭州市（5.9）	7	杭州市（5.2）	6	杭州市	6	成都市
7	重庆市（5.6）	8	沈阳市（5.0）	7	广州市	7	杭州市
8	广州市（5.5）	9	武汉市（4.7）	8	成都市	8	南京市
9	武汉市（5.4）	11	广州市（4.6）	9	哈尔滨市	9	重庆市
10	哈尔滨市（5.3）	13	天津市（4.1）	10	沈阳市	10	广州市
12	天津市（5.0）	14	合肥市（3.5）	11	武汉市	11	深圳市
13	合肥市（4.6）	16	重庆市（3.4）	13	合肥市	12	哈尔滨市
14	深圳市（4.6）	17	长沙市（3.4）	14	天津市	13	武汉市
15	无锡市（4.2）	18	济南市（3.4）	16	重庆市	14	长沙市
16	长沙市（3.8）	19	深圳市（3.3）	18	济南市	15	合肥市
17	济南市（3.4）	20	青岛市（2.9）	20	深圳市	16	天津市

续表

学术生态评价指数排名（括号内为得分）							
2022年		2021年		2020年		2019年	
排名	城市	排名	城市	排名	城市	排名	城市
20	青岛市（3.2）	22	苏州市（2.6）	21	青岛市	17	济南市
29	苏州市（0.8）	89	东莞市（0.1）	28	郑州市	18	苏州市
31	佛山市（0.0）	91	珠海市（0.0）	41	东莞市	23	青岛市
31	珠海市（0.0）	91	宁德市（0.0）	44	宁德市	28	常州市

2019年至2022年连续四年学术生态评价排名稳定在前十位的城市有北京市、成都市、上海市、南京市、西安市和杭州市。具体到8项三级指标，北京市AI大学数、非大学科研机构数和非大学科研机构平均国际论文数均排名第一名。成都市非大学科研机构平均国内论文数和平均专利数均排名第一名。上海市在AI大学数、非大学科研机构数2项三级指标上具有比较优势。南京市在AI大学数、非大学科研机构平均国际论文数2项三级指标上表现突出。西安市在非大学科研机构平均国际论文数、非大学科研机构数2项三级指标上具有相对竞争优势。杭州市在AI大学平均专利数、非大学科研机构数、非大学科研机构平均国际论文数3项三级指标中排名相对占优。

（三）资本环境评价指数排名情况

如表9-20所示，在2022年中国人工智能科技产业城市竞争力资本环境评价指数方面，排名前五名的城市分别是北京市、上海市、深圳市、杭州市和广州市，评分分别为18.7、5.0、4.8、2.2和1.8。

表9-20 2018—2022年中国人工智能科技产业城市竞争力资本环境评价指数排名情况

资本环境评价指数排名（括号内为得分）							
2022年		2021年		2020年		2019年	
排名	城市	排名	城市	排名	城市	排名	城市
1	北京市（18.7）	1	北京市（18.7）	1	北京市	1	北京市
2	上海市（5.0）	2	上海市（6.3）	2	上海市	2	杭州市
3	深圳市（4.8）	3	深圳市（4.4）	3	杭州市	3	上海市

续表

资本环境评价指数排名（括号内为得分）							
2022 年		2021 年		2020 年		2019 年	
排名	城市	排名	城市	排名	城市	排名	城市
4	杭州市（2.2）	4	杭州市（2.4）	4	深圳市	5	南京市
5	广州市（1.8）	5	广州市（1.8）	5	南京市	7	深圳市
6	南京市（1.7）	6	南京市（1.8）	6	广州市	8	广州市
7	天津市（1.3）	7	苏州市（0.6）	7	天津市	10	苏州市
8	珠海市（0.8）	8	武汉市（0.4）	10	武汉市	13	沈阳市
9	苏州市（0.7）	9	珠海市（0.4）	11	沈阳市	14	合肥市
10	青岛市（0.4）	10	成都市（0.3）	12	合肥市	15	成都市
11	成都市（0.4）	11	宁德市（0.3）	13	宁德市	16	武汉市
12	武汉市（0.4）	13	长沙市（0.3）	15	青岛市	17	济南市
15	长沙市（0.3）	14	青岛市（0.3）	16	成都市	20	重庆市
17	无锡市（0.3）	15	东莞市（0.3）	20	济南市	22	长沙市
18	合肥市（0.2）	16	天津市（0.3）	22	重庆市	23	天津市
20	济南市（0.2）	17	合肥市（0.3）	24	西安市	24	青岛市
21	重庆市（0.2）	18	济南市（0.2）	28	东莞市	25	长春市
23	佛山市（0.1）	19	沈阳市（0.2）	30	哈尔滨市	29	常州市
25	哈尔滨市（0.1）	21	重庆市（0.2）	46	郑州市	34	西安市
27	西安市（0.1）	27	西安市（0.1）	47	长春市	47	哈尔滨市

2022 年资本环境的二级指标中，投资指标评分排名前五名的城市分别是北京市、深圳市、上海市、广州市和杭州市，评分分别为 4.8、2.2、1.6、1.1 和 1.0；融资指标评分排名前五名的城市分别是北京市、上海市、深圳市、杭州市和天津市，评分分别为 13.8、3.4、2.6、1.2 和 1.1。

2019 年至 2022 年连续四年资本环境评价排名稳定在前十名的城市有北京市、上海市、深圳市、杭州市、广州市、南京市。具体到 3 项三级指标，北京市投资关系数、融资关系数和融资额均排名第一名。上海市融资关系数和融资额均排名第二名。深圳市在投资关系数上具有比较优势。广州市在投资关系数上表现抢眼。南京市在融资额方面实力更为突出。

（四）国际开放度评价指数排名情况

如表9－21所示，从国际开放度评价指数排名看，2022年北京市、深圳市、上海市、杭州市、广州市排名前五，分数分别为7.8、4.6、3.1、1.9和0.8。可以看出，北京市在国际开放度方面具备绝对实力。

表9－21 2019—2022年中国人工智能科技产业城市竞争力国际开放度评价指数排名情况

国际开放度评价指数排名（括号内为得分）							
2022年		2021年		2020年		2019年	
排名	城市	排名	城市	排名	城市	排名	城市
1	北京市（7.8）	1	北京市（7.8）	1	北京市	1	北京市
2	深圳市（4.6）	2	深圳市（5.1）	2	深圳市	2	杭州市
3	上海市（3.1）	3	上海市（3.2）	3	杭州市	3	深圳市
4	杭州市（1.9）	4	杭州市（1.9）	4	上海市	4	上海市
5	广州市（0.8）	5	广州市（0.9）	5	沈阳市	5	合肥市
6	南京市（0.4）	6	南京市（0.4）	6	南京市	7	南京市
7	苏州市（0.3）	7	苏州市（0.3）	7	广州市	8	天津市
8	珠海市（0.3）	8	珠海市（0.3）	9	天津市	9	青岛市
9	天津市（0.2）	9	东莞市（0.2）	10	重庆市	10	苏州市
11	成都市（0.2）	10	沈阳市（0.2）	11	东莞市	12	广州市
13	合肥市（0.2）	11	合肥市（0.2）	12	合肥市	13	沈阳市
15	武汉市（0.2）	13	成都市（0.2）	17	西安市	14	重庆市
16	重庆市（0.1）	14	天津市（0.2）	20	济南市	15	长沙市
18	长沙市（0.1）	15	武汉市（0.2）	23	青岛市	17	武汉市
19	无锡市（0.1）	16	重庆市（0.1）	28	成都市	18	成都市
20	济南市（0.1）	18	长沙市（0.1）	32	武汉市	22	济南市
21	青岛市（0.1）	20	济南市（0.1）	32	宁德市	30	长春市
23	佛山市（0.1）	22	青岛市（0.1）	32	哈尔滨市	30	常州市
28	西安市（0.0）	40	西安市（0.0）	32	郑州市	30	西安市
31	哈尔滨市（0.0）	41	宁德市（0.0）	32	长春市	30	哈尔滨市

2022年国际开放度的二级指标中，核心人力资本开放度指标评分排名前五的城市分别是北京市、深圳市、上海市、杭州市、广州市，评分分

别为 2.9、1.3、1.0、0.5 和 0.3；技术开放度指标评分排名前五的城市分别是北京市、深圳市、上海市、杭州市和广州市，评分分别为 4.8、3.3、2.1、1.4 和 0.5。

从 2019 年至 2022 年的四年连续数据来看，北京市、深圳市、上海市、杭州市、南京市的评价指数排名稳居前十。这些城市在国际开放度一级、二级和三级指标的排名中都表现出较强的一致性，其中北京市在各级评价指标中均排名第一，深圳市在各级评价指标中均排名第二，上海市在各级评价指标中均排名第三。

（五）链接能力评价指数排名情况

如表 9－22 所示，从链接能力评价指数排名看，2022 年深圳市、北京市、苏州市、上海市、青岛市排名前五，评价分别为 4.4、4.1、1.8、1.7 和 1.4，其中深圳市和北京市评价指数均超过 4，位于第一梯队，领先优势明显。

表 9－22　2019—2022 年中国人工智能科技产业城市竞争力链接能力评价指数排名情况

链接能力评价指数排名（括号内为得分）							
2022 年		2021 年		2020 年		2019 年	
排名	城市	排名	城市	排名	城市	排名	城市
1	深圳市（4.4）	1	北京市（5.1）	1	北京市	1	北京市
2	北京市（4.1）	2	上海市（2.3）	2	上海市	2	上海市
3	苏州市（1.8）	3	深圳市（1.8）	3	深圳市	3	杭州市
4	上海市（1.7）	4	广州市（1.0）	4	重庆市	4	深圳市
5	青岛市（1.4）	5	杭州市（1.0）	5	杭州市	5	广州市
6	武汉市（1.4）	6	重庆市（0.9）	6	天津市	6	天津市
7	广州市（1.3）	7	成都市（0.6）	7	合肥市	7	长沙市
8	成都市（1.2）	8	天津市（0.5）	8	济南市	8	重庆市
9	珠海市（1.2）	9	长沙市（0.5）	9	成都市	9	南京市
10	长沙市（1.2）	10	南京市（0.5）	10	广州市	10	苏州市
11	济南市（1.0）	11	合肥市（0.5）	11	南京市	11	合肥市
12	杭州市（0.9）	12	济南市（0.5）	15	武汉市	12	济南市
13	西安市（0.8）	13	苏州市（0.4）	16	哈尔滨市	12	哈尔滨市

续表

链接能力评价指数排名（括号内为得分）							
2022 年		2021 年		2020 年		2019 年	
排名	城市	排名	城市	排名	城市	排名	城市
15	哈尔滨市（0.7）	18	武汉市（0.2）	17	西安市	14	成都市
16	无锡市（0.7）	19	西安市（0.2）	19	青岛市	15	武汉市
17	天津市（0.7）	21	东莞市（0.2）	20	郑州市	21	西安市
18	南京市（0.6）	23	青岛市（0.1）	22	东莞市	23	沈阳市
20	佛山市（0.5）	27	沈阳市（0.1）	31	沈阳市	23	长春市
21	合肥市（0.5）	41	珠海市（0.1）	31	长春市	27	青岛市
29	重庆市（0.1）	87	宁德市（0.0）	87	宁德市	27	常州市

从2019年至2022年的四年连续数据来看，深圳市、北京市、上海市、广州市的评价指数排名稳定在前十。其中，深圳市产业联盟数量上均表现出绝对优势；北京市在会议数量方面展现出绝对实力，上海市在会议数量指标上表现抢眼，在进行人工智能相关的会议交流方面处于优势地位。广州市则在产业联盟数量、会议数量中表现均衡，2022年两项指标均排名第七，与本地区链接能力评价指数排名一致。

（六）政府响应能力评价指数排名情况

如表9－23所示，从政府响应能力评价指数看，2022年深圳市、上海市、苏州市、杭州市、北京市位列前五名，评分分别为3.0、1.5、1.5、1.3和1.1，其中深圳市的评价指数远远领先于其他城市。

表9－23　2019—2022年中国人工智能科技产业城市竞争力政府响应能力评价指数排名情况

政府响应能力评价指数排名（括号内为得分）							
2022 年		2021 年		2020 年		2019 年	
排名	城市	排名	城市	排名	城市	排名	城市
1	深圳市（3.0）	1	上海市（3.2）	1	上海市	1	深圳市
2	上海市（1.5）	2	深圳市（2.9）	2	深圳市	2	广州市
3	苏州市（1.5）	3	杭州市（2.2）	3	重庆市	3	上海市
4	杭州市（1.3）	4	广州市（2.1）	4	广州市	4	杭州市

续表

政府响应能力评价指数排名（括号内为得分）							
2022 年		2021 年		2020 年		2019 年	
排名	城市	排名	城市	排名	城市	排名	城市
6	北京市（1.1）	5	南京市（1.9）	5	杭州市	4	合肥市
7	南京市（1.1）	6	重庆市（1.7）	6	南京市	6	北京市
8	天津市（0.8）	7	北京市（1.7）	7	青岛市	7	南京市
9	重庆市（0.8）	8	东莞市（1.6）	8	北京市	8	天津市
10	合肥市（0.7）	9	长沙市（1.3）	9	合肥市	9	沈阳市
11	广州市（0.6）	10	天津市（1.1）	10	天津市	10	武汉市
12	西安市（0.6）	11	苏州市（1.1）	11	武汉市	11	成都市
13	长沙市（0.5）	12	武汉市（1.0）	12	成都市	14	重庆市
14	无锡市（0.5）	13	成都市（1.0）	14	济南市	17	苏州市
15	武汉市（0.4）	15	合肥市（0.9）	15	西安市	21	长沙市
16	成都市（0.3）	16	西安市（0.8）	18	沈阳市	22	长春市
17	珠海市（0.3）	19	济南市（0.8）	22	郑州市	26	青岛市
18	济南市（0.3）	22	青岛市（0.6）	23	长春市	30	西安市
19	佛山市（0.2）	25	沈阳市（0.5）	30	东莞市	34	常州市
21	青岛市（0.2）	48	珠海市（0.2）	59	哈尔滨市	35	济南市
25	哈尔滨市（0.1）	168	宁德市（0.0）	108	宁德市	41	哈尔滨市

从 2019 年至 2022 年的四年连续数据来看，深圳市、上海市、杭州市、北京市、南京市、天津市的政府响应能力评价指数排名稳定在前十名。政府响应能力下设产业园区数、出台政策数 2 项三级指标，其中深圳市在人工智能产业园区的规划建设方面具有绝对优势，此外上海市、南京市表现也较为突出。天津市、杭州市在政策出台方面排名占优，政府出台了大量政策以支持本地人工智能产业发展。

后　记

2022 年是《新一代人工智能发展规划》颁布和实施第五个年头。为了撰写第六届世界智能大会报告，研究团队对五年来我国人工智能科技创新和产业发展进行了系统回顾。在《中国新一代人工智能科技产业发展 2022》报告的基础上，经过补充和完善形成本书书稿。

自 2017 年 5 月在第一次世界智能大会创建新一代人工智能发展战略研究院以来，研究团队克服了新冠疫情带来的不利影响，坚持在国内外开展调查研究工作。随着调查研究的深入，尤其是在 15 家人工智能开放创新平台的调查研究过程中，充分认识到深科技创新是我国人工智能科技创新和产业发展的根本驱动力量。深科技创新的主体主要是平台企业、新型创新组织、科技型创业企业、研究型大学和科研机构。人工智能深科技创新模式的探索，将为中国特色自主创新道路提供经验和借鉴。

在本书的写作过程中，刘刚教授负责书稿研究大纲的制定和部分章节的撰写。李依菲、刘捷、靳中辉、霍治方、席江浩、李伟伟、佘山、王杰、李彪、韩馥蔓、童皓伟和刘汉文是书稿的主要撰写者。看到他们在调查研究过程中不断成长，感到由衷的高兴。同时，感谢中国财政经济出版社周桂元编审和孟恬老师。他们对书稿提出了很多有价值的见解，特此感谢！本书中的错漏及不足之处还请同行及广大读者不吝赐教。

刘　刚

2023 年 5 月 3 日

于南开大学经济研究所